勿使前辈之遗珍失于我手
勿使国术之精神止于我身

拳道薪传

陈惠良 著

余小华 敬题

见闻与体悟

陈式太极拳之

北京科学技术出版社

图书在版编目（CIP）数据

习练太极拳之见闻与体悟 / 陈惠良著 . — 北京：北京科学技术出版社，2019.1
（2019.9 重印）

（拳道薪传丛书）

ISBN 978-7-5304-9118-8

Ⅰ．①习… Ⅱ．①陈… Ⅲ．①太极拳—研究 Ⅳ．① G852.11

中国版本图书馆 CIP 数据核字（2017）第 270746 号

习练太极拳之见闻与体悟

作　　者：陈惠良
策划编辑：常学刚
责任编辑：胡志华
责任校对：贾　荣
责任印制：张　良
封面设计：古涧文化
版式设计：胡志华
出 版 人：曾庆宇
出版发行：北京科学技术出版社
社　　址：北京西直门南大街 16 号
邮政编码：100035
电话传真：0086-10-66135495（总编室）
　　　　　0086-10-66113227（发行部）　　0086-10-66161952（发行部传真）
电子信箱：bjkj@bjkjpress.com
网　　址：www.bkydw.cn
经　　销：新华书店
印　　刷：保定市中画美凯印刷有限公司
开　　本：710mm×1000mm　1/16
字　　数：278 千字
印　　张：20
插　　页：4
版　　次：2019 年 1 月第 1 版
印　　次：2019 年 9 月第 2 次印刷
ISBN　978-7-5304-9118-8 / G·2710
定　　价：78.00 元

澄怀味道

九六年 元月 安平

道育花

一九六〇年元月 安平

广采百花酿蜜甜

郝怀木 ①

　　由衷地高兴，陈惠良老师终于将多年来发表的一篇篇有关太极拳的见闻与体悟汇集成册了！成书前，他邀请我写序言，我毫不犹豫，欣然答应了。因为他是我忘年之交的良师益友。

　　他比我年长 16 岁，对太极拳共同的爱好使我们深交至今。三十多年前，我们相识于紫竹院公园我老师杨家仓的拳场，当时我刚刚拜师学艺、跨入太极拳学门槛，而他已有二十多年太极拳的修为和功底，此前，他曾师从吴老（图南）学习太极拳。按说他比我们要长一辈，但接触中他从不以师长辈分自居，总是恭谦待人，不但十分敬重我老师，称呼"杨师哥"，就连我老师的教学方法和对我们的要求，也相当珍视，并对初学者，发自内心地从旁及时给予帮助和指点。特别令人难忘的是，他心怀坦荡，乐于助人，总

①　作者系国家体育总局武术运动管理中心原社会武术部部长。

21 世纪初，笔者（右）引领本书作者登门拜见徐才（中）

是根据不同的对象，结合自己的体悟，抓住要点，掰开了、揉碎了给予具体而又透彻的讲述，使我们后学者受益匪浅。

作者在其《自序》里自谦是太极拳的业余爱好者，因为他的专业工作是话剧表演艺术。他是解放军总政文工团话剧团国家一级演员，从艺40年，在舞台、银幕、银屏上成功地塑造过众多不同类型的角色形象。当人们问起这方面的情况，他总是非常低调地一带而过。我虽也是军人出身，但他比我军龄长、资格老，属于首长级别，可他待人接物总是平易近人，以战友之名与我平等相处，令人既感且佩。

后来我转业到国家体委武术研究院工作。在中国武协主席徐才同志和北京市武协主席刘哲同志的关怀支持下，为发扬光大太极拳事业，北京市武术协会批准成立了"吴图南武术思想研究社"，吴图南先生的入室弟子，我的师父杨家仓任第一任社长，陈惠良、张国健、黄震寰等几位老师任副社长，我任第一任秘书长，后任副社长和常务副社长等职务至今。一晃二十多年了，虽是民间社团组织，但也免不了出现些是是非非、沟沟坎坎的事情。在密切的交往和实际工作中，我发现陈惠良老师优点很多，且具有鲜明的个性特征。最突出一点是为人处世实事求是、刚正不阿，一就是一，二就是二，有一种武术家们所秉承的以民族和国家利益为重的"一身正气"。

常言道，文如其人。我在动笔之前，系统地拜读了他的全部文稿，有些篇章着实令我爱不释手。总的感受是，这是一本十分难得的好书，一旦面世，必将受到国内外广大太极拳爱好者的喜爱，并像我一样犹如面对一个打开了的百宝箱，确切地说，更像是品尝到广采百花酿就的一坛甘甜的蜜汁，从中汲取到自己所需的营养，找到自己练拳中遇到的疑难问题的答案。此外，由于作者直爽、真诚的品性，部分内容也针对太极拳运动中存在的时弊，直抒己见，大胆地对政府管理部门提出一些建议。我作为国家体育总局原武术、太极拳及气功专业管理部门的管理者，读到这部分文章时，感到作者关心太极拳运动健康发展的拳拳之心，十分难能可贵。总之，我之所以赞赏这本书、比喻它为国内外太极拳爱好者的"百宝箱"或曰"蜜罐"，缘由如下：

此书所记人、事及景，皆作者亲身经历，属纪实作品，其史料性及真实性决定了它具有很高的借鉴价值、实用价值和科研价值。书中自始至终洋溢着作者一贯的实事求是风格和好学深思、勇于解剖自己的可贵人品，使人读起来倍感亲切、获益良多。请看作者在本书《自序》中是如何"勇敢地挑战自我"的吧。作者写道："回顾自己半个多世纪以来练习武术和太极拳的历程，初始阶段，由于对中华武术的无知，更对太极拳缺乏正确的认识，光从技术层面上看到它神奇的技击效能，而忽略了它不同于其他拳种的个性特点，加之好高骛远、急于求成，虽有明师指点，也把'真言''忠告'当作了耳旁风，因此走了相当长的一段弯路。"我以为这与其说是陈惠良老师的个人经验谈，不如说是一位已步入耄耋之年阅历丰富的太极拳痴迷者、研究者奉献给所有太极拳爱好者，尤其是年轻一代太极拳练习者的金玉良言和极具参考价值的一份厚礼！

此书涉及当代太极拳发展运动的时空范畴之广，实不多见。从时间上说，作者现年已是84岁高龄，书中内容是从20世纪50年代初大学毕业来到北京当演员时业余爱好并学练太极拳说起，直到现今仍坚持不懈，天

温馨的四口之家（和爱人万世莲及儿子、女儿）

天练习，整整半个多世纪（实际上已经60年了）。他的夫人万世莲也是部队的一位艺术教育工作者，两人婚后育有一男一女，因陈惠良老师过分迷恋太极拳而顾不上家务，万老师曾一时气恼地说："你干脆跟太极拳结婚好了，还要这个家干什么！"痴迷的程度可见一斑。如作者所说：一有时间，就忘掉一切，东奔西走，上下求索，甚至到外地演出或拍片，得空也不忘对当地的名家、前辈进行走访或拜见。如北京的高瑞周、徐致一、吴图南、高子英、姚宗勋、杨禹廷、王兆基、刘晚苍、汪永泉、朱怀元、安声远、曹震阳和上海的马岳梁、吴英华、王首先以及天津的吴宝昌，济南的洪均生等。改革开放后，他正式拜在吴式太极拳著名武术家王培生和远居江西的中华浑圆功创始人王安平老师门下，成为他们的入室弟子。陈惠良先生笃信"好记性不如烂笔头"，无论专业工作或业余爱好，几十年如一日，他纸笔随身带，遇事记下来。每一次拜访名家、高人，都随时记下点什么，并在访问后及时追记整理。几十年来，这类实况笔记叠起来有两大摞，好几十本。仅从本书汇编的四十多篇文章中就可以看出，他发表的许多文章，大多引经据典，或旁征博引著名武术、太极拳名家的原话，有理有据，极具说服力。不仅如此，他还通过自己的体悟和感受，把一些深奥难懂的理论、学术性观点表述得清清楚楚，深入浅出，通俗易懂，实乃一项弘扬太极文化艰巨而又庞大的重要工程。此书还有一个很可贵的特点，是作者没有把视线只盯在名家（明师）身上，而是十分注重实践先贤的教诲："道之所存，师之所存""三人行必有我师焉，择其善者而从之""见贤思齐""胜人者智，胜己者强""天行健，君子自强不息"……在日常生活中，他好学慎思，留心收集一切有关太极拳学的珍贵资料。武术、太极拳原本就是植根于民间，来源于民间。许多珍贵的东西深藏于民间，散落在一些名师传人或并不出名或根本就视名利如粪土的民间武术家、太极拳家手中。作者抱着十分恭敬和谦卑的态度，向他们虚心求教，了解他们宝贵的习练方法和教学经验，诸如杨家仓、李琏、王洪鄂、张全亮、高壮飞、朱春煊、张国建、张子辰（石明）、陈耀庭、崔景林等人。

值得关注的是，在书后附录部分，收编了陈老师爱子陈易合（陈刚）的几篇文章。易合受家庭的影响，自幼接触武术，并奉父命先后拜吴老（图南）的嫡传徒孙李琏和王培生的嫡传徒孙王洪鄂为师，刻苦修炼，继承道统。1999 年 10 月，赴法学习，只身在异国他乡，课余练功不辍，唯靠"自强、自立、自尊、自爱"，传授太极拳，并积极参加巴黎的各项武术交流活动，不但把中华"瑰宝"——太极拳，带到国外，传授技艺，更能把太极拳上升到"拳以载道""拳与道合""道技并重""内外兼修"的高度加以弘扬，他在以太极拳为切入点弘扬中国传统文化方面，开创了自己的一片小天地，并得到从学者和法国政府有关方面的认可和欢迎，为增进中法人民之间的了解和友谊，为使太极拳造福全人类，实现前人"太极拳源于中国，属于全世界"的梦想，做出了积极的努力。不能不说这是后继者所做的、可喜可赞的意义深远的一件事！

书中部分内容涉及武术、太极拳的组织比赛和行政管理方面的议题，有许多建设性意见，切中时弊。笔者认为对政府加强和改善对武术、太极拳的管理有很高的参考价值。比如《太极"凌空劲"辨析》《当前太极拳推手运动的现状与思考》等篇章，都以实事求是的态度，不随波逐流，不人云亦云，坦诚地阐述了自己的见解。如此高尚情操，令人敬仰。

祝愿武术、太极拳之光永照人间！

初稿写于 2015 年 1 月 28 日北京通州拉维小镇寓所

修改于 2015 年 2 月 5 日

自序

　　提起和太极拳结缘，实属机缘巧合。20 世纪 50 年代初我大学毕业，分配到总政文工团话剧团任演员。总政排演场邻近积水潭小山，那里有一个汇通武术社，社长高瑞周是李式太极拳第二代传人，也是北京武术联谊会会长。山上不但日常习武者众多，而且定期组织各武术社团进行交流，热闹非凡。排演之余我常常到山上去玩。在观赏中，看到高瑞周老师个头不高，人很精干，打起拳来虽不像一般武术家那么快捷刚猛，但内里有一种说不出的韧劲，很是吸引人。特别是在与人推手时，那些年轻体壮的人，不但推不倒他，而且看他也不怎么费力就能顺势将对手扔出去好远，动作非常潇洒。神奇的太极拳立即引起了我极大的兴趣，因此毫不犹豫地报名加入了"汇通武术社"习武者的行列。

　　从我向高老师学拳算起，一晃五十多年过去了。这五十多年，是我上下求索、痴迷武术和太极拳的五十多年。1958 年高老师逝世后，我又有幸陆续向徐致一、吴图南、高子英、姚宗勋、杨禹廷、刘晚苍、汪永泉、马岳梁等众多名家前辈学拳请益。改革开放后，我先后拜在著名吴式太极拳家王培生先生和中华浑圆功创始人王安平老师的门下，成为他们的入室弟子。

回顾自己半个多世纪以来练习武术和太极拳的历程，初始阶段，由于对中华武术的无知，更对太极拳缺乏正确的认识，光从技术层面上看到它神奇的技击效能，而忽略了它不同于其他拳种的个性特点，加之好高骛远、急于求成，虽身边常有明师指点，但往往将"真言""忠告"当作了耳旁风，因此走了相当长的一段弯路。

在此以后的好多年中，幸有师友们真诚的帮助，加上能正确地面对现实，勇敢地挑战自我，终于逐渐有所悟。20 世纪 90 年代中期，有一次座谈心得体会时，我怀着由衷的感激，向师友们表述了自己如下的心情："感谢大家多年来对我的关爱和帮助，使我逐渐体悟到'什么是无极，什么是太极''什么是动之则分，什么是静之则合'；以及为什么太极拳锻炼要'阴不离阳，阳不离阴''视动犹静，视静犹动'。特别是'运动，运动，运而后动''太极即一气，一气即太极''太极十三势乃研求一气伸缩之道'等。练了这么些年，虽然谈不上有什么功夫，但强身健体的目的还是达到了。"

当下，我已年过八十，从言谈举止、眼神步态和精神头等方面看，也就是六七十岁，一点儿不像一般进入耄耋之年的老人。靠的是什么？主要得益于业余爱好，坚持太极拳锻炼。而且深感一人受益，带动全家。不但我自己练，我爱人练，我女儿练，就连儿子陈易合（陈刚）也喜欢上了太极拳。可以说阖家和美，身心安康。此外，多年来，我除了养成练拳、看书、记笔记的良好习惯外，还陆陆续续在武术专业杂志上发表了四十余篇练习太极拳的情况、见闻和体悟的文章。在周荔裳老师、李琏和郝怀木等友人的建议、鼓励下，现把上述有关文章汇集成册，以表对先辈、拳友和过往历史的感念之情。最后，十分感谢怀木兄为拙作写序。李琏的弟子詹顺，百忙中不厌其烦，为辑录书稿，做了大量工作。

特别是常学刚老师出于对武术理论研究工作的挚爱，不但帮助梳理全稿，而且鼎力向相关单位推荐，特此一并表示衷心感谢！

2015 年初春

目 录

名师引路

吴图南传系

王培生传系

体悟走架与推手

太极拳与健康

附录　家道有传人

名师引路

痴迷太极拳几十年，东奔西走，孜孜以求，有着不少难得的学习机遇，但由于好高骛远、急于求成等原因，走了很长一段弯路。自觉经验不多、教训不少，深刻地体会到——太极拳之道，道传有心人！

我接触过的太极拳名家

　　我学习太极拳的时间不算短，有幸接触过众多明师，周围也有不少水平较高的拳友，向这些师友学拳的情况、过程及见闻，现在回忆起来，仍历历在目，神往之情依旧。

　　1991年我在去杭州拍摄电视剧《台湾奇人》期间，曾应吴山国际太极拳协会夏涛会长邀请，在该协会的学术讲座上做过发言，讲过我接触过的太极拳名家和向一些太极拳名家请益的大致情况。

　　20世纪50年代初，我跟随积水潭小山上汇通祠里的汇通武术社社长高瑞周学拳。高老师是李式太极拳第二代传人，教过京剧大师梅兰芳学剑。1958年，高老师逝世之后，我又陆续接触到徐致一、吴图南（吴老）、高子英、姚宗勋、杨禹廷、刘晚苍、汪永泉等众多名家。改革开放后，我正式拜在吴式太极拳著名武术家王培生老师的门下。

　　1963年我到清华园跟徐致一老师学拳，是在武淑

应邀参加杭州吴山国际太极拳协会学术讲座

我的太极拳启蒙老师汇通武
术社社长高瑞周

在学术讲座会议上演示吴老的定势

清师姐的引领下，跟随白玉玺师哥一起去的，断断续续学习了两年多时间。一次在什刹海，经徐老师介绍，又有缘认识了他的师兄吴图南。因我离吴老住处较近，故又经常到吴老家中请教。我正式跟吴老学拳是20

吴老在北大

世纪60年代中期，吴老的传授方式独具特色，即教拳按部就班，循序渐进。筑基练体就是筑基练体，不到讲用的时候，绝不讲这招怎么使，那招怎么用。然而这种传授方式，让当时急于求成的我一度很不满足，为了学会"用招"，曾利用各种机会向许多老师去"求艺"，学过八卦掌，也学过意拳。这种做法，一方面说明自己习武的积极性高涨，但另一方面，又说明我当时心浮气躁、思想不专，更说明我对太极拳缺乏正确的认识，忽略了它不同于其他拳

1963年与白玉玺（左三）、武淑清（左四）陪徐老（致一）游中山公园

种的个性特点。有一位师哥曾坦诚地跟我说："转益多师固然好，但必须先精通一门，你现在太极拳只沾点边，还没入门……"言下之意就是别满世界瞎扑腾了，还是把心收回来一心一意学太极拳吧。这些话，曾让我感到很委屈，苦恼了很长时间，而之后所走的一段弯路，逐渐让我认识到这位师哥的话，确实是对我大有裨益的金玉良言。

20 世纪 70 年代中期，我听一位拳友说起"太极桩"如何如何神奇，不但能增长功力，而且还能使你很快入门，当即到处打听，总算了解到太极十三势八门五步，即八种手法（劲别）、五种步法。太极拳历来有"一字桩""川字桩""马步桩"，而这八种劲别，也是八个桩。那位拳友告诉我，这些知识他是得自在地坛教拳的孙德善老师，而孙德善的老师，就是杨式太极拳大家汪永泉（是位高人）的早期弟子之一。后来又听拳友祝大彤说，汪老教人时曾讲，"你是船我是水，你是水我是石头"以及"我站在那儿就是一把撑开的伞"，如此种种令人神往的话，让人听了真恨不得马上能登门请教——但苦于没有关系，只好等待时机。心里真是急呀！

赶巧，这时又听说北京吴式太极拳研究会会长——人称"盖地坛刘三爷"的刘晚苍先生，应邀接待日本友人，给来宾说手时，太极劲儿轻灵活泼，运用得十分巧妙，令日本朋友非常佩服。因我是练吴式拳的，于是就兴致勃勃地专程到地坛拜见刘三爷。果然名不虚传，刘三爷是山东大汉，身材魁梧，人很豪爽，不但功力很大，手上的擒拿技巧也相当熟练。每天既教拳械，也跟学生们挨个儿推手，基本上是车轮大战，一个不落。在刘老师的场子里，我待了两年多，收获很多，还认识了我的良师益友陈耀庭。耀庭先生是杭州人，北京化工学院（今北京化工大学）的著名教授，中等身材，十分友善，总是笑嘻嘻的，是个十足的儒雅书生。他推手也相当儒雅，不爱使拙力，小劲儿特好，听得敏锐，变化轻灵，他经常向我讲解"用意不用力"，给我的印象最深。后来在地坛，耀庭介绍我认识了余同和。余同和，别人都叫他"小余子"。闲谈中，听说他自打跟汪永泉老师早期的徒弟高占魁老师学习以后，功夫大长。我想，见不着汪老师，能见到高老师也不错啊！于是就和耀庭商量，通过

年轻时的高占魁

余同和与高老师联系上了。自此向高老师学习了两年多的身形、手势和一些杨式太极拳的内功。

高占魁老师身量不高，干巴瘦，原先是杨澄浦的入室弟子闫月川的徒弟，闫老师逝世后复拜在汪老门下。他周身松得很好，内力也非常圆活。爱比画，一般不教拳架，只讲身形、手势，文化程度不高，讲起拳来很直白、很通俗。他常说："关键在于松肩。""肩不开，胯不开，从生到死都练不出来。"他的徒弟余同和的肩、肘就很活，两只胳膊像挂在肩膀头上一样。高老师认为，"胳膊使劲，东西都拘在自己身上。沉肩就是松肩，就是让肩没了"。他跟我打过一个比喻说："丹田好比是水，胳膊就是水上漂浮着的船。根本没肩什么事。"为解决松肩、活肩的问题，我们学过"撕肩"，意想从大椎穴像撕布似的顺两肩往下撕；也练过两手交叉相握，搁在腹前，用身躯的前后晃动来带动肩、肘、手；甚至还在两腋下夹一个球来体会身躯的晃动带动肩、肘、手打出的那种冷弹、松沉的力道……那一阵虽然没有学拳架，但在与高老师的接触中，进一步加深了对胡朴安[①]前辈讲的"松、固、凝"三字诀的理解。所谓松，体要松；固，气要固；凝，神要凝。总之，无非就是强调太极拳是内家拳，肢体动作固然重要，但更重要的是内功的要求。它由内达外、内外协调一致。而且是其根在脚，根起根落，有去有回。跟日常生活中人们的习惯几乎完全相反。为改变日常生活中的习惯，高老师让我们周身放松，双手放在齐胸高的柜子上，意想两掌沾着柜子，不准用手推，而是"全凭心意用功夫"，蹬之于脚，用由脚到膝、到胯、到腰……节节贯串传导到手上来的内劲，使柜子移动。当然，柜子如果太沉或太大，将会纹丝不动，但这

———————————

① 胡朴安（**1878—1947** 年），安徽泾县人，国学大师。太极拳得于陈微明。

汪永泉老师（前排左二）与弟子高占魁（后排中）等合影

并不重要，重要的是让你仔细体会这个劲儿不是用手头上的拙力（也可以说不是局部力）推的，而是"意想"蹬之于脚，由脚节节贯串传导到手上来的一种整劲。光这个练习，我们就练了很久，似有所得。此外，高老师还爱讲许多前人不爱公开的论点，如："球体"的论点、"中"与"藏中"的论点、"尾闾上手"的论点等。因学时基础较差，体会不深，就不在此一一细说了。

在我和耀庭跟高老师学习过程中，自己心里那个有朝一日能拜见汪永泉先生的念头一直没有泯灭。有一次听拳友说："赵绍琴大夫（汪老的挚友、东直门中医院温病专家）讲，六月一日他要去汪老家，那天我们也可以去。"我听了既兴奋又矛盾，兴奋的是"仰慕已久"，矛盾的是担心弄不好不但伤了高老师的心，再落个"鸡飞蛋打"，谁也不教我们了，那就太伤脑筋了！思想斗争的结果还是没有去。

到 1976 年秋，机会终于来了，我们总政话剧团在首都剧场公演话剧《万水千山》，听说汪老想看戏，我迅即搞了几张票，请汪老和家人前来观剧。那天演出结束后，我不等卸完妆，就怀着兴奋和恭敬的心情，匆忙赶到台下看望汪老。汪老端详了我一下，和蔼地对我说："你在台上还有阴阳！"我顾不得细问指的是什么，连连表示："我跟高占魁老师学拳两年多了。他人特好，但每次去，只讲身形、手势，不教架子，我一个人在家没法练，想学学您教的架子，个人好练习。"汪老听后，毫不犹豫地当即表示："喜欢就来吧。"从此，我幸运地成了汪老在建国门五号院中国社会科学院汽车库前从学者当中的一员。

在我印象中，汪老非常重视起步的基础。第一次到他家，他就问我："知道太极拳运动与一般运动有什么区别吗？"我没有立即回答。他说："运动，运动，运而后动，是太极拳锻炼的特点。一定要明白，是以什么运的，身体四肢又是怎么动起来的。"接着他谆谆告诫我，没有规矩不成方圆，日常要按太极拳的规矩来练拳，明规矩、守规矩，而后是脱规矩、化规矩。规矩是什么？规矩就是练功要领。当即他就引用《十三势行功心解》和《十三势歌谱》中的两句话"以心行气，以气运身"和"意气君来骨肉臣"，问我练拳时对这两句话有什么体悟吗？惭愧得很，练拳多年，拳经拳论也看过不少遍，就连郑曼青前辈在《郑子十三篇》中讲的"所谓以心行气，以气运身者，皆运而后动也。即犹电车汽船然，借气之力，运之后动，与肢体及局部之动谓之为运动，则大相径庭"这些话我也能背诵，但结合实践，认真深究练拳时有什么体悟，一时还真难以作答。看来自己尽管练拳多年，仍然还只是在"沾点边，不摸门"的阶段。汪老看我有些发愣，耐心地跟我讲，"以心行气"不是故意努气，心意一动，也就是脑子一想，如何如何……接着他谈到所谓"意气君来骨肉臣"，就是后者听命于前者，而且内里的心意与外在的身体各部既有主从先后之别，又是协调一致密不可分的，显现的结果是一动无有不动，周身一家完整一气。

谈到我以前练完拳大汗淋漓，觉得口干舌燥，似乎有些气上不来，不愿说话，汪老指出这是没有按"运而后动"的法则锻炼的结果。他告诫："切记要按要领练，内气催外形，得养；外形叫内气，伤身。你口干舌燥，似乎有些气上不来，这是伤了气。"他反复强调"运动，运动，运而后动"这个特点千万不能忘。也就是说，太极拳必须注重内功修炼，培养内气，求得内气充盈通畅，并使内气与外形相配合，只有这样才能达到祛病延年、强身健体的效果。他认为，目前绝大多数人都是为养生而练的，即使有些人为掌握技击的功夫而练，也必须在此基础上（健康的体魄和充足的内气），加练揉手技法及其他，到能够"知己知彼"了，才谈得上掌握太极拳的技击本领。所以培养内气，使内气与外形相配合，这是根本。

跟汪老学了将近大半年，记得好像是 1977 年大年初四，我去给汪老拜年，汪老对我说："昨天你老师（高占魁）来了，他听说你在我这儿学拳，虽然没有说什么，但你还是回到他那儿去吧，以后有机会再说……"汪老等于给我下了逐客令，我只好不情愿地离开了汪老，心里总感到很憋屈——学点东西真不容易！其实，怪谁呀？主要怪自己，不懂人情事理，关系没有处理好！记得后来高老师还让耀庭来叫过我，由于经过这次挫折，加之参加拍电影，工作比较忙，有很长一段时间，我哪儿都没有去！

到 20 世纪 70 年代末 80 年代初，王培生老师从外地返京，因为从 1956 年起我就耳闻他如何如何，十分仰慕。于是便与外语学院的周毅老师共同策划组织人利用周日请王老师教吴式拳。刚邀集了十七八个人，在开课前，忽然有四位拳友撤走了，后来才知道，他们认为石明先生（汪老的早期入室弟子朱怀元的徒弟）虽然名气不大，但讲的、教的从基本入手，通俗易懂，基础浅的人容易学到，成效快，所以他们就跟石先生学去了。开始我不以为然，但没有想到，之后，也就是 3 年左右的光景，这几个拳友一个个都功夫大长，比起以前在一起玩的拳友来高出了一大截，真是让人既羡慕又苦恼。若从 50 年代初算起，我练拳也快 30 年了，功夫没少下，老师也都不错，自己怎么就不得其门而入呢？

这时，还是我的良师益友杨家仓兄的一席话点醒了梦中人。家仓兄对我说：你练了这么些年，身上有东西但用不上，确实还没入门。比如

1974 年，你向杨禹廷杨老请教，杨老跟你说过"中心、重心，虚实要分清"，可你现在整趟架子还是虚实不分，从头到尾，"劲""意"都搅和在一块儿，这不行。应有虚有实，分得清清楚楚。家仓兄还说：所谓虚，即是每一动起始、路线、运行的过程都是虚的（俗称"虚运转"）；所谓实，即是在动作到位的那一瞬间劲与意两者合而为一，这就是"静之则合"。而且此瞬间极为短暂，稍纵即逝，犹如木工钉钉子，钉之前，意搁在钉子上，眼瞄准钉子，铁锤往后悠荡试着要钉（这是"虚运转"），只有当铁锤击中钉子的那一瞬间，劲与意才合而为一，叫静之则合。分，是劲与意的分；合，是劲与意的合。"动之则分，静之则合"，这是"太极"的事，不是"无极"的事。而"太极者无极而生"，意思不是无极之外另有一个太极存在，而是无极里有个虚灵不昧的本体，那就是太极。正因为如此，若不知道无极，太极就无从谈起。记得当时家仓兄特别强调："石明老师教学生先站好无极桩（先找到无极的那个状态和感觉），作为习练太极拳的切入点，这是非常高明的。"

　　家仓兄的直言相告，让我想了很多。自己进步不快，不是老师不教，也不是自己功夫下得少，更不是自己对拳的热爱比别人差，主要是脑子笨、没悟性。一些道理，徐致一老师、吴图南老师、刘晚苍老师、高占魁老师、汪永泉老师等很多前辈口头或在其著作中，都有所涉及。而在我从各种书籍报刊中所摘抄的学习笔记中，这样的内容也很多，如张卓星在《太极拳的练拳要领》里就谈道："太极拳在长期发展过程中，形成了一套独特的系统和行功原则……一般人由于对太极拳缺乏科学的认识，或没有摸到门径，所以望洋兴叹，不得其门而入"，他着重从"静功"和"行功"两个方面，阐述太极拳的特点和与其他拳术运动的不同之处。关于"静功"，他谈到了"无极的概念"；在"行功"里，他谈到了"一般人重外形轻内功，认为拳架动作就是一切，其实，拳架动作只是达到内功的手段"。他认为："促进太极拳运动的发展，当前必须在提高行拳的质量上狠下功夫……关键是进入内功的锻炼，否则要想获得它的一切效益（包括养生和技击）都是不可能的。"张卓星先生强调"弄清太极拳的真面目，找到正确的锻炼方法"很重要，这跟武式太极拳家郝月如先生的观点相一致，郝月如先生讲："太极拳不在样式而在气势，不在外而在内。"虽然，我对太极拳特性的认识，一年比一年不断在加深，好高骛远和急于求成的思想也逐渐有所克服，但一直没有解决好的问题还是不但"认识上"囫囵吞枣、不求甚解，而且"实践中"对一些基础的东西又下的功夫不够，其结果当然就可想而知了！

好在自己还能够实事求是，承认自己的差距，发现什么问题就解决什么问题。更因为自己身边有许多坦诚相待的好朋友，可以不断向他们请教。在这些良师益友的影响和帮助下，有一段时间，我也曾结合此前跟汪永泉老师和高占魁老师习拳所得，认认真真练过石明先生传授的"首先在'体'上'开沟挖渠'"（站无极桩、练单操、转胯圈儿……）我逐渐意识到基础太重要了，所以武术界常说"没有载道之基，难为载道之体"。

王培生老师著述丰富，名声显赫，为中国武术事业做出了杰出的贡献。日本《阿罗汉》杂志尊他为"东方奇人""中国十大武术家之一"。新中国成立初期，他在高等院校教拳，感到课时少，不易在短期内完成全部课程，便简化了教学内容，在老架83式的基础上，去掉重复动作，创编37式简化吴式太极拳。按人体运动规律和用意不用力的特点，还加进了意念和感觉说明。王培生老师返京后，我一直张罗组织学员向王老师学拳的事。

跟王老师学拳，听他讲课，有一种常学常新、兴味盎然的感觉。

（1）他认为太极拳是武艺，更是"道"。谚云："阳非道，阴非道，道在阴阳之间。"按常人思维，阳就是阳，阴就是阴，道在阴阳之间，这个"之间"是什么？似乎难以理解。王老师说："正是这个按常人思维，似乎难以理解的'之间'，既非这，又非那；既是这，又是那，恰恰体现着太极阴阳变化的哲理——对立双方共存于统一体中此消彼长，同生共灭，相互转化的规律。"认识到这一点很重要，否则就难以体会到盘拳中招招式式神、意、气、劲以及动分静合、阴阳变化的益处和无尽的

从"外院"到"师院",经过多年了解,终于和"师院"的一些太极拳爱好者们向吴式太极拳著名武术家王培生老师(前排中)执弟子礼

与爱人先后入门后,经常携带在舞蹈学院跟班学习太极拳的儿子陈易合到恩师家中"吃小灶"

乐趣。

（2）"太极拳与其说是肢体的运动，不如说是心意的锻炼"，这是王培生老师在 20 世纪 80 年代中期，接受中国日报英文版记者采访时说的一句话。他言简意赅，一语道破了作为内家拳种之一的太极拳锻炼时的大要与精髓。王培生老师认为太极拳体用之四要：意专、气敛、神聚、劲整，"意专"乃四要之首。行功心解讲："以心行意，以意导气，以气运身。"意为向导气随行。始而意动，继而内动，然后形动，是内动带动外形，外形合于内动。这里充分说明太极拳的一切动作都是在意识的引导下进行的。也正因为太极拳运动的特点是由静而动，由内及外，全凭心意用功夫，一切动作纯以心意为主、不妄用力为最重要之原则，所以，也有人诙谐地把太极拳运动说成是"意识体操"。

（3）王老师在教学中给我印象最深的一点就是习惯用形象化类比的方法。比如：讲太极推手的原理时，他谈道："太极推手是一种知觉运动，是锻炼身体中神经末梢的灵敏性，要练得和蟋蟀头上的触须一样敏感，它的动作反应不仅是那样快速，而且能指挥身子的进退和变化，以及腾挪闪战等技巧的机智灵活。"又如："提手上式"共四动，第二动是"左掌打挤"。王老师提示：这里的挤手跟前面"揽雀尾"的挤手略有不同。区别在于这里左掌往前，看上去好像也是与右手脉门相贴，但心里想的却是往位置在身前的右脚面上搁，又称"拓掌"（拓掌是形象类比的词语，意思就是"好比在刻有文字或图像的石碑上蒙上一层纸，涂上墨，使文字或图像显现出来"）。所以他每每强调"左掌往前，夹脊随着也往前脚（右脚）涌泉上落，在此一瞬间，同时要能看见自己的左手背上显现出文字或图像来才成"。究其功理功法，仍是拳经拳论上要求的太极劲"有前就有后，有上就有下"的原则。

（4）在王老师的心目中，太极拳是道，道无止境，功夫也无止境。不但有不同的层次，而且进阶有级，循序渐进。所以在教学的最初阶段，他着重从可抓挠的地方入手，先强调外三合以及内三合；此外还反复强调"用哪儿不想哪儿"，全凭心意用功夫，在别处做功，达到"自然而动"（不是自主而动）的结果。

　　比如，以搂膝拗步第五动左掌下按和第六动右掌前按为例，王培生老师在传授时提示我们：左掌下按，不是左掌着意往前下使力，是在前动左掌前按的基础上，当对方用右脚向我踢来时，我以左掌食指为引导，用因别处作功，左掌自然产生的一种既松且沉的下按劲，对准其膝盖骨往前下按去（个人练时，按至自己的右膝为止）。这个所谓的"别处做功"，即右腕松力，向上提至右耳旁，意想右虎口要贴上右耳门，接着松右肩坠右肘，两眼注视左食指指尖，重心在右腿，意在左肩。此动是左掌顺势去下按对方的膝盖，待机而发。第六动右掌前按，是在前动左掌下按的基础上，因对方一脚踢空，必向其前下落步，落在我下按手的侧旁，我则趁势进左步，用左阳陵紧贴其右阴陵，并迅即抬头往对方身后看去，发右掌进击其面或胸（王老师特别强调：眼往哪里看，掌往哪里发；掌往哪里推，不是想推对方的动作，而是想"外三合"，肩、肘、手与胯、膝、足——相合）。所发之右掌，既不要用力也不要软，以无名指引导好似穿针引线，向前够针眼（俗称"打闪纫针"，形容用时之快速。这就是虚中有实）。这时重心已由右腿逐渐移到左腿。当右掌沾上对方后，立掌，凸掌心，中指朝天，接着掩肘使右手大拇指与右食指的第一节横纹线成水平，此时意在左掌心。接着意想左侧下左掌食指往前指、中指欲与左肘尖成水平，略含向后耙搂之意。实际上是松肩坠肘，手臂一曲，左肘向左侧后虚空处一沉，身子也随之下沉，同时右腿从胯到膝到足，节节舒展蹬右脚，开后脚跟，以右脚将要离开还未离开地面时为度。这时前面的右手已完全由虚变实了。

　　对上述右腿从胯到膝到足的变化，王培生老师曾做过一个形象化的类比，就好比用秤称物时，把秤砣顺着秤杆不断往后挪，挪到与被称之物均衡时打住。俗云："秤砣虽小能压千斤"，因其中包含着力学原理。基于此，秤砣要想压住秤，必须是虚悬着并搁在适当的地方，方能起作用，所以后足也必须松开虚悬。这就是后腿由实变虚、虚中有实的由来。先贤说，以拳证道，即势明理。上述这些，无一不体现着太极拳"重意不重力""有前有后，有上有下，有左有右""实中有虚，虚中有实""此消彼长，同生共灭"和"视静犹动，动中求静""一动无有不动"等道理。

　　1991年在杭州的那次学术讲座会上，我以1990年2月1日写的几句五言作为发言结束语：

> 习拳卅五载，入门何坎坷，
>
> 一练和二悟，舍此难上路。
>
> 需要明师点，更需高朋磋，
>
> 井蛙当不得，转益是坦途。
>
> 虚心孜孜求，进步日日殊。

　　从那次讲话至今转眼又过去二十多年了，这期间对我习拳有较大影响的事：一是拜中华混圆功创始人王安平为师，他有很多认识和理念不断在影响着我；二是吴老（图南）的嫡传徒孙李琏和王培生的嫡传徒孙王洪鄂不断帮我进一步加深理解吴图南老师和王培生老师传承的一些东西；三是通过结合实践反反复复阅读孙禄堂的《太极拳学》《拳意述真》和众多名家的太极拳专著，深感各门各派太极拳名家高手，尽管他们各自对太极拳的认识、说法深深浅浅不尽相同，但总的来说在一些主要问题上是相同或相通的。所谓"天下武术是一家""理唯一贯"。给我印象最深的是，在孙门武学创始人孙禄堂先生的武学思想里，对无极学、太极学皆予以充分强调，孙氏指出："以无极式为之根，以太极式为之体，斯二者乃拳中万式之基础"。并作七言四句："道本自然一气游，空空寂寂最难求，得来万法皆无用，难比周身似水流！"细品之，着实令人有玩味不尽之天趣。

我站在那儿就是一把撑开的伞

"我站在那儿就是一把撑开的伞"。这句话出自杨式太极拳名家汪永泉前辈之口，是我在 70 年代初听拳友祝大彤先生转述的。那时，我还没有见过汪老，只是常听大彤谈起他和汪老接触中的一些情况，所以对汪老非常仰慕。

大彤讲过这么一件事：一位外地太极拳爱好者，练了二十多年拳，出差到北京，手持介绍信拜访汪老，交谈中，提出想跟汪老摸摸手，汪老未予搭理。听后，我留下这样一种印象：汪老是名家，跟他学点东西可能不那么容易。1974 年 5 月，我开始跟高占魁老师学习，与高老师闲谈中谈起上面听到的那件事，并毫不掩饰地吐露了自己的看法。高老师抿嘴笑了，他对我说："练二十多年管什么用？汪老说那人连站都不会站，周身僵得像根棍儿，跟他摸手，他能听出什么来呀？还不如多跟他谈谈练拳应该注意些什么更有用！"听他这么一讲，我似乎才懂得汪老当年没有与此人摸手的原因。

从 1976 年秋到那一年
的春节，有好几个月的时
间，每周星期日一早，我
都骑着自行车从万寿寺经
公主坟横贯东西长安街，
直奔建国门五号院中国社
会科学院跟汪老学习。那
会儿人不多，汪老教得也
很细心。每次结束后我都
意犹未尽，总是兴致勃勃
推着自行车，边走边问，
陪汪老回到贡院西街六号
的家中，继续聆听教诲。
他经常强调：一定要认真
按"以心行气，以气运身"

汪永泉拳照

的要求去练，力求做到"意动形随，形随意动"。他边讲边比画，身体正
常时怎么练，精神不佳时怎么练。主要练的是里面的气和外面的形内外
协调一致。有一次我终于按捺不住，跟他提起外地人想跟他摸手的那件
事，他沉思了一下，感叹道："那人真爱（太极拳）！可练了二十多年拳，
就是不摸门儿。"接着他告诉我："一个人会不会站，主要看他是不是周
身松开，平踏实地。"（"平踏实地"，就是他在《杨式太极拳述真》里讲
的"涌泉穴与地吻接"）接着他又补充说："老谱上讲：'五趾抓地上弯弓'
那只是练拳中的一个状态，指发力前的一瞬间而言的，因为'力从脚心
生啊'。"

我就话茬儿直接向他请教："听说您曾讲过'我站在那儿就是一把撑
开的伞'，这句话怎么理解呢？"他慈祥地笑着对我说："这还不明白吗？
老谱上有句话，'立身中正安舒，支撑八面'。身体往那儿一站，顶天立

依汪老所授站"无极式"

地，有下有上。下就是气沉丹田，上就是虚领顶劲。既不偏不倚，中定沉静，又安然舒适，周身节节松展。此外，若再意想由身中垂直线横向散出肩、腰、胯三道气圈，含有向四面八方支撑之意，你仔细揣摩揣摩，感觉感觉，那是一种什么状态啊？"经他这么一指点，我顿时全身似有所感，简直乐不可支。可不是吗？"我站在那儿就是一把撑开的伞"，太形象了！而且越琢磨越有意思。联想到陈鑫讲的"中气贯脊中"和《八法秘诀》第一法"掤劲意何解？如水负舟行，先实丹田气，次领顶头悬，周身弹簧力，开合一定间，任尔千斤力，漂浮也不难"，而汪老讲的"往那儿一站，顶天立地，有下有上"，不就是"先实丹田气，次领顶头悬"吗？这时，中气贯脊中，胯以下往下沉，胯以上往上拔，呈对拉拔长、一气二夺之势，如再意想由身中垂直线横向散出肩、腰、胯三道气圈，含有向四面八方支撑之意，自己的身体不就好似一把撑开的伞了吗！这把无形的伞气势均匀，普照全身，正如汪老所说："这把伞可以撑大，也可以撑小；可以撑开，也可以不撑开。随心所欲，以意为之。"我兴奋地问汪老："这是不是就是太极拳的掤劲？"汪老笑而不答。

善推手者，亦善知机造势
——难以忘却的刘晚苍老师

　　70年代末到80年代初，那几年正是我练拳处于"苦于不得其门而入"十分困扰的时期。听说地坛有位刘三爷，功夫如何如何了得，怀着一种仰慕和兴奋的心情，直接去地坛找到刘晚苍老师所在的拳场，自报家门说明来意。当刘老师知道我是部队的一个演员，对太极拳纯属业余爱好，陆续跟一些老师学过不少年，非常高兴，当即满口答应"有空就来吧，跟大家一起玩儿"。从那以后，只要我人在北京，每个星期日，都会去跟刘老师学习拳、械、推手，断断续续有好几年。

　　刘晚苍老师给人的印象是身材魁梧，性格豪爽。他自幼习武，师出名门，功力深厚，武艺超群，虽然生长在旧社会，但思想一点不守旧。他关心政治、学习时事，热爱新社会，为人处世，言谈举止皆能与时俱进。他待人接物，和蔼可亲，淡泊名利，不求闻达，但又正气凛然，不怒自威，时时能感到一种中流砥柱、

20 世纪 80 年代初，刘晚苍在地坛留影（刘君彦
保存、刘源正提供）

泰山石敢当的气概。

记得有一次，我向他问及 1974 年参与接待日本太极访华团的事，他乐呵呵地叙述了当时的过程，极平常的口吻，既不添油加醋，更无一丝炫耀。在那次与日方的接触中，对方说他们有几种拿法，问刘老师能不能破解，刘老师临场应答："那就试试吧，友谊第一，相互学习嘛！"当时听刘老师讲时，我禁不住发笑，心里想，老爷子不愧是街道积极分子，经常读报，什么场合该说什么话，不卑不亢，脑子里一清二楚，表现出了泱泱大国人民群众的觉悟水平！后来记不清是在哪本杂志上还看到一张这次接待活动主要人员的合影，照片上刘老被安排在左侧后边儿上一个不显眼的地方，记得当时我还有些偏激，认为刘老师是那次接待活动的主角，理应站在突出的位置，心里有些不平。可是刘老师压根儿就没有把这些放在心上，那种虚怀若谷，为而不恃的大家风范和气度，令人敬佩！

刘老师曾进过帅府，教过叶剑英元帅太极推手，还到国家机关教过国家机关领导人太极拳，像这些非常荣耀的事，他对我们从未提起过。这不但表明他做人低调，不爱夸耀，而且头脑里有"保密"意识。因为按照国家有关部门的规定，党和国家领导人的生活无小事，都属于国家机密，尽管刘老师只是个普通老百姓，但守口如瓶，能非常自觉地恪守国家机密，实在不易。

20 世纪 70 年代完成接待日本武术访华团后教练组合影（左起为李德印、李秉慈、刘晚苍、谢志奎、李书勋、马长勋、刘高明）

　　生活中，可以说明刘老师崇武尚德、德艺双馨的事例比比皆是，比如：在他的拳场里，不光是慕名而来学习的各行各业的中青年，也有好几位年龄不小、师出名门、练功有素，且颇具声名者，像崔毅士的徒弟吴斌芝、修丕勋的徒弟温铭三、陈撄宁的弟子胡海牙等，因为刘老师豪爽友善，尊重别人，愿意与别人互通有无，所以这几位先生也乐于到他的拳场来，甚至在这里能毫无顾忌地向年轻人传授他们的东西。我记得温铭三老师讲过"七星杆儿"，吴斌芝老师教过"太极棍"。

　　我在刘老师的拳场，跟他学的是"五虎断门枪"。学了一阵子，那时我们单位住在外交学院，教室的黑板是石制板。有一次我用木制红缨枪（道具）在讲台前比画，有一式"中平回马枪"，一个回身倒把，整个枪就在左右掌心从前往后平着横穿了过去，力道大极了！没有想到，将黑板扎碎了一角！吓得我……据讲"五虎断门枪"就是有名的"罗家枪"，可惜我后来没有坚持练，早忘了，不知刘老师的从学者中，有没有人把它继承下来。

太极拳架与推手

刘晚苍　刘石樵 著
尤先瑞 插图

陈惠良同志座存

刘晚苍赠

上海教育出版社

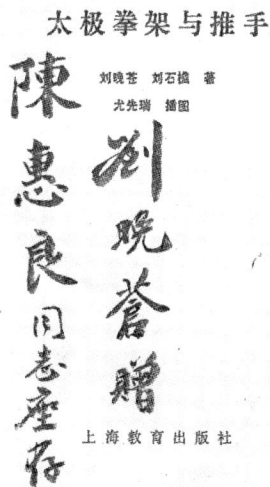

刘晚苍老师赠书

20世纪80年代初，刘老师与刘石樵先生（刘光鼎，中科院院士、海洋地质与地球物理学家）在吴式太极拳的基础上根据他们自己多年的学习和体会，合作编写的专著《太极拳架与推手》出版了。有一次我去刘老师家，他给了我一本，还用毛笔在封面上题写了我的名字和"刘晚苍赠"等几个字，笔墨酣畅，遒劲有力。这是粉碎"四人帮"后没有多久，刘老师与刘石樵贡献给世人的一本很有参考价值的武术书籍！文如其人，书中对太极拳作为中华武术百花园里一朵奇葩的技击效应，既没有不顾事实大肆渲染，也没有心存顾忌刻意淡化。在太极拳架部分，每一式都实事求是地详细介绍了它的用法；在推手部分，则强调"推手就是走架，走架就是推手"，体用结合，相辅相成。要求练时"无人若有人""有人若无人"。

　　一般来讲，吴式拳强调以柔化为主，平时多主张"化而不打，以化为主"，所谓"引而不发，点到为止"。但吴式太极拳并非只能化不能打，真要打时，则能达"化之至多，打之至深"之境，这一点在刘老师身上有淋漓尽致的体现。正如陈耀庭兄所说："刘三爷（我们背后对刘晚苍老师的尊称）推手最大的特点，一搭手非常主动，其间有问有引，有化有拿，他不但听得准，拿得也很准，而且还不仅是反关节，更主要的是拿住了你的劲道。因此被擒获者，既不能也不敢有丝毫的反抗，只有乖乖任其发落。"除了耀庭兄之外，三赵（赵德奉）、马长勋、小余子、王举兴、刘培一等许多我在刘老师拳场认识的拳友在这方面也都有很深的体会。这些拳友跟刘老师学习多年，听劲比我灵，内功也比我强。每逢推手，都是大家轮番跟刘老师推，每次大家都能尽情体会被刘老师发放出去的快感和享受刘老师说手的理趣。

　　刘老师不喜欢夸夸其谈，通常不大爱多"说"，他教大家"练拳"的

与赵德奉（左二）、陈耀庭（左三）、马长勋（左四）在《三爷刘晚苍——刘晚苍武功传习录》一书的新闻发布会上

时间，要比给大家"说拳"的时间多得多。刘老师不爱说，但又绝不是不说。针对我以往对太极拳缺乏正确的认识和急于求成的思想，他就曾多次谆谆告诫说："功夫是日积月垒磨炼出来的，不可能一蹴而就。"他认为习练太极拳的途径，《拳经》已经说得很清楚了："由招熟而渐悟懂劲，懂劲后而阶及神明。"也就是先由走架而达到招熟，在招熟的基础上，再通过推手训练而获得懂劲……必须这样一步一步循序渐进。为此，他特别强调"太极走架是基础，平时要一丝不苟认真练习"。他要求对走架的各项基础必须扎扎实实都能做到，其中重中之重是"尾闾中正神贯顶，满身轻利顶头悬"和腰胯的松活以及脚下的阴阳变化没有一点死力（即学会随时随地能在动态中维持平衡）。刘老师还特别告诉我说，他自己就是这样走过来的。

谈到太极拳与外家拳的区别，刘老师郑重地提示我，必须仔细研习太极拳的经、论、典籍和拳理、拳法，概而言之无非就是"时时用意，处处贯串，阴阳变化，一气伸缩"。为了将这些特点讲得通俗易懂，有时他也跟许多前辈一样，爱用"形象类比的方法"。比如谈到"合劲"。两人推手，有的老师提示："不要把对方当外人，他的胳膊就是你的胳膊，他的手就是你的手。"刘晚苍老师在他的专著《太极拳架与推手》里，也说过"推手要求将自己和对方作为一个整体来看待"这样的话。刘老师是山东蓬莱人，生长在海边，他还根据自己日常生活所见，给大家讲过：码头工人扛着货物走在搭板上的时候，这里就有一个"合"字，整个人（连人带货）都必须与搭板上下颤动的节奏合拍，稍有不合，不但寸步难行，且有落水的危险。

同样的理儿，他还讲过一个例子：设想你在大卡车上，下面有人要上车，你伸手要拉他一把，别看这种司空见惯的日常生活小事，什么时候拉，怎么拉，其中也有学问。拉早了、拉晚了都费力，如果对方身体较重、力气较大，一不小心，说不定还会把你拽下去。所以当你向他伸出手时，起初还不能真给劲，这有些像推手，在微微送劲的同时，时刻待机而动，当对方拉着你的手想使力，没想到（你并没有给力）他拉空了，为维持自身不至失衡坠落，将会拽着你的手奋身往前上窜，此时你只需稍用一点劲，就会轻易地把对方提溜上来。他说，这就是得机得势，跟对方的神、意、气、劲相合。吴图南先生的《凌空劲歌》里所说"彼此呼吸成一体，牵动往来得自然"就包括上述这种情况。

刘老师技艺精湛，非比寻常，平时看他比画、跟他摸手，我们几乎是"无迹可寻寻不得，有迹可寻不能寻"。为了能尽快掌握太极内功的奥秘，我私下里曾不断向耀庭、三赵（赵德奉）、小余子他们这些功夫好的师兄弟讨教。他们经常给我喂手让我体会，当时我印象最深的一点是，他们的手是那么轻灵，"小劲儿"使得真好。而若跟刘三爷出手相比较，各位师兄内里劲路的变化尚依稀可感，三爷出手则只有一，没有一二三，伸手就是。他既不是柔劲也不是刚劲，而是不刚不柔，亦刚亦柔，刚柔相济的一种弹性力，他一沾上你，压根儿没有讨价还价的余地。我琢磨过很久，时间长了，才逐渐明白，由于刘老师有弹腿、八卦的功底，且在太极拳架上又下过大功夫，招法娴熟，功力过人，招中有术，术中有招，有化有打，化打结合，无迹可寻。特别是，通常练吴式拳的人，往往强调"舍己从人""走二不走一""后发先至"等。功夫一般者更是恪守成规，谨小慎微，不愿贸然出劲，生怕与对方"顶"上，犯双重之病。而刘老师与人搭手，大都完全采取主动，以意探之，以劲问之。用深沉猛烈之劲专注于对方重心，迫使对方立即做出反应（亦即"我问你答，有问必答"），待对方稍加抵抗（实乃"听其动静""问其虚实"），则迅即实则虚之，虚则实之，变化莫测，黏走相生，顺势给以摧枯拉朽的一击（所谓"功夫全凭会借力""借力打力"）。由于他问得紧，听得准，化得净，拿得严，所以能得心应手，出手便得，致使对方腾空而出！

按吴公藻的说法，"工夫高者，能知机，能造势"。所谓能知机，这个"机"，也就是"动之于未形的太极先机"；所谓能造势，这个"势"，就是有利于我、不利于对方的阵势、局面。既然对方尚未采取行动，我就能预先知道他意欲何为了，我设法造成他的错误和缺失又有何难？这就是所谓的"知虚实而善利用，在敌不知吾之虚实，而吾处处知敌之虚实的情况下，我必然得其机，攻其势，如医者视病而投药"（参吴公藻着《太极拳讲义》）。试想，到这种地步，对方焉有不败之理？个人认为，刘晚苍老师不同凡响之处，就在能知机，能造势，是善于知机造势的一位太极高手！刘培一兄在刘老师百年诞辰时概括得好："（正因为刘老师）基本功瓷实，功力过人，且注重实践，博采重长，在传统的基础上逐步发展形成了'沉黏古朴、灵潜宏伟'的自己的独特风格！"

即势明理，以拳证道
——我的师叔王兆基

　　"王兆基"这个名字，第一次是 70 年代中期从吴式太极拳老前辈杨禹廷口中听到的。当时为了摆脱因一些糊涂认识带来的困扰，我曾随拳友祝大彤去拜见杨禹廷先生。当杨老得知我是一个太极拳的痴迷者，也接触过一些名家的情况后，便语重心长地提示我："中心，重心，虚实要分清。"他提到北京线厂有一位工人出身的车间主任王兆基（后提升为厂长），1963 年开始学拳，是他晚年收下的一个入室弟子，由于刻苦上心，不急不躁，练拳时专心致志，不贪多，就练针尖儿那么丁点儿东西，年头不长，拳打得就有模有样，入门儿了！言下之意，依我当时存在的问题，可以去向王兆基取取经。

　　记得那天，大彤还兴致勃勃地要我见识见识杨老的太极内功：

　　杨老坐在一张老式的太师椅上，大彤站在杨老身前一米开外，准备往前近身袭击杨老。杨老好似眼前无人，心如止水，不为所动，只是漫不经心地眯着双眼，注视着前方。可大彤却呆呆地站在原地，连声对我说："我迈不了步啦，他控制着我呢！"我看着大彤那副无可奈何的样子，再看看杨老，除了从眯缝的两眼中，透出一种异样的神光外，老人家一动也没有动啊，大彤怎么会说"受到控制、迈不了步"呢？！我半信半疑。大彤让我试试，我怀着好奇的心情，站到了方才大彤所站的位置上，也准备往前走到杨老身前，可试了两次，自己觉得身体挺自在，一步就能迈到杨老身前去，并没有大彤说的那种感觉。心中很纳闷！接着大彤让我攥住杨老的胳膊感觉感觉。出乎意料的是，别看杨老年老体衰，胳膊干瘦，可怎么使力也攥不住，滑极了！而且用力推他，立刻被弹了出去，用力拽他又马上被提溜了起来，我当时四十出头，体重一百四五十斤，可在他面前怎么动都不是，而他可是一位年近九旬的老人啊！真有些不可思议。这次拜访，让我存了一肚子的好奇和疑问。

之后不久，我和大彤按杨老的指引，去正义路和北京线厂宿舍拜访王兆基。听到是杨老介绍来的，他很高兴，热情地接待了我们。闲谈中说起他能跟杨老学拳拜师，实乃机缘巧合，不是有什么远大抱负，只是为了强

21 世纪初，学校放暑假，儿子回家探亲，跟随我拜见王兆基前辈时合影

身健体。当时正是"文化大革命"时期，杨老不能公开教拳了。他悄悄地找到杨老，在杨老家学了好些年。现今能明白一些有关练习太极拳理儿，并不是自己有什么高明之处，无非是遇上了个好老师，赶上了个好机会。从自己来说，只是老老实实听从杨老的话，从细处着眼，一点一滴严格要求。

他说那时杨老教拳，不是一气儿先把整趟架子拉下来，是学了一式，老师觉得各方面都差不多了，才接着教下一式。他说早先杨老为了方便大家学习，根据太极拳"乃循动静之理以为法，采虚实变化之妙而为用"的道理，把吴式太极拳老架 83 式，分为一阴一阳共 326 动。单动（单数）为阴，双动（双数）为阳。单动往后（收回）是蓄，是拿，是合；双动往前是发，是放，是开；一合，身心俱合，神宜内敛；一开，身心俱开，根催送，梢发透；单动蓄劲如张弓，双动发劲如放箭；单动脚引手，双动手引脚。杨老曾打过一个形象的比喻：引，就好像按电门开关，阴动（单动）脚引手，也就是电门开关在脚，灯泡就是手，开电门（脚动），灯泡亮（手动）；反之，阳动（双动）手引脚，也就是电门开关在手，灯泡就是脚，开电门（手动），灯泡亮（脚动）（具体些说，这里的"引"字，似乎可理解成"从 ×× 处梢节开始舒展，节节贯串，到 ×× 处梢节"更浅显，更容易明白些——笔者注）。但不管单动还是双动，都离不开中正安舒，不偏不倚。

有一次，我与大彤相约去北京线厂宿舍听王兆基师叔谈拳（自我正式拜王培生为师后，就开始对王兆基老师以师叔相称），那次正赶上他在教厂里的一个爱好者学吴式拳。一式一式，他教得很经心。看他比比画画，除了觉得挺松挺慢之外，一般也看不出什么特别之处。因为听他说过拳，所以感到他手脚协调，一点一点走得很细，人说"于细微处见精神"，他一开身心俱开，一合身心俱合，心很静，意不大，似有若无，内气收敛，不是剑拔弩张的样子。

交谈中，王师叔谈到太极拳强调"用意不用力""不丢不顶"。他认为，太极拳修炼的是心性。常人的习惯，遇到来力，总是不容易做到

"用意不用力""不丢不顶"。手头上不是出力顶抗，就是把手缩回，要不就在下面做文章，把重心从前挪到后，或者索性就边抗边退，身体一点一点往自己后腿上坐。按他的话讲，所有这些都不对！因为，后退时自己给自己的后腿不断层层加码，增加压力，把重心扎死在后腿上。一旦遇上大力，在超负荷的情况下，必倒无疑，因为这是在与对方拼体力、耗体能，所以不符合太极拳的要求。用郝少如的话说："两腿虚实必须分清，虚非全然无力，着地实点，要有腾挪之势。腾挪者，即虚脚与胸有相系相吸之意，实非全然占煞，精神贯于实股，支柱全身，要有上提之意。"他边说边比试，我感到：（1）他不是单纯地把重心从前挪到后，一味往后腿上坐；（2）后退时，他是在动，但不是一般地往后退，而是从下往上有一股有前有后的张力反弹过来，使进攻一方有站立不稳、不敢继续用劲之感。

王师叔谈拳，不但爱讲杨老怎么怎么说，而且熟读拳经、拳论，他认为这是前人宝贵经验的结晶。他平时练拳，就是按杨老提示，反反复复，一点一滴静心体悟拳经、拳论的各种要求，力求能做到"不思而得"。我们向他请教，跟他摸手，感到他神舒体静，身上松透了，不能摸，不能按，一摸自己脚下发浮，一按就被反弹出去，就像我攥住杨老的胳臂曾经体会到的那样。而且没有见他怎么动，身体却好像有弹簧一样。奥妙在哪儿呢？

不久，王培生老师从外地返京，我一直忙于组织拳友跟王老师学拳，加之剧团里的事情也多，也就跟王兆基师叔不大联系了，但他给我留下的印象，深刻难忘。

从那以后，一晃二十多年，直到大家都退休了，我们这才又逐渐恢复了联系。事隔许多年，再次接触，更感到他身手不凡，非比寻常。他不爱夸夸其谈，但十分重视引导你仔细琢磨拳经、拳论的各种要求。比如对于《十三势行功心解》中"一举动，周身俱要轻灵，尤须贯串……其根在脚，发于腿，主宰于腰，形于手指……"这段话如何理解。他认为，练拳时，举手投足，处处都应该松净自然，不能有任何使用拙力的地方，这样全身才能符合要求。怎样才能使"周身俱要轻灵"起来呢？前人在《十三势歌诀》中早有提示："尾闾正中神贯顶，满身轻利顶头悬。"从身法上讲，也就是面容端正、眼平视、下巴微收、头若悬珠，身体松净，同时夹脊舒直，尾闾对正鼻尖。从内到外把精神提起来，周身将会感到轻松便捷，毫无迟重之虞。所谓"尤须贯串"，是指动作和意气的走向，必须保持有条不紊、连续不断，像江河之水一样，川流不息。这样，气势才能饱满，没有凹凸和断续之病。至于"其根在脚，发于腿，主宰于腰，形于手指"，用杨老的话来说，就是手和脚要"说上话"，手脚配合要协调一致。说到这，王师叔特别强调，因为"其根在脚，形于手指"，手是听命于脚的，它只能待命而行，不能自作主张。脚有什么感觉，手就有什么感觉。杨老爱说："手不能使力（即自作主张、乱动、妄动），只能静静地（以静待动，等待命令）轻扶着架子。"轻扶：跟接触点似挨非挨，若即若离。架子：自己盘拳，指一式一式的动作路线；与人推手，指对方身上的接触点，所以谚云：我不把对方当拐棍儿，也不给对方当拐棍儿。郑曼青则说："我不给别人当肉架子。"

此外，太极拳强调"其根在脚"，首先是要求能够接上地力，底盘稳固，再就是符合"脚下松力气血行"的机制，做到"根起根落"。出手根（脚下）、中（腰间）、梢（手头）；回来梢（手头）、中（腰间）、根（脚下）。所以有的前辈讲：化、打、拿、发，就在脚下起落之间。但尽管如此，统帅"脚下"变化的还是"心"，从根本上讲，一切又都是按照"先在心，后在身""意气君来骨肉臣"的规律磨炼自己，改变自己通常的行为习惯。谈到孙禄堂先生"太极拳乃研求一气伸缩之道""此拳在假后天之形，不用后天之力，一动一静，纯任自然"等论述，王师叔非常赞赏，认为"提纲挈领，言简意赅。是值得太极拳爱好者付出毕生精力去探寻的远大目标"！

有一次在王师叔家，他拿出杨老的拳照，与我们共同品味起来。看到一张"倒撵猴"退步前的定势，拳照表现的是从"肘底捶"接"倒撵猴"第一动，两拳变掌，具体动作是：重心不动，右拳变掌，掌心向下，往

2014 年向王师叔（右）请益，听王师叔说手

下将到右膝外侧为止；同时左拳亦变掌，五指逐渐舒伸，掌心内向，视线在左掌食指尖，意在左掌掌心——这就是杨老拳照"倒撵猴"退步前的神态。这是一个蓄势待发的姿势，当右手往下将开对方来势以后，下面紧接着就是"倒撵猴"的第二动撤左步、左掌前按。王师叔评点这张拳照说："瞧这神气多好！前手手指与眼神齐平，视静犹动。"

乘兴，我们请他围绕《十三势歌诀》中的"变转虚实须留意"，讲讲这一式的练法。他随即摆了一个"肘底捶"的定势：左小臂直竖在胸前，拳心内向，食指中节对正鼻尖，右拳置于左小臂下方，拳眼对正左肘尖。重心在右，呈右坐步式，左脚脚跟虚沾地面。他首先声明自己说的是盘架子（练"知己"之功），不是讲"对待"。所以，要求的是自己的手与脚能"说上话"，也就是全身能协调一致。他强调："倒撵猴"的第一动，是阴动，是蓄，是脚引手，从脚开始舒展，节节贯串，直至形之于手指，由实变虚。第二动是阳动，是发放，是手引脚。从手开始逐节舒展，节节贯串到脚，舒展到脚梢后，将迅即自动撤步落脚，由虚变实……其间单动变双动，双动变单动，虚变实，实变虚，一阴一阳，合起来是一个整体，也就是一个完整的圆圈。半圈儿化，半圈儿发。谚云："化就是发，发就是化。"一就是二，二就是一。打闪纫针，不容有一丝间隙。他让我们按着他的左小臂，说："左掌前按，当然用的是左掌，可用哪儿，哪儿不能动。所以我这左小臂不能动，若想撤步、撤小臂，往后坐身躲开来力，劲都聚在自己身上了，丢了，对方将会跟进来，这不行；反之若小臂往前伸，弓前腿用力与对方相抗，这叫'顶'，也不行。正确的做法是：用哪儿不能想哪儿，周身放松，意想虚脚（左脚）再松一松（即"虚中虚"——原先左脚在前是虚脚，脚跟虚沾地面），继而脚心着地不着力、脚前掌着地不着力，五个脚趾顺序往虚空处徐徐铺开（也是着地不着力），精神专注以后，这时你会自觉实腿（右腿）更吃力了（即'实中实'——内气由左脚经胯到右脚，迅即又从右脚经胯回到左脚），左脚就能动了（将自动往后撤步），同时气贯左手，左手就有东西了！

跟着王师叔所述一试，果然有效，我们按着的手都被一种无形的力量反弹开去。在他左掌翻转发掌时，强调绝对不能使力往前推，发放的效应，关键是在配合眼神往前看和撤到身后那只左脚的起落之间。否则手头上只要有想往前打人的想法——哪怕只是一点点动意，就犯了大忌。因为手头上想使力就憋气了，也就与对方顶上了。歌诀讲"变转虚实须留意"，留意什么呢？就是留意如这一势"倒撵猴"那样的虚实变换。王师叔说：静态中，原本要求中正安舒，动态过程中当然同样要求时时刻刻保持中正安舒。因为中正安舒（即中定劲）是一切的基础，也是太极拳的基本功。太极十三势以中定为主，其余十二势为辅，一切势均不能脱离中定，而且有中定才能言虚实，失去中定即失去一切。因此守中、用中、得其环中，至关重要。基于此，吴家后人（吴鉴泉之子吴公藻）谆谆告诫习练者："基础最关重要，其姿势务求正确，而中正安舒，其动作必须缓和而轻灵圆活，此系入门之径。"也就是要求无论是在静态还是在动的过程中，每一式，由虚变实、由实变虚必须严加注意，保持中正安舒。接着王师叔又补充说，刚才我讲的是虚中虚，从虚脚（左脚）开始动的，乍看上去，整个身体好似静止不动，实际上内里已经发生变化了。可同时第一动（两拳变掌）和第二动（左掌前按）表面上看起来是在变动着，但实际上，内里中正安舒支撑八面，基本的浑圆状态并没有任何变化，所以它又是"超其象外，得其环中"——"视动犹静"的。王师叔的示范讲解，使我们进一步加深了对太极拳作为内功拳的理解，觉得"纯以神行不尚拙力""其根在脚……形于手指""心为令气为旗""变转虚实须留意"等要求真是太重要了！

联想自己的拳术实践，几乎很少在这方面一丝不苟认真研习，今后在"怎样才能姿势正确"和"动之得法"方面，还须要做很大的努力补课！王师叔曾赞其师兄王培生先生"几十年的修炼，举手投足神意气劲（形），全是那么协调到位"，高（壮飞）师兄有一次也对我讲："王培生老师高就高在，我们走到王老师面前，刚想伸手，他的神意气劲早就协调到位，内里不知道已经变化多少次了，而我们处在被动挨打的局面，还不知道呢！"王、高二位所言，不正如三十多年前，大彤兄和我站在杨师爷面前试着想近身袭击杨老而不能的情况吗？当时之所以大惑不解，不过是那时自己周身松得不好，内功修为差，不敏感，感觉不到而已。

太极拳与其说是「肢体的运动」，不如说是「心意的锻炼」

"太极拳与其说是'肢体的运动'，不如说是'心意的锻炼'"。这是吴式太极拳名家王培生老师在20世纪80年代中期，接受《中国日报》英文版记者采访时说的一句话。王老师言简意赅，一语道破了太极拳锻炼时的大要与精髓。

《太极拳论》云："凡此皆是意"，《十三势歌》讲"势势存心揆用意"，也就是说意识问题是太极拳的首要问题。各式太极拳也无不强调心意为先，以及意识存在的重要性。太极拳体用之四要：意专、气敛、神聚、劲整。"意专"乃四要之首，太极拳的行功要领为"以心行气、以气运身"。具体来讲就是"以心行意，以意导气，以气运身"。因此"以心行气"绝不是故意努气，而是心意一动，"意之所至，气即至焉"。也就是脑子一想，意为向导气随行。意到气到，气到劲到。此乃太极拳内练要义的根本所在。始而意动，继而内动，然后形动，是内动带动外形，外形合于内动，由内及外，内外一致，这就是太极拳运动规律的一大特点。内，指的是意气；外，指的是骨肉（形体），也就是身体姿势的变化和四肢动作的屈伸。

在封建社会，君王的权力是至高无上的，臣子是听命于君王的。"先在心，后在身""意气君来骨肉臣"就是以君王和臣子的主从关系打比喻，强调后者要听命于前者，而且内里的意气与外在身体各部既要有主从先后之别，又必须是协调一致、密不可分的。呈现出的结果，则是一动无有不动，一静无有不静，周身一家，完整一气。具体到练拳，就是要求头脑中摒除所有思想杂念，未动之前，先想动作的要领、方法以及动作运行的轨迹，前一动开始以后，随着意动而考虑下一动的开始、发展和结束。这样，周期性地进行下去，直至练拳停止。这里充分说明太极拳的一切动作都是在意识的引导下进行的，意动形随，身心合一，"如秋风之扫落叶"（吴图南语）。

80 年代中期，王培生老师曾对"以心行气、以气运身""意气君来骨肉臣"做过一个通俗易懂的比喻，他说："外形动作好比是年轻人，心意内气好比是老年人，年轻人是照应老年人的，不能自顾自，想怎么动就怎么动，要时时刻刻听命于老年人的支配和调遣，一点也不能掺杂自己的想法和意识。老年人要往东，他就得往东；老年人要往西，他就得往西；老年人要慢点，他就得慢点；老年人要快点，他就得快点；动作的大小亦复如是。"也正因为太极拳运动的特点是由静而动，由内及外，全凭心意用功夫，一切动作纯以心意为主、不妄用力为最重要之原则，所以，也有人诙谐地把太极拳运动说成是"意识体操"。

漫谈太极拳的「中」

"中"，就这个字的字义，在辞典里，主要是指跟四周距离相等，即中心、中央。但在太极拳推手时，"中"字一般指重心。所以有"守中"（守住自己的重心）、"失中"（失去了重心）、"得中"（控制住了对方的重心）等说法。

1974年5月，我跟高占魁老师习拳时，他经常爱说"藏中"，意思就是要把自己的"中"藏在衣兜里，不能让对方轻易摸到。杨澄甫的高足、太极名家董英杰在《太极拳释义》一书里也告诫说："务使我之重心对方不能捉摸，对方之重心时时在我手中。"金庸先生在为吴公藻著作《太极拳讲义》而写的一篇跋里，把上述的意思阐述得更具体，他说："太极拳的基本要点是保持自己的重心，设法破坏对手的平衡，但设法破坏对手的平衡并不是主动出击，而是利用对手出击时必然产生的不平衡。"他认为，"对手所以失败是他自己（失中后）失败的，他是被他自己的力所击倒的。

如果对手自始至终保持他的重心和平衡，或者他根本不来打我，他就不会失败"。他强调"在太极拳中最主要的是永远保持平衡和稳定"。为什么呢？按吴公藻的话说："重心，为全体枢纽。重心立，则开合灵活自如；重心不立，则开合失去关键，如车轴为车轮之枢纽，若使车轴置于偏斜而不适于车身之重心处，则车轮转动、进退失其效用矣。"（见《太极拳讲义》）因此，他把重心比喻为"战时全军之司令"，应敌时，"必须时时保持自己的重心而攻击他人的重心，即坚守全军之司令而不使主帅有所失利也"。翻阅拳经拳论，强调所谓"腰为纛""腰如车轴""命意源头在腰隙""刻刻留心在腰间""腰为主宰""活泼于腰"等，不只是因为腰为人体上下相连之部位，所谓"全身变化的关键""好比九曲珠中间珠子的所在处"，而且最主要的是，人体之重心系于腰脊，"腰脊重心稳固，则得机得势；腰脊重心失中，人体则有颠倒之虞"（见《太极拳讲义》）。从杨澄甫的长子杨振铭取号守中，就不难理解"中""守中"对练太极拳的人来讲是何等重要。

那么，在推手时，如何才能时时保持自己的平衡和稳定，不让对手摸到我之重心，做到所谓"藏中"呢？吴公藻在《太极拳讲义》的"基础"这一段中说道："太极拳以拳架为体，以推手为用，在初学盘架时，基础最为重要，其姿势务求正确而中正安舒，其动作必须缓和而轻灵圆活，此系入门之径。"作者对中、正、安、舒、轻、灵、圆、活这八个字及其相互间的关联，都做了深入浅出的讲解，并在解释"中正"这两个字时，特别指出了"拳架之姿势务求正确（即中正），则重心平稳，要不自牵扯其重心，而辨别虚实也"。也就是说，要在用时能做到"藏中""守中"，首先在个人盘架练体时，必须打好基础。盘架和推手本是一个整体的两个部分。前人常说盘架以求懂自己之劲，推手以求懂他人之劲，一是知己之功，一是知彼之功，知己知彼百战不殆，若不知己，焉能知彼？《四性归原歌》所谓"世人不知己之性，何能得之人之性，若能先求知我性，天地授我偏独灵"，也即此意。所以，只有从习拳之初，盘架练体时，重心处在固定的情况下，锻炼每个动作、每个姿势，或转动，或进退，不论怎样运动，都能始终保持身体的平衡和稳定，进而才能在与人推手时，重心处在活动的情况下，虽有对手推逼，不仅仍能保持自己的重心，而且还能设法引动对方失掉重心。

盘架、推手此两者乃太极拳体用兼备、循序渐进的进阶之道。通常，有不少人急于学推手，不太重视盘架子，也有人误以为架子练好了，一切就都有了。诚然，架子练好了，对强身健体有百益而无一害，但若论推手乃至技击能否得心应手，应该说，还需要下大功夫在实践中不断去体悟。姑且先不谈太极推手的发放，仅顺化方面就要做到最基本的：听劲要准确灵敏、要能舍己从人、不犯双重之病，所谓沾连黏随不丢顶。一般来讲，在推手时之所以被摸到重心或身体的某一部分被人打着，其原因大都是犯了虚实不分的双重之病。要想避免此种现象发生，就必须使身体的任何一部分都能很迅速地、连续不断地有虚实的变换，所谓"左重则左虚，右重则右杳""随其伸，就其曲"，主动地去适应对方虚实的变化。这里，特别需要强调的是，《太极拳十三势歌》开门见山地指出"命意源头在腰隙，变换虚实须留意"，就是提醒人们身法虚实的变换，必须留意重心不能轻举妄动。正如吴公藻在《太极拳讲义》一书里谈重心时所说，"重心与虚实本属一体，虚实能变幻无常，重心则不然，只能移动，因系全体之主宰，不能轻举妄动，使敌知吾之虚实"，否则自己将陷入被动挨打的境地。解决这个问题的关键在哪儿呢？"命意源头在腰隙"，是"以腰脊命门穴为轴心的左右腰隙（两肾）的抽换，腰隙向左抽，左实而右虚；向右抽，则右实而左虚。这两肾抽换变化虚实，是全身总虚实的所在，也是源动腰隙，内动不令人知的诀窍所在"（王培生著《太极拳的健身和技击作用》）。不过，这还是属于虚实变换的初级阶段（即重心的转移问题），也就是《十三势行功心解》所提到的"意气须换得灵，乃有圆活之趣，所谓变动虚实也"。到高级阶段，在重心和气的方面，几乎都可以保持平衡了，只是在心意和劲头方面来分虚实，最后，不分虚实自有虚实，方为最高。到此境界，"中"已是无在无不在，隐现无常，玄妙莫测了。

实事求是，道正乃兴

　　2002 年 8 月底 9 月初，有幸与友人一道参加了中国焦作第二届国际太极拳年会。喜出望外的是，来自上海的吴式太极拳同门——鉴泉拳社秘书长李立群师叔在宾馆就住在我隔壁。

　　20 世纪 80 年代，我们单位曾计划从上海吸收一两个受过专业训练的话剧演员，特命我回母校上海戏剧学院了解应届毕业生的情况。闲暇时，一个偶然的机会，耳闻有位老同学当过吴式太极拳第三代传人马江豹的业余老师，于是迅速找到这位老同学帮忙，联系并请马江豹师叔引领登门拜见马岳梁、吴英华两位吴式太极拳老前辈。当他们了解到我跟吴图南学过拳，是王培生的入室弟子时，让我演示了一段吴式拳，并跟马江豹师叔推了一会儿手，甚至还有幸跟马岳梁师爷打了不到大半个轮儿。刚一搭手，马老突然一变，浑身透空，我顿觉失去重心，如坠五里云雾之中，幸好老人家没有出手，而是哈哈一乐，立即用双

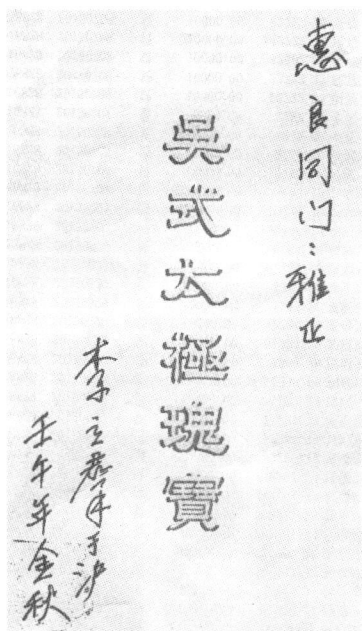

立群师叔赠书

与吴式太极拳老前辈马岳梁、吴英华在香山合影留念

20世纪80年代，吴式太极拳南北两代名家马岳梁、吴英华、王培生在香山双清别墅会见松前合影留念

手扶住了我。印象深极了。随后不久，马岳梁、吴英华二老来京议事，北京吴式太极拳同门负责接待工作的是我的恩师王培生，议事之余，有一项内容是陪二老逛香山，作为王老师身边比较亲近的入室弟子之一，我也有幸参加了那次活动。那一天，不但王培生老师和马岳梁师爷、吴英华师太三位名家在双清别墅会客松前合影留念，就连我们这些陪同者也跟着沾了光，与他们三位一起在好几个地方照了相，真是记忆永存。特别是我，因以前曾登门拜访过二老，基于昔日的交往，加上这次跑前跑后，忙忙叨叨，我还单独跟二老合照了一张相。照片洗出来以后，二老看了，非常高兴，对会客松前那张三人合影赞不绝口！

由于有上述这些情况，2002 年在焦作与李立群师叔虽然是首次见面，但一见如故，交谈甚为融洽。通过年会安排的一系列活动，几天当中，深感开阔了眼界，结交了朋友，增长了见识，学到了东西，真是受益匪浅！这是主流的一面，美中不足的是，会间有些见闻又着实不能尽如人意。会后我写了一篇观感，随即寄给上海的李师叔，请他提提意见，他不但完全赞同我的观点，而且还在电话中跟我补充了美国、香港等国家和地区的一些相关的资料。我立即把他提供的资料补充到文章里，并征得李师叔的同意，联名寄给《武当》杂志编辑部谭大江同志，不过发表时，因李师叔熟人多，碍于情面，用的是笔名"润吾"；我理当亦步亦趋，署名"丹明"。这就是《实事求是，道正乃兴》这篇文章的由来。言归正传，文章归纳起来感受最深的有以下三点：

关于太极拳推手比赛的规则问题

这届年会的太极推手擂台赛，给人的主要印象是名不副实，仍然是搂抱、摔跤、顶牛。没有太极拳推手的味道。

这是个由来已久却一直没有解决的问题，如果没有切实有效的措施，无论在哪里举行太极推手比赛，仍旧是不伦不类的摔跤、散手、顶牛等。其表现就是双方交手后硬推硬拉，只想把对方推出圆圈得分。这种现象不仅在中国大陆，在国际比赛上也屡屡出现。例如，美国的中国武术节、中国国术比赛、中国五大流派太极拳比赛以及香港武术大赛等竞赛活动中的太极推手项目，也严重地存在这种现象，以致让真正学练太极拳的人士感叹太极拳的"舍己从人""即化即打""引进落空"等心法技法，在比赛中一点也没有体现出来。更有人指出，像这样的比赛，只要让柔道或摔跤等相关项目的选手临时训练一下，利用其原有的战术动作，就能夺得太极推手比赛的奖牌。

竞赛是促进普及和推动提高的有效手段。太极推手比赛，旨在推动选手的太极技法的训练，促进群众性太极拳活动的开展。而目前的比赛根本达不到上述目的。

中国的武术正在同国际接轨，一旦被纳入奥运会比赛项目，太极拳项目怎么列入？以什么面貌列入？如何真正体现太极拳引进落空、四两拨千斤的技巧和理念？这些都是不能回避的问题。专业武术家和有关组织领导都应该认真思考。太极拳是一种拳术，但又不仅仅是一种拳术，它包含着哲理、心理学、力学等内容，更是祖国传统文化中儒家文化、佛家文化，特别是道家文化在强身健体、自卫搏击等方面的体现。因此，在探讨源流的同时，一定要探求究竟，深入到各个文化层面，帮助人们更全面地去理解。很多太极拳练习者都深刻认识到，太极拳吸引人的地方不只是它的技艺，更重要的是它所体现出的中国文化哲理，这些都是人们终身学不完的课题。可以说，如果不能突出太极拳的特点，太极推手比赛就没有其存在的意义。

2002年，《武林》发表了陈龙骧先生的《向太极推手进一言》，建议有关领导组织力量认真研究参照。

关于太极拳源流问题

在这次年会上，有关地方领导在讲话中提到"太极拳源于河南"。作为地方领导，受眼界与知识所限，即使说法不对，尚能理解。但是中国武协、国家武术运动管理中心的领导在会上也说"太极拳源于河南",就很不恰当了。"太极拳源于河南温县陈家沟,创始人为陈家九世陈王廷",这一说法曾在一段时期内占主导地位,加之社会上广为流传的各大派太极拳都与陈式太极拳有着直接或间接的渊源传承关系,故加重了此说的权威性。就连《中国武术简明辞典》等书中也均用此观点。但是,经过近几年诸多专家学者和门内传人考证,陈家沟创拳说早就难以成立。况且,随着新的资料不断披露,大量事实和调查材料也证明,赵堡太极拳与陈式太极拳同源而异流,它绝不是陈式太极拳的一个分支,它们的源头同属武当派,共尊王宗岳—蒋发为先师。

按说,不同观点和论据一经出现,国家有关部门就应趁热打铁,引导大家结合前人提供的资料对现存的很多问题进行深入思考、核实,乃至修正。但遗憾的是,武术界这么一件大事,却未引起有关方面的重视,也未采取相应的措施进行正本清源的考研工作。相形之下,在中国焦作第二届国际太极拳年会期间,温县宣传部门有关人员,到宾馆看望外地与会代表并散发了一本名为"太极拳秘籍珍藏"的小册子,其封面左下角注有"政协温县文史委员会"字样,在封底画面上方印有非常醒目的两句话:"河南温县陈家沟为陈氏太极拳故乡,相传,陈氏第九世祖陈王廷,在祖传拳基础上,理根太极而创造了太极拳。"其做法和说法,就显得十分狭隘和愚昧了。

这里姑且不去详细剖析小册子的目录和内容。因为只要有一定的太极拳方面的知识就有这样的印象:陈家沟只是陈式太极拳的发源地,创始人是陈长兴,而不是陈王廷。因为陈王廷练的是炮捶,他所著的《拳经总歌》,纯属炮捶演练和应用的心法、技法,与太极拳的理法技法相去甚远。倒是陈长兴遗留下来的两篇珍贵的资料中,所提到的"理""气""阴阳""动静""开合""刚柔""动无不动""静无不静""内外相联""上下相随""以静待动""气分阴阳""内外三合"以及"沾连黏随""掤捋挤按"等,与历来人们印象中张三丰—王宗岳所传太极拳理法技法非常相同。若非一脉相承,怎能如此一致?另如小册子里存在着的张冠李戴、名不副实，以及有待重新认识的一些问题，就不一一细说了。最令人忍俊不禁的是，今人吴式太极拳名家杨禹廷的一位传人不久前写的一篇文章《技击训练》，也被辑录在陈家沟的《太极拳秘籍珍藏》之内予以珍藏了。至于收入张国栋先生的《忽雷架拳谱》，实乃武当赵堡太极拳用以增长功力和练习发劲的拳架。而陈青萍宗师根本不属陈式太极拳的传人，竟也被收入……按说，陈沟与赵堡是邻近的两个武术之乡，同属温县管辖，赵堡一次又一次提供了那么多言之凿凿的史料、事实，向世人说明太极拳的源流、理念及其来龙去脉，而很多人居然视而不见，听而不闻，对本乡本土、咫尺之遥发生的事也不想努力去把它弄清。作为陈沟人，基于众多的历史原因，固然情有可原。但令人费解的是，许多领导，特别是武术管理部门的有关领导，面对这样的问题，怎能不正视之、重视之！

关于杨露禅跪拜雕像

在陈家沟学拳房，摆放着与真人比例等同的一组塑像，内容是杨露禅跪拜在陈长兴脚前。塑像直观地表述了陈杨之间的传承关系，乍看起来没有什么可指责的。但仔细想想，我们看问题应该运用科学辩证的方法，实事求是，如此才能更准确更真实地反映事物的本质和全貌。反之，如果抓住一点，不及其余，甚至夸大一点，不及其余，那就不是科学的态度，容易误入迷途。

杨露禅到陈家沟学艺，拜陈长兴为师，这在杨露禅创造杨式太极拳的全过程当中，只是短暂的一个起点。尽管这个起点是极其重要的，不可低估，而且陈长兴的伟大，也正是在于他被杨露禅潜心向学的精神所感动，打破了"拳不出村"的陈规陋习，传给了外姓，这在当时确是极不平凡的一件事。而杨露禅虽师从陈长兴，尔后又创造了不同于陈式的杨式太极拳，就这件事情来讲，他们二人的学术地位乃是平等的。倘若看不到这一点，一味地着眼于他们俩的师徒关系，并用学生跪在老师面前的样式给予永久强调，就显得十分低劣和缺乏历史发展的眼光，而且也是极不准确的。因为杨露禅如果仅仅对老师陈长兴顶礼膜拜，跪服在老师脚下，不仅学不好，也不可能在后来另创杨式太极拳。杨露禅的伟大，正是在于他学陈而没有为陈所围，学陈而没有食陈不化。他不但学陈，还勇于创新，另辟蹊径，从内到外，自成体系，创造了老少咸宜、流传更广的杨式太极拳。准确地讲，杨露禅伟大的成就不是跪拜在陈长兴的脚下，而是站在巨人肩上继续开拓所取得的硕果。

"塑像"的构思者、制作者，思想水平不高，封建宗法观念严重，为了一己私利，搞不出真善美的东西来，作为发生在一个小地方的事，情有可原。但各级各层领导对此不能视而不见、放任自流。我想，作为领导，如果责任心强，理当高瞻远瞩，通过耐心细致的工作，帮助这样一个对太极拳发展做出巨大贡献的武术之乡，加强精神文明建设，引导它从文化层面上对前人的历史和创造进行实事求是的探索和研究，相信他们的贡献将会更大，他们的影响将会更深远。何况，太极拳是武术，更是一种文化，对它丰富的内涵和深刻的哲理进行科学的剖析、研究，并用通俗的语言和形象的类比来加以表述，使人们便于理解、掌握，这个艰巨的任务绝不是哪一个门派独自能完成的。必须从弘扬中华民族优秀传统文化的高度，提倡门派之间相互尊重，团结一致，并结合各自的特点，做认真的理论研究工作。因此，期盼武术运动管理部门在管理上不能抓而不紧、管而不严、听之任之、放任自流。武术界历来门户之见严重，陈规陋习众多，需做好教育引导工作。只有这样，才能对内对外消除很多不良影响。

境生于象外

解守德先生的专著《太极内功心法》面世后，据出版社的朋友讲，是近年来销量极火爆的武学书籍之一。研读后，除个别地方（习拳 3 年后才能站无极桩等）尚不大理解外，总体来讲，十分亲切，受益匪浅！书中的《太极思维假修真》，很有意思，就此联系实际谈一点学习体会。

"太极思维"这个词，早在 20 世纪 70 年代初，我就从太极泰斗吴图南老师口中听到过。吴老武学渊博，技艺精湛，他是学者型的武术大家，说话比较含蓄，不爱强加于人。那时我已跟他学拳多年，但进展不大，他也不明说，像聊天似的启发我："天冷了要加衣服，加多少应根据天气的情况，学太极拳亦如是。要具有太极拳的思维方式，了解太极拳的特点，深研太极拳的锻炼要领，只有按太极拳的规矩办事，才能弄明白太极拳练什么、怎么练。不能主观主义，用自己的主观认识来代替客观事物……"

吴老比画拳势之雄姿

　　我当时年轻气盛，受武侠小说影响很深，喜欢拍树，踢树，拧千斤棒，练侦察兵搞的那一套。乍一看到太极拳打人挺神奇，顿时迷上了。但好高骛远，急于求成，光看到武术的共性和太极拳的特有魅力，没有认真去研究太极拳的个性特点，所以对吴老一次又一次的忠告，没有往心里去，当作了耳旁风，因此走了很长一段弯路，其间几经反复。后来又有幸接触了石明、高子英、姚宗勋、杨禹廷、刘晚苍、高占魁、汪永泉等众多名师，潜心向他们学习；并结交了李琏、杨家仓、陈耀庭、黄震寰、朱喜霖等许多相识相知的良师益友，帮我远离迷津。改革开放后，我先后正式拜在王培生、王安平两位老师门下。一晃半个多世纪过去了，由于前不久正跟拳友们探讨什么是太极拳以及它与太极操有什么不同之处，有人曾引用郝少如老师的话说："何谓太极拳？简单地说，太极，是由人体内在的物质所产生的辩证运动；拳，是肢体动作的外形运动；太极与拳，即内形与外形的运动辩证统一结合。必须以内形的运动变化来支配外形的运动，即用太极运动支配拳的运动，这便是太极拳。如果只有外形的运动，而没有内形（太极）的支配，只能称为拳操。而不能谓之太极拳，所以练太极拳必须求达内外运动的统一，使之名副其实。"

看到解守德先生书中"太极思维假修真"这个小标题后，它使我联想到，他说的这个"假"，指"假想"，我的理解即"想象"。"假想""想象"都是一种具体的意念活动，属心意活动范畴，从可视性角度讲，肢体活动是看得见、摸得着、有形的东西，"假想""想象"是看不见、摸不着、无形的东西，按太极思维的方式，习练者必须要借助内形的东西来"支配"有形的肢体，也就是通过无形（内形）来支配有形（肢体），修炼同样是看不见摸不着，而且还是目前科学一时难以解释的、真真切切存在的那个"东西"。

据王培生老师讲，早先我师爷杨禹廷传授老架83式吴式太极拳时，有个比喻是"人与球游戏"。开始双手捧着气球往上，当气球慢慢落下后，人要踩到球上去，松肩坠肘，就像狮子玩球似的，手脚随机随势运动以保持平衡稳定，但是这种"运动"，只能动之于无形而不能着相，这就是在"假想"中做文章。

又如王培生老师传授《乾坤戊己功》"八桩"里的"乾"桩时，要求松肩坠肘，两手自然抬起至两手中指尖与太阳穴相齐，继而两手背外劳宫和两肩井穴前后对正，接着意想两手心里各有一只眼睛，从这两只眼睛里又长出一只手，手心里仍有眼睛，再

杨禹廷师爷盘拳时演示挤手（左掌打挤）和捋手（右掌下捋）

从眼睛里长出手，手里长出眼睛。眼睛里又……如此意想之后，就等于从原来的两手，各长出三只带眼睛的手来。随后意念转到眼睛上，用意如前所想，眼中长出手，手心里长出眼睛，重复三次，从自己的两眼中又各长出三只手来。从手中长手，眼中长手，反复意想三次后，这样从自己的两手、两眼总共就长出 12 只带眼睛的"意念手"来了，犹如《封神榜》里的杨任……此动结束后，使两手之掌根与头维穴左右对正之后，意念转移到两手中指指尖，直插入天空，同时想象百会穴亦升到天空，双脚似要离地，身体便有悬起之感。随后两手中指一横并相互接触于头顶，继而使两手食指、中指，无名指和小指之指甲盖相贴，手背相贴并往下伸，含有欲将地穿透之意。两手下穿后，再将两手拇指指甲盖相贴，接着两手分别往后一扒，使之有扒地感。同时使脑子里顿时产生一种假想——眼前的地面出现一条大裂缝，自己顺势唰地一下就往地缝里钻下去了，前胸后背会感到特别舒服，此动俗称"土行孙"。"杨任"和"土行孙"是"乾"桩"乾三连"的两个方面，用时威力很大。另外，在教吴氏太极拳简化 37 式和 16 式时，王老师提示我们：揽雀尾第四动，左掌打挤到位后，右手顺势翻转，意想从大拇指指甲盖托天，同时指缝内嫩肉芽滋出一指多，继而食指、中指、无名指到小指，依次边翻边做同样的念想。下面揽雀尾第五动右掌回捋，接前动，右掌到位后，右掌不是急着往回捋，而是在意想（动之于未形）右掌向右侧前延伸出一手之距的同时，边想右小指指肚按地，指缝内嫩肉芽滋出一指多，继而，从无名指、中指、食指，到大指，依次做如是想，这时右掌将随身后退并曲臂微向右侧后转……其他各式，不同的部位也有各种无形的、细致的"假想"要求。

吴图南老师传授太极拳练架中，定势的第一式"太极势"（一般叫太极起势），对于入室弟子，在姿势动作及各部位要领正确以后，吴老就会提示增加"蓄外意"，站"六面劲"等的意念活动。练架子中的连势则要求意气的进退抽添，至于用架和太极功，在意念方面的假想要求就更是丰富多彩了（难怪有人说，太极拳是一种平衡稳定身肢放长的弹性

吴老演示练架定势第一式"太极势"。入室弟子此式的身法各部位要求达标后，则进一步开始练内功"蓄外意"

运动）。吴图南老师认为："太极拳的奥妙就是'一切以意为之'。能如是，则将体会到其大无外，其小无内，放之则弥六合，卷之退藏于密，大小由之的乐趣。其变化犹如孙悟空的金箍棒，说大可以是定海神针，说小可比绣花针，能放进耳朵眼里去。"这些既是无形无象地地道道的真功夫，又是通过看不见摸不着无形的"假想"，年复一年，日复一日刻苦修炼出来的。因此吴老曾说："要想修炼出太极拳的上乘功夫，必须有万夫不当的勇气，坚韧不拔的毅力和脱胎换骨的精神。总之，非有夙慧而不能得。"

汪老（永泉）的徒孙石明先生在传授无极桩时，先要求在内环境（体内）开沟挖渠，便于内气充盈畅达，继而要求内气能松、散、通、空，随后则强调要在身外设一意念点。他认为，飘、走、接（意思即是脚下能飘起来了，劲儿能在身上游走了，才谈得上能跟别人接手）和松、散、通、空，及肩、腰、胯三个圈，这就是太极拳内功的全部。

再比如，意拳一代宗师王芗斋先生开创的大成拳站桩功，无力中求有力，平常中求不平常。从初始阶段的浑圆桩到技击桩，到试力、发力，四个阶段要求虽有区别，但都是以意念诱导和精神假借为主要手段，具体如"遍身皆挣力""无点不弹簧""身动似山飞""力涨如海溢""筋肉似蛇惊""履步风卷席"等各种意中力的力道，无一不是从抽象中求具体的切实。内中奥妙，只可意会，难以言传。因此芗翁无私坦言："执着己身永无是处，离开己身无物可求"，一语道破了个中玄机。

我的中华浑圆功老师王安平，曾针对一些人对"意"的作用和"无

与王安平师父在浑圆山庄合影留念　　　　安平师父赠我手书"万动不如一静"

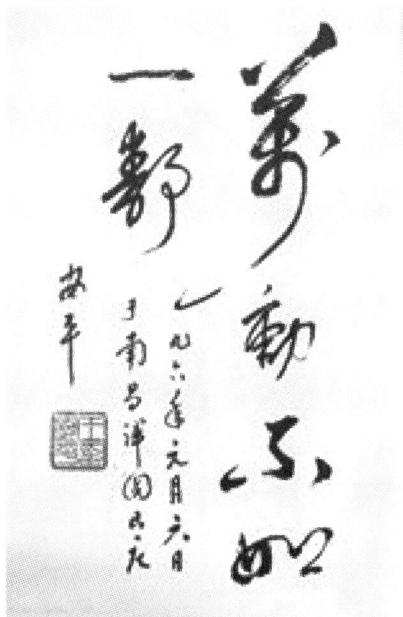

形的"东西置疑，感慨颇多地说："意虽然是看不见摸不着的东西，但它是一种物质。""世人就是这样，只重外不重内，只重多不重精。愈是简单、科学、有用的东西，愈接受不了。"又说："人们喜欢有形的东西，不喜欢无形的东西，相信有形的东西，不相信无形的东西，可又迷信看不见的东西。"

　　太极拳的锻炼，在精神假借方面，不似意拳那样神气活现，而是敛神聚气，附于一招一式之中。要求"先在心，后在身""意气君来骨肉臣"，也就是盘拳时，先由意动，继而内动，接着气动，最后形动，由内达外，内外协调一致。究此而言，并没有什么不同。所谓"意"，就是意念，也可以说是假想。清代中医巨著《医宗金鉴》中谈道："意者，心神之机，动而未形之谓也。"就是说"意"产生在形体未动之前。人无论做什么事，行动前必须先有意，打太极拳更是如此，一招一式无不是用意节节贯串，循环往复，直到整趟架子结束。人说"拳"是"有形的意"；

"意"是"无形的拳"。练拳时,"意到气到""气到拳到""意动形随""形随意动";走剑时,"剑掩身形""身随剑走",身剑合一。当然,这说的是高级阶段,不是初学者一下子就能达到的境界。对于初学者而言,尽管太极拳强调"重意不重力",要求"先在心,后在身""意气君来骨肉臣",但在初始阶段,还是"先形后意",不是"先意后形",只有这样,才便于大家学习,否则皮之不存,毛将焉附?而况初学时,人们想的只是努力要记住每个动作的姿势、顺序、要领等,而这必须要思想集中,排除杂念,实际上此时这种"动作思维"的过程,已经是"以意导体",是用意的第一步了。

不少人练拳多年,每天都在比比画画,练时也相当认真,拳是一套接一套,剑也是一趟接一趟,能说其中没有意吗?如果一点意都没有,练拳、练剑时,早就乱套了,不足之处是拳意不够浓,还不够到位。比如做"弓步前刺",目标在哪?刺上了没有?感觉刺透了吗?还有"回身劈",劈上了没有?劈开了吗?有的人意还在自己胳膊或手腕子上呢!还有"撩阴剑",撩哪儿?撩上了没有?内劲怎样才能贯到剑尖上?!再如盘拳,一式一式比比画画动作都做了,但关键不在步子迈多大,蹲身有多低,而是在意,在精神贯注到位了没有。

我认为,要想使自己练的是太极拳而不是太极操,首先需把姿势动作做对,掌握好每个式子的要领,努力体悟由内达外,内外协调一致。有一天,一位杨姓拳友跟我

1999年秋,在西班牙探亲期间参加中西文化交流,演示吴式太极拳"玉女穿梭"——左掌斜掤到位后接着意含左掌食指指尖往前延伸追眼神,同时坠左肘,松左肩;继而右掌下落,摸左膝,摸右膝,身形后坐,即自动出现"左掌反采"一势

说，她练"合太极"这个动作时，两手从头维穴左右两侧合抱到头顶上空，徐徐往下落时，胸口不憋，也不难受，但感到有些发紧。我说，你太介意肢体这个有形的东西了。"太极思维假修真"，所谓的假，是假想，它是无形的，应忘掉有形的双手，借助无形的假想来"支配"（影响）有形的肢体。当时，我提示她通过"假想"，想象两手谨小慎微捧着一个大气球，劲儿大了气球会炸掉，劲儿小了气球会飞了，似挨非挨专心捧着气球，从头顶上方徐徐落下，整个过程中，不想手，就想着手内无形的气球。她按我的话一练，果然心口既松快又舒服。这个例子虽小但理儿不小，原先的练法有一点类似操，后来按要求一丝不苟地做了，应该说练的是拳。为什么说有一点类似操，因为这位同志腰腿基础比较好，松得也不错，平时练拳能挂上一点意了，只是动作衔接之处，意还不到位，要不就不会"胸口不憋闷，也不难受，只是感到有些发紧"了。

　　谈到这里，我必须提一提孙禄堂先生创编的孙式太极拳。孙式太极拳也叫开合太极拳。在孙先生《太极拳学》一书的"开手学"一节里，他这样写道："两手如同抱着气球，内中之气亦如同往外放大之意"；在"合手学"里，他写道："……两手如同抱着气球，内中之气亦如同往里缩小之意……"这种形象类比的"假想"，在此书中比比皆是，如："身子如同立在沙漠之地""两手如将长竿徐徐向左右分开""脚尖仰起，足后跟着地，如同螺丝轴旋转之意……两手于右足扭转时，要同时亦如同抱着气球往回缩小之意……""身体之形式，如同一鸟在树上，束着翅，斜着往地下看着一物飞去之意""两手同时往下往回拉，如同拉着一有轮之重物，拉着非易亦非难之神气，身体又徐徐往上起，头亦有往上顶的形式，身体虽然徐徐往上起，而内中之气，仍然往下沉注于丹田，所以拳要顺中有逆，逆中有顺，身往上起为顺，气往下沉为逆""两手从前（往后）如揪虎尾之意，徐徐落在两胯里根"……此外，还有"如撕丝棉""如拔钢丝""如拉硬弓""如按气球""如同藤子棍曲回"等，不胜枚举。

　　孙禄堂先生在此书中特别强调："此拳内无论如何形式，不外乎头顶，

孙禄堂拳照手挥琵琶

孙禄堂演示
开手（右转）

孙禄堂演示
合手（右转）

足蹬，腹松，塌腰，并两肩两腿里根松缩之理"，而"一切之伸，缩，顶，塌，揪等之劲，亦皆是用意不用拙力"。孙先生在讲解"缩劲"之意时说："两肩里根并两胯里根，同时极力虚空着往里收缩，收缩之理，喻地之四围皆高，当中有一无底深穴，四面之水皆收缩于穴中之意。"这是多么生动形象的比喻啊！应该说，孙禄堂的《太极拳学》是一本"太极思维假修真"最佳的教材！

「明师」石明

　　杨式太极拳汪脉传人石明老师，祖籍山东。幼时体质不佳，曾随父学小洪拳，1949 年进京后，又向北京十老之一恒寿山的弟子崔省三学习武式太极拳和吴式太极拳。参加工作以后，又学习杨式太极拳，正式拜在汪永泉的弟子朱怀元老师门下，并得到师爷的点拨。1979 年冬至 1980 年初，开始正式设场授徒。2000 年 4 月 18 日，因病在北京与世长辞，终年61 岁。

　　石明先生对拳理有较深的理解，特别是教学方法能脱窠臼、有创见。我们研究社部分主要领导成员曾向他学习，并拜在他的门下。我虽没有直接跟他学习过，但间接地受到他教学理念和方法的启迪和影响。

　　就在石明先生去世这一年的五六月间，我联系石明先生第一批入室弟子之一的张子辰兄，策划以他的名义讲述并执笔协助他撰写了一篇悼念石先生的文章，最早刊登在 2000 年初秋的《中华武术》上，当

石明先生在家中的个人照

时囿于版面限制，压缩得只有六七百字。后来我又加以修改和补充，写成《和石明老师学太极的日子》一文，找到当时负责中国太极网的周荔裳同志帮助，全文刊登在 2000 年秋冬之季的中国太极网上。这篇文章，赞扬石明先生"是一位不可多得的太极拳明师"，表达了石明先生的弟子及得其受益者由衷的心声。

石明老师敏而好学，深究拳理，刻苦练拳，转益多师。为了追求太极拳的真谛，节假日走遍京城各大公园，拜访名师大家，曾驻足于天文馆吴老（图南）授徒的现场观摩学习很长一段时间。在研究中，他不断结合自己所学，细细品味太极拳深刻的文化内涵，从中体悟老子"夫唯不争，故天下莫能与之争"。领悟老子的"道"，

石明先生在紫竹公园八宜轩前教拳

加深对《太极拳论》中关于"太极者无极而生，动静之机，阴阳之母也"的理解，以求"明法、明势、明理"，专心修炼太极拳之真意。他以异常的勤奋、较高的悟性以及惊人的痴迷，终于探得太极拳的奥秘，并总结出一套独具特色、功效显著的教授方法。

石明先生致力于教学的时间并不很长，如子辰兄等——他的第一批入室弟子，在拜师之前都已接触甚至正式师从过一些名师练拳多年，尽管如此，他们还是被当时并无名气的石明先生所吸引。石先生对太极拳透彻的理解和与众不同的训练方法，让众人心悦诚服，认认真真地跟他学习了起来，随后从学者日渐增多。

到 20 世纪 90 年代初，国画大师李苦禅之子李燕先生也慕名来到石明先生处。据说，当时他深感太极拳不但与易经融合为一，而且其理也与绘画相通。他是抱着探求和吸取太极文化丰富内涵的愿望前来学习太极拳的。本节标题之所以定名为《"明师"石明》，还是得李燕先生启示，所谓"明师"，固然跟"名声"和"资历"不无关系，但最关键的还应该是对所从事的专业有深透的理解并教学有方，能为从学者释疑、解惑、授业，是出色的入门引路人。李燕先生与石明老师经过一段时间的接触，有一天，他忽然带着雕凿工具来到紫竹院公园八宜轩石明老师教拳的地方，在一块宽约半米、长有一米左右的大石头上凿下了巴掌大小的一个象形字——"明"，表达了从学于石明的感触，也成就了一段武林佳话。余深以李燕先生之举为然。

在石先生拳场专心拓印李燕先生雕刻的"明"字

石明先生教学的迷人之处，是能按太极拳的道理循理求精、循序渐进、因材施教。首先，他把"无极桩"作为入室之基，入门先站桩。并结合单操手、探海桩、活胯功等辅助功法，帮助不同的对象先在"体"上完成"挖沟开渠"的任务，使其能逐步体悟到太极内功的诸般内容。在拳架的一着一势、左顾右盼、前进后退之间，他把太极拳的神、意、气、劲、形的动分静合，根据不同层次的要求，强调得是那样细腻、得当、井然有序，真是看似平常却非常，使习练者在不知不觉中很快地踏进了太极拳内功修炼的门径。

石明先生的教学，重在实作，以事实说话。有一年，由马来西亚太极拳院院长率领的一行五人，专程来北京到紫竹院公园向石明老师求教。在切磋中，石老师让他们摸摸手、听听劲。一搭手，对方就身不由己地整个身体被黏了起来，脚跟离地，手足无措。五个人挨个试，无不如此。石老师告诉他们，这不是靠力气硬拿、硬要，一切都是意气使然，一切都是舍己从人、顺其自然求自然的结果。为了进一步帮助客人体悟到其中的奥妙，他从垂柳枝上折下一段二寸多长的细柳条，自己捏住一端，嘱咐对方一个人捏住另一端。没有任何动作，更没有使什么力气，就见对方整个身体同样被"提溜"了起来，脚跟离地，手足无措。客人们惊讶不已，挨个儿体会了一遍。那天石老师还乘兴表演了"千斤坠"。他坐在那儿，让对方身材最高、体格最棒的一位朋友用力拉他。这位朋友憋足了劲，不管怎么使力都拉不起他，而石明先生却心气平和，纹丝不动，像没事儿似的。也就是在这位朋友欲罢不能之际，他忽然感到有股巨大的力量把他拽了过去，离地蹦起好高。最令马来西亚朋友们叫绝的是，石明先生请客人们面对自己排成一行。后面的每一个人都用双手推着前一个人的后背，第一个人则双手前伸与自己双手相搭。而且他提起一条腿，只用一只脚支撑全身，站立在地上。这时他请客人齐心协力合成一股劲把自己推倒或拉动，同样依然纹丝不动，奈何他不得。不仅如此，他还用心意和内劲控制住对方，让五个人，从最后一个开始，一个接一个，弹跳而出……太极神功，如此玄妙，使来访者乘兴而来，满意而归。

石明先生经常强调，太极拳非常奇特的一点是，练什么扔什么。练着扔着、练劲扔劲，练意扔意。从有形到无形，走向自如，才是太极拳的真谛。正因为如此，他梦寐以求，想把自己传授的太极拳术称之为"如意太极拳"。

说起来很有意思，我与石明先生非亲非故，平时也没有什么接触，既不是他的入室弟子，也没有直接跟他学过拳。石明先生逝世后，为什么我会想到应该为他写篇悼念文章呢？非它，实在是"有感而发"！

20世纪70年代末80年代初，石先生在紫竹院设场授徒的第一批八位弟子，如杨家仓、黄震寰、张国健、张子辰、范理宝等都是我的良师益友，包括在石先生拳场站了一年多的桩后，方才被石先生收为入室弟子的"小朱子"朱喜霖，也与我过从甚密，互通有无。所以对石先生教拳的情况，包括他对太极拳的认识和教拳的理念、步骤、方法等，我林林总总知道得不少。尤其是我亲身感知到家仓、老黄、大张、子辰、老范等这些良师益友，经过石先生的点拨和独特的传授，短短几年工夫，一个个就突飞猛进，道技精进，比起以往在一起玩儿的拳友来高出了不是一星半点，而是很大一截，甚至可以说不是同一个层次。差别在哪儿呢？差别就在对太极拳内功劲法的深入理解和掌握的程度。80年代初，我就是面对这种现实，认识到了自己的差距，从而频频向他们求教，在他们的影响和帮助下，我也曾结合自己此前跟汪永泉老师和高占魁老师习拳所得，认认真真练过石先生传授的那些东西。

石明先生对太极拳真谛的努力探求和授徒时不因循守旧，独辟蹊径自创一套卓有成效的训练步骤和方法，功不可没，因为这大大有利于太极拳的弘扬和发展，理应予以肯定，所以我萌生了一种应该就此写文章，引起有关部门的重视和加以研究的想法。

说到这里，我认为特别要提到上述那几位第一批拜入石明先生门下的拳友，他们的经历，可以说是对石明老师教学成就的最好诠释。

在诸位良师益友中，杨家仓兄是我最难以忘怀的一位。他曾先后拜吴图南先生和八卦掌名家李子鸣先生为师，学习太极拳、八卦掌、形意拳等拳艺。家仓兄追随吴老学习太极拳可谓十分执着，但又绝不故步自封，当他了解到石明对太极拳有独到的见解和独特的传授时，毫不犹豫地执弟子礼，向其学习。他不是一个心浮气躁、见异思迁的人，他是以吴老的传授为主导，本着"他山之石可以攻玉"的思想，吸取各家之长来丰富、充实自己的。家仓兄颖悟过人，用我的另一个拳友朱喜霖的话讲："他跟石明老师学拳时，学了一个揽雀尾，整趟架子就全明白了。"但就这么聪明的人，却从不自恃聪明而偷懒懈怠。他练石明先生教的"无极桩"一站就是个把小时，在公园的僻静处站，在家里看电视时也站，他几乎从不坐着看电视。练习胯圈儿（也是石老师传授的一个基本功），每天不是转几百几千，而是一转就是四五十分钟到一个小时。因为"胯"关系着底盘的平衡、稳定以及虚实的轻灵转换。而且腰与胯关系密切，腰胯松灵才能便于周身透空。据说，他就是从活胯开始突破的，他的胯一动，肩、肘都跟着动，能单动（一边），也能双动（两边），由于他在活胯上下了功夫，外动带内动，原先丹田内转的功能更灵便了，因此他成了石明老师弟子当中的佼佼者。

　　还有一件值得提起的事。按太极拳传统的教法，学者众，成者稀，有人十年二十年也不一定能入门。但拳友"小朱子"朱喜霖，跟石明老师前前后后学了三五年，太极内功的一些东西，基本都能掌握了。他应邀给老拳友们讲课，谈及自己学拳的体会时说，石明老师把王宗岳的《太极拳论》悟透了，并根据拳论要求精心设置了一整套训练的方法和步骤。头三年着重让学生们理解和解决的只是拳论的第一句话："太极者无极而生，动静之机，阴阳之母也。"无论是站无极桩，练探海桩还是转胯圈儿及其他，首先要解决的就是何谓无极？何谓太极？何谓动？何谓静？何谓阴？何谓阳？不搞清楚这些不行，因为这是基础。"小朱子"具体举例说："太极者无极而生"，望文生义，无极是太极的妈妈，不知道无极，找不到无极的感觉，太极就无从谈起。因此，石老师一开始就强调站无极桩，先在静态中让你找到"无极的状态"和体悟到"无极的感

早期在紫竹院公园练拳的良师益友们
前排左起：本文作者、黄震寰、杨家仓、张国健、祝大彤
后排左起：小苏、小杨、郝怀木、张子辰、老范、蒋志明

觉"，然后再求什么是太极……一步一步练下去。正因为他设置的方法和步骤与拳论要求相互吻合，所以习练者就比较容易入门和提高。"小朱子"还谈道，他后来跟王培生老师学拳时，大家都认为他领悟得比别人快，而按他自己所说，就是跟石老师学了几年拳，使他对太极内功具备了一定的基础（心知和身知）。他曾打过一个比喻："就好像王老师在台上表演，石老师给我搭了个梯子，使我能走到台上，在近处观看。王老师的动作、神态等细微处，都看得非常真切，领悟起来，自然也就非同寻常了！"目前"小朱子"在美国教拳已有十余年了。

其他像老黄、大张、子辰、老范等拳友，他们按石明老师的要求站无极桩，练探海桩、转胯圈儿等，首先在"体"上"开沟挖渠"，打通气道，练得非常认真。原因是，太极拳要求"气遍身躯不少滞""以意导气，以气运身""用内气运动拳架"，否则内气不足或没有内气催动姿势运行，既不得养，也将流于人常说的"空架子""花架子"或"太极操"。

所以石老师认为，无论什么时候教拳架都不能"一刀切"，应以各人不同的进展情况为准（石先生教的架式，是在杨式的基础上，看上去既非汪脉老六路，亦非武式，是他根据自己对《拳经》的理解按照神、意、气、劲动分静合、阴阳变化的理念自创的），结果一个个在原有的基础上，都有所突破，取得各自的进展。转眼间石先生离开我们已经15年了！有一次，我跟曾任《武魂》副主编的常学刚老师谈起与"明师"相关的话题，他讲过几句既通俗又极富哲理意味的话，他说："不忘当日的'明师'，与今日自己被后学称为'明师'，并不矛盾；随着时间的推移，几十年前无知的小学生，通过好学深思，勤奋努力成为现在的'明师'，是历史发展的必然。"

细想起来，现实情况正是如此！"明师"石明先生门下，当年的学生，如黄震寰、张子辰、张国健、范理宝、杨家仓，张永生、肖维佳等先生，现如今不是一个个也都被后学者看成"明师"，并追随其左右，跟他们学习地地道道、货真价实的太极拳吗？！

除了这些拳友获得的成就之外，笔者自己也有亲身的感受和所得。石明先生曾于1988年11月23日星期三晚，在北大201室有个专题讲座，题目是"太极拳及其技击的特点"，我翻阅当时的笔记，共讲了什么是太极、什么是太极拳以及太极拳技击的特点三个问题。其中谈到了"太极图的中极线"，这不禁使我回忆起王培生老师生前讲过的一件事：有一次石明来到金奖胡同11号王老师家登门造访，向王老师请教有关太极拳理论方面的一些问题。据王老师讲：那次交谈中，围绕着什么是"太极"的问题，两人谈得很深、很细。王师认为：先哲云，"一阴一阳之谓道"；"阳非道，阴非道，道在阴阳之间"。按常人思维，阳就是阳，阴就是阴，道在阴阳之间，这个"之间"是什么？似乎难以理解。王老师补充说："这个按常人思维似乎难以理解的'之间'，既非这，又非那；既是这，又是那，恰恰体现着太极阴阳变化的哲理——对立双方共存于统一体中此消彼长，同生共灭，相互转化的规律。"为了把问题说透，王老师甚至还跟石明老师详细剖析了太极图。王老师说："太极图里的'S'

线，俗称中极之玄，就是'阳非道，阴非道，道在阴阳之间'最生动的写照。因为按阳鱼这半边看，这条'S'线是阳；若按阴鱼那半边看，这条'S'线是阴。因此这条'S'线，既是阳，又是阴；既非阳，又非阴。可以说它是亦阴亦阳，非阴非阳。而且阴鱼的小圆眼儿是阳；阳鱼的小圆眼儿是阴。进一步表明，阴中有阳，阳中有阴，无处不是阴阳的对立统一，也就是说，宇宙万事万物无处不太极。认识到这一点很重要，否则就难以体会到盘拳中招招式式神、意、气、劲动分静合、阴阳变化的益处和乐趣！"记得王老师谈起那次与石明先生接触的情况，赞叹石明先生很"鬼"（指非常聪明），石明先生当时听后一拍大腿说："对！道在阴阳之间。"似有所得。

石先生在北大的那次讲座中是这样说的："什么事都有个极限，那极限的一刹那——中极之微，就是太极。好比太极图里的中极线，亦阴亦阳，非阴非阳。具体如：我想出这只手，要出前的那一瞬间（即出与未出的一刹那）；我想拿回那只手，要拿回前的那一瞬间（即拿回与未拿回的一刹那），这两个瞬间，都是太极。"他认为，"打拳就是有无之间、阴阳之间、同生共灭，此消彼长，不断变化的过程"。

石明先生谈到"迈步如猫形"的含义时说，这绝不是让你迈步时跷着脚趾，脚跟先着地走路，谁家猫这么走啊？"迈步如猫形"和"如履薄冰"主要强调的是要求你把脚下的"作用力"降到最小的限度。如果脚下老蹬着力就没戏了。要在脚下做文章，这就是俗话说的"悟性就在脚下"。他谈到在自己的训练中有两个桩，一个是无极桩，一个是探海桩。一动一静。站无极桩的结果不是脚下有力，而是飘起来了。他在这里又强调说："飘、走、接、散、虚、空，肩、腰、胯三道气圈儿就是太极拳体用的全部。"所谓飘，就是全身关节肌肉节节松开，僵力拙力完全除掉，脚下没有一点死力，有一种升腾感，轻飘飘的；所谓走，就是"意为向导气随行"，内气能在身体内任意游走。如果不具备"飘"和"走"这两个条件，根本就谈不上用太极拳的方法与人接手。

他还谈道："所谓太极劲，就是意动和体动谐和的产物。"他认为，太极拳是一种哲学拳，是研究"自身和谐"和"自身与外界和谐"的人体科学。它有利于开发人的智力，提高人的思辨能力，增强人的素质。作为武术它有健身、防身的作用，但不是用来与人争强斗胜的手段，应该说它是一种极为高尚的、修养身心的大道。

2015 年是石明先生逝世 15 周年，距 2010 年先生逝世 10 周年时，我在《武魂》杂志上写《"明师"石明》转眼又过去了 5 年，拳上的事情似乎又懂得了一些。翻看旧稿，感觉意犹未尽，遂又从"石明先生的创新探索"着手，写下了一篇《勇者的足迹》，发表在第 7 期的《搏击》杂志上。

先是"明师石明"，再是"勇者石明"，5 年的时间里，两篇文章题目的变化，反映了笔者对石明先生的认知与理解的深化与升华。

石先生不是专业武术工作者，只是外贸进出口单位的一个普通干部，业余酷爱太极拳，在武术界当时并没有什么名声。他的好处，不仅仅是师出名门，敏而好学，深究拳理，刻苦练拳，更突出的是始终不满足已知的东西，总是孜孜不倦，勇于探索，不断地挑战自我。为了印证和探求太极拳的真谛，他遍访名师大家，为了学习能打动他的东西，很长一段时间驻足于吴（图南）老的拳场；为请教太极拳的有关理论，登门造访太极拳大家王培生。在本门师承的基础上，博采众长，结合自己所学细细品味太极拳深刻的文化内涵，不断加深了对《太极拳论》中关于太极本质的理解，专心修炼太极拳之真意。奇特的悟性和惊人的痴迷勤奋，使他能够不断感知太极拳的奥秘，并且在以后的教学中独辟蹊径，取得超常的成果！

石先生致力于教学的时间并不长，此事在我记忆里，印象特深。1979 年冬至 1980 年初，石先生"敢"字当头，在紫竹院公园八宜轩，毅然决然设场子，开门立户，按照自己的太极拳理念，精心创编了太极拳入门的步骤和方法，开始正式课徒。他根据不同层次的要求，把太极拳的神、意、气、劲、形的动分静合强调得至为细腻、得当、有序，使从学者能在不知不觉中很快理解和掌握太极拳内功修炼的门径。

在互联网上曾看到有网友在帖子里说："师从石明学有所成者，不是一两个，而是一片。着实令人钦佩！"对此我有同感。难怪他当时所收的第一批八位老弟子，尽管多数都有曾经或者正在受教于名师的背景，却还是被这位不是"名师"的老师所吸引，跑到紫竹院公园去拜师，心悦诚服，认认真真地跟他学了起来。

石先生敢于打破传统太极拳神秘的光环，不但能深入浅出地把拳理掰开了揉碎了讲给他们听；而且理论联系实践，一一具体地演示给他们看，并让他们在身上仔细感觉太极拳"用意不用力、全凭心意用功夫"的奥妙。杨式太极拳在台湾的开拓者郑曼青前辈说过："论致用，必先于体上着力，体为本"，石先生正是通过可见、可感的方法，耐心细致、不厌其烦地口传心授，使弟子们耳目一新，兴趣盎然。

概括地讲：石先生的教学，无论是强调站无极桩、练探海桩，还是转胯圈儿等；无论是用"无极是太极的妈妈"来解释无极与太极的关系，还是"狠抓根本"，在"体"上着力，宗旨都是把看似虚无缥缈的拳术，变得实实在在，可见可感。其教学的高明和迷人之处，正是他的勇于思考，勇于探索，勇于创新。

2000年4月，石先生不幸逝世，耳闻有人对其生前颇有微词，如说他态度狂傲，嘴上没有把门儿的，说话经常得罪人云云。但笔者以为，"金无足赤，人无完人"，与其琢磨石明先生的态度是狂傲还是谦逊，倒不如研究研究他对探求太极拳真谛做了哪些努力来得更有意义。这个想法，得到中国武术院原社会活动部部长郝怀木兄的赞同。

太极拳是"道艺"，"道"是无止境的，它有很多不同的层次，王培生老师说得好，"活到老学到老，学到死就算到头了"。我们说石先生是"明师"，不是说他高不可及，无所不晓或功夫了得，我们只是从"入门引路的角度"，比较"教学成果的快、慢、高、低"。传统太极拳教学方法中有哪些是必须继承和发扬的？又有哪些是亟待改进的？面对这些问题，石明老师是一位勇敢的探路者，他授徒时不墨守成规、因循守旧，在理论与实践的结合上勇于创新，他为改变长期以来太极拳习练者"不得其门而入""不得其要"的状况，做出了令人赞叹的努力，成效斐然。

他勇敢且无私，快言快语，把自己的研究所得，毫无保留地告诉给每一位愿意了解太极拳真谛的求教者。"把以往秘不外传的窍要和成功的经验之谈用通俗易懂的方法，公之于世，是一种高风亮节"，这是中国武协顾问徐才先生赞扬著名太极拳家冯志强先生的一句话，这个赞誉，对于石明先生，应该也是当之无愧的。

相信所有得过石明先生教益的太极拳习练者，都会永远铭记石明老师勇往直前的探索和创新精神。

大智若愚，颖悟过人

——记太极拳家杨家仓

　　我痴迷太极拳五十余年，不但有幸接触过不少真正明白的名师，更为难得的是结识了不少能与我相识相知的良师益友。杨家仓兄就是其中最让人难忘的一位。

　　他中等身材，精瘦，外貌极其平常。待人接物心平气和，从不逞强好胜，也绝不欺软怕硬。他是属于"不说硬话，不做软事"的那种人。别看他一般不苟言笑，少言寡语，但心地却无比善良，对人诚恳，颖悟过人。如果说他有什么特别之处，那就是在他的眼神中，往往能看到一种睿智的神光。

　　1937 年 12 月 16 日，家仓兄生于浙江天台，自幼酷爱武术。1972 年始，先后拜太极泰斗吴图南先生和八卦掌宗师李子鸣先生为师，学习太极、八卦、形意等拳艺。80 年代末，在人民体育出版社编审、《中华

杨家仓拳照

《武术》副主编周荔裳同志协助下，他秉承吴老"弘扬太极拳术，把武术推向世界"的意愿，牵头筹组吴图南太极拳研究社，并得到时任国家体委副主任兼中国武协主席徐才和北京市武协主席刘哲、秘书长范宝云等领导的大力支持和帮助。批复申请报告时，刘哲同志根据研究社成员组成的情况（高级知识分子为主），认为更名为"吴图南武术思想研究社"比较名副其实，具有特点。家仓兄既是该社创始人之一，也是首任社长和北京市武协第三届委员（1990年5月—1995年）。由于他为人厚道，善于团结人，加之练功刻苦，悟性极强，深得周围拳友们的拥戴，皆尊称他为"杨师兄"。

他随吴老学习太极拳十分执着，但又绝不故步自封。当他了解到杨式太极拳汪永泉前辈的再传弟子石明（朱怀元的徒弟）对太极拳有独到的见解和独特的传授时，便毫不犹豫地执弟子礼向其学习。他这样做，不是心浮气躁，见异思迁，也不是"狗熊掰棒子"。他好学，善学，是以吴老的传授为主导，本着"他山之石可以攻玉"的思想，汲取各家之长来丰富充实自己的。一位拳友讲：家仓兄跟石明学拳时，学了一个揽雀尾，整趟架子就全明白了。他这种善于"提纲挈领，心领神会"的能力，不是一般人所能企及的。确实，有一次他到北京外语学院（当时尚称"外院"，即今北京外国语大学）王培生老师教拳的场地来找我，就站在王老师身后不远处，王老师对大家说着说着，突然转身回头，指着家仓兄对大家说："我说了半天，就他明白了。"原来，随着王老师讲的要领，家仓兄在那里静静地体悟，心领神会呢，其颖悟过人之处可见一斑。

但就这么聪明的人，从不自恃聪明不做努力，该下苦功的地方他一点也不吝惜汗水。他练吴老教的用架，一遍又一遍，经常大汗淋漓，衣衫湿透。他练石明先生教的"无极桩"，一站就是个把小时。吴老生前强调功是练出来的，他曾说："我不是卖拳的，你们也不是说拳的。"要求从学者切实下功夫练，不要当嘴把式。同时吴老还提出"光一味地苦练、傻练也不行。锻炼贵在坚持，但'学而不思则罔，思而不学则殆'。练习太极拳先学静，次学悟（体会），再学练。而练时还要苦练加巧练，研究着练，分析着练，身心并用。"在这方面杨家仓兄堪称我们的楷模，他的"练拳必须明理"，执着得几乎到了"痴迷"的程度。比如，当他发现"以根带梢"和"以梢带根"这两种练法有很大的区别时，就向吴老询问。吴老说他的练法是外带内，即梢带根。问罢之后，家仓兄仍不放心，第二次又去问吴老，是"外带内"还是"内带外"？结果招来吴老一顿臭骂："我这么大年纪还骗你呀！这个问题你问过我两次了，去年问过一次，明明告诉你是外带内、梢带根。你不相信我，走人啊，干吗还跟着我呀？"又过了一年，家仓兄在钢院、北大教拳，因为看过了《周易参同契》，他感到这两者区别挺大，忍不住又去问吴老。他这次改变了问法：

"打拳里面的路线是从西北角（指会阴部位的上面）开始到梢上，然后再回到西北角对吗？"

这次吴老说："当然也可以，这样练可以出功力，但那是玩命的练法，你要是想多活几年，就别这么练！东西都搁在梢上，玩儿。"

　　后来家仓兄对我讲："实践证明'以梢带根'（即以手带身）同样也能出功力。都在梢上，里面人家根本进不来。"他建议我，年岁大了，东西搁在梢上，意也不宜放得太远，只在一指开外即可，这样不会伤身。他还说，"看起来练吴式拳的人长寿者居多，恐怕跟这点有很大的关系。如马岳梁快九十了，杨老九十多了，吴老更是如此……"

　　据家仓兄讲：吴老经常说"要在梢节上解决问题"，不要老停留在"根催送"，那样慢了容易被对方捂死，一定要把东西练到梢上。1988年4月家仓兄提示我："由外转向内，用心意做功很好，但要注意仍然是'以手带身'不是'以身带手'。也就是说要按吴老要求的，必须梢先动，里面才跟着动，不是从里面翻上来，形之于外的。"又如还有一次，他讲："如要提手，应是指甲梢先动，意若不在指甲梢，腕子上有劲，根本就提不起来了。因为手腕子上的拙力将与对方的按力相顶。意在指甲梢，由指甲梢前端好似捏着丝线的一头均匀缓慢地往上抽……"后来他还说过，"动于中形于外，让劲都出来，掌握不好，练久了，对身体有伤害；动于外，形于中，得养"。①

　　家仓兄这一连数年对"外带内"还是"内带外"的追寻探索，在我的师兄弟和拳友的圈子里，被传为了佳话。

　　前面曾经提到，杨家仓兄对太极拳十分执着，但他既谦虚好学又绝不盲从。他跟石明先生学拳以后，没有改架子，仍按吴老传授的架子练习和课徒。吴老在他心目中的威望是任何人都无法替代的。每每谈起吴老的"真东西"，他总是津津乐道。有一次讲起吴老教的"用架"，他说："小架子是个宝，好使极了。刚学那阵，自己都不知道，就把一个徒弟打出好几丈远。"他对吴老的"用架"有所体悟以后，曾向吴老发问，而且

————————

　　①　两种方法孰好孰差，在理法上究竟又有些什么不同，还需结合吴式太极拳著名武术家王培生老师谈太极推手时说过的一段话联系起来思考、研究。他说："太极推手是一种知觉运动，是锻炼身体神经末梢灵敏性。要练得和蟋蟀头上两根触须的触觉一样敏感，它的动作反应不仅是那样的快速，而且能指挥身子的进退和变化……"我认为，这好像是"以手带身"最形象的比喻了。

一问就问到点子上，这也能充分反映出他颖悟过人。

80年代后期，外语学院有位周姓教授跟吴老交往频繁，后来又跟石明老师学拳。他弄不懂无极、太极之理，手上也不知道分阴分阳。那时周教授追吴老追得很紧，隔三岔五地带个录音机去找吴老问这问那。据说吴老夫人对此有看法。有一次周教授又去了，问起"何谓阴阳"，老太太没好气地接过话茬儿说："首先要看你具备不具备理解阴阳的基础。若不具备，说了也白搭。就像候鸟，天气冷了的时候，它就往南飞。是它自己身上有感觉，不是别人告诉它的。"几句话把这位周先生噎回去了。有人向家仓兄提起此事，家仓兄说："这事儿我知道，老先生确实没有告诉人家。"家仓兄认为："老先生是从旧社会过来的，不可能像我们一样，直言不讳，有一说一，有二说二。特别是他若对你有所顾忌，那就更是金口难开了。"接着家仓兄谈起自己学拳的体会："有些东西也是我在原有的基础上，经吴老、石明老师点化后，才慢慢有所悟的。比如打连势时，这种'打出去，拿回来'的练法，开始也不是老先生直接告诉我的。是我悟到以后跟吴老说'我感到有一种回来的劲'，他才一捋长髯抿嘴笑问：'谁告诉你的？'"家仓兄认为"太极拳说简单也简单，就这么点东西，但不是谁都可以轻易得到的"。在家仓兄的帮助下，我打连势时，很快对"打出去，拿回来"也有些体悟了。后来有一次家仓兄陪我去看望吴老，我练了一段连势，还受到了吴老的赞扬。

每一势"打出去，拿回来"的练法，用吴老的话来说就是"想打人，忽然又不想打人了"。

演示吴老所传太极拳连势下势一动

这样神、意刚要合上，突然又分开了，神先回，意接着又追神，"东西"不就自然回来了？这时，待机而动，一旦得机得势，毫不容情，一往无前……后来家仓兄就把它发展成"我不打人，永远不想打人，不是不能打人"。

有一阵，我"拿回来"老拿不干净。家仓兄认为这个问题很重要，一定要解决。他说："你上面放松了，腿和脚下的问题没解决，那里也应该松开。"接着他补充说："不光上面'拿回来'，下面也要'拿回来'，特别是眼神连同目标也得一同拿回来。"他比试给我看："打出去"刚一动念，神意很足，目光如炬，一动无有不动，手脚齐到；"拿回来"刹那间，神意稍纵即逝，神光收敛，一静无有不静，看上去，人好像没动，手势自然荡回，"东西"放下后，整个人是轻飘飘的。我学着练了几遍，他认为很好。自己的感觉则是：只要脚下松开，连目标一块拿回时，身上就相应有一种松开来了的变化——特别是丹田以下，立即有一种类似张开一个空布兜的感觉。再有，家仓兄提示我"拿回来"时，不要在身上"咕踊"（指"以身带手"），应该是身上看上去纹丝不动，先走梢，"以手带身"。

杨家仓兄学拳、练拳、教拳跟他为人处世一样，都是看似平常其实并不寻常。他为人，正直善良，坦诚无私，为而不恃，平易近人；他学拳，尊师重道，能者为师，不迷信，不盲从，且具有一种坚韧不拔和穷理求极的精神；他练拳，苦练加巧练，身心并用，在实处下功夫，在虚处做文章；他教拳，目的明确，想方设法因材施教。一般是学生追着老师学，他是老师追着学生教，他费尽心思，用汗水、智慧和真情，培育自己的弟子。弟子们的点滴进步，都是他最大的快乐。他对来自师兄弟、拳友间的求教，更是有问必答，倾囊相授。

然而世事难料，天妒英才，1998年家仓兄英年早逝，到现在离开我们已经快20年了，他平日里的音容笑貌，言行举止，都深深地铭刻在我的心坎里，使我难以忘怀。吴老谢世前曾经常念叨："人死道不能灭"，"天灭我人，难灭我道"。2001年6月16日，家仓兄的弟子们团结一心，集资为家仓兄的骨灰迁葬，并决定每月抽一定的时间聚在一起，继续研习吴老、家仓兄传授的太极拳学。我认为，这是在家仓兄人格魅力的感召下，为实现吴老、家仓兄未竟之业意义重大的举措。由衷地期盼太极拳学之研究大业，蒸蒸日上，走上健康发展的道路。

「太极拳啊，你魂兮归来！」

本节标题是借用四川太极拳家张义敬先生《太极拳的沉思》一文中的一句话。张先生的文章 1992 年发表于《武术健身》第 2 期，主旨是慨叹当代太极拳逐渐真义尽失，名存实亡的窘境。

我在 2003 年 2 月参加老友黄震寰先生七十寿辰暨他组织的"大道"太极拳研讨会上的即席发言中有感而发，第一次提到了张先生的那篇《太极拳的沉思》。

张义敬先生是杨式太极拳在四川的开拓者李雅轩的弟子。《太极拳的沉思》一文中谈道："太极拳和其他任何武术在内容上大相径庭，它不仅仅可以作为一种'体育运动'，更是一种'智育运动'，或者称为'意与气的运动'。'意气君来骨肉臣'，拳谱上明明提出骨肉是次要的，意气才是太极拳的主要内容，如果真要提倡、弘扬太极拳，就应该承认它的特殊性，承认它的与众不同。"但是"近几十年来，我们在太极拳上的成就之一，就是有学不完的套路，只看见形式，不知其内容，强调外形动作的规范化，而不考虑怎样以太极拳的内功内容作为规范化的标准，这就只能使太极拳滑向一般体育和外家拳的轨道，太极拳遂名存实亡"。文章还对太极拳推手比赛名实不副的情况做了深刻的剖析，最后在结尾愤然写道："太极拳啊，你魂兮归来！"作者公开为太极拳叫开了魂！

　　无独有偶，1992 年，《武当》杂志连续三期刊登《太极拳之道，道传有心人》这篇文章，作者是美籍华人、美国太极拳基金会会长周宗桦。按周先生自己的话讲，他先在台湾学习太极拳垂 10 年，后迁居美国，义务授拳 15 年。渐渐感到自己所学、所教都是有太极拳之名而无太极拳之实的"太极拳"。为了拓宽视野，他多次专程到台湾、香港、中国大陆寻师访友，到过武当山、陈家沟、北京、西安、郑州、广州等地，会见最孚时望的名师高手，有的甚至是简化和综合式太极拳的"创造人"。据他讲，"说来令人失望，只有已经过世，享年 105 岁的吴图南老先生，那时他已年近百岁，依旧身轻体健，精神矍铄，为太极拳后学提供人证，为张三丰祖师'欲令天下豪杰延年益寿，不徒作技艺之末'做了有力的注脚"。周先生多年侨居国外，对中华武术爱之至深，尤其对太极拳做过长期精深的研究，虽多次来中国大陆寻师访友，但由于阴错阳差，接触有限，以至对大陆名家高手的评估未必全面，但瑕不掩瑜，他对当今中国太极拳运动中存在的问题，以及如何才能真正把太极拳的精髓继承下来，弘扬开去，使中华武术百花园中这朵奇葩——太极拳，不至沦为"老人拳""太极操"等见解，应该说都还是有的放矢，发人深思的。如他认为"太极拳技近乎道，其困难更凌驾一般技术之上，现在若再不追根究底，穷本溯源，太极拳将名存实亡"。他还说："太极拳之所以式微，不外：一，打太极拳的人对拳经拳论都耳熟能详，但能身体力行，持之以恒的人，真正做到的能有几人？二，在传授过程中，只传架势，而失落了太极拳的万能钥。有此二因，即使政府民间大力提倡，并已传播至全世界，练习者虽多，前景仍着实令人担忧。"

当时我看了这篇文章，立即产生了强烈的共鸣，总以为一石激起千层浪，在武术界会引起很大的反响，打电话一问，没想到出乎意料，不仅没有引起重视，相反不少人对这篇文章说三道四。后来一想可不是吗，作者把很多人认为的大好形势说成一团漆黑，把很多人心中的名家都否了，人家能高兴吗？

这两篇文章一呼一应，从发表后到 2002 年，一晃就是 10 年，老一代的前辈名家，又有一些人离开了人世，可谓老成凋谢，后继者青黄不接，原本就令人十分担忧的太极拳运动，却情况依旧。在 2002 年 9 月中国焦作第二届国际太极拳年会上，太极拳推手比赛还是抱摔、顶牛、"推小车"，没有一点太极推手的味道，太极拳的套路比赛，也还是光强调动作的规范化，仍没有把太极拳内功内容提到议事日程上来。

事实上，正是由于太极拳运动在相当长的一段时间里正轨偏离，灵魂缺失，才使得相当一部分人对太极拳的认识日渐虚无起来。从 1992 年起，时隔二十余年，这股虚无之风愈刮愈烈。

笔者在网上曾读到过一则署名"游吟剑客"的文章，该文作者看起来应该是热衷于太极拳且熟悉各派太极拳的情况，故有多方面的点评：

例如，他评说吴式拳："没有什么可夸耀的历史""吴公仪与陈克夫的录像，实在没什么东西，比现在的散打还没内容""练吴式的推手有好手，但跟汪永泉的玩艺儿相似，玩玩劲儿还行，不能真用"，还说"汪永泉是说拳的主儿，北京话'老头拳'，老头儿的玩意儿，离实用远了点"。当然他也承认"汪永泉是有些功夫的，但属于俗手"。他还提到"朱怀元、孙德善……石明等是有功夫的，但都没有脱俗，要吹，都还有些资本"。他甚至具体谈到在地坛，"亲眼看见孙德善让几个人排成纵队来推他，他让谁出去，谁就一准儿被发出去，排队的人并非都是他的徒弟，所以并不是作秀。作为玩意儿，这功夫够得上高妙，但也只是作为玩意儿"。还说，"朱怀元黏人的功夫也可以说是高超，当时一块儿玩的有位翁师傅，看见朱怀元来了，从后面拍了一下朱怀元的肩膀。结果怎么着，手拿不下来了，亦步亦趋跟着朱怀元屁股后面走，惹得大家哈哈大笑。

这沾劲能让老翁的手找不着着力点，够神的吧，但还是俗手。因为拍他的是老翁，而不是泰森"。

此公还说到马岳梁、杨禹廷、孙剑云、洪均生、陈正雷、陈小旺，包括吴图南等人如何如何。甚至还提到笔者——"吴老没教出像样的徒弟，什么于志钧、陈惠良等，功夫太一般了"——我应该跟此人不认识，他压根儿没提吴老嫡传马有清、杨家仓、李琏等人，说明他对吴老还不是十分熟悉，提到我可能是因我写了《太极凌空劲辨析》那篇文章的缘故，误把我列入吴老的门墙了。

此人所谈说明，他的接触面相当广泛，而且对太极拳可谓执着，到处寻访。哪个地区，哪个门派，稍有点名声的人，差不多他都能说出个子午卯酉来。他有很多话说得还是有些道理的，但也有不少太离谱儿了。比如为了达到"虚无"的效果，他说："朱怀元黏劲不错，够神的，但还是俗手，因为拍他肩膀的是老翁而不是泰森。"该文作者之所以如此"强词夺理"，关键是因为他对太极拳本质的认识发生了严重偏差，在他的脑子里，好像就只有一把尺子、一个标准，那就是"打"——不能打的一切都谈不上。

静下心来细想想，此人有此看法也不奇怪。因为当前武术部门领导的思想深处，不正是突出的这个"打"字，并决心要在武术的技击性上大做文章吗！在这样的氛围中，民间也有人摇旗呐喊，助阵喊威，又有什么不好理解的呢？可以说，此人的看法，也代表了相当一部分人的想法，应该视为是对"以往武术部门为历史条件局限，长期偏执一端，基本上不强调、不提倡武术技击功能"的一种逆向思维的批判，所谓"物极必反""矫枉过正"是也。

虽然人们一提太极拳，大都知道它的功能可以发挥在养生和技击两个方面，但对这本来是一件完整事物的两个方面，由于主客观等多方面的原因，长期以来，被割裂成互不相干甚至互相对立的两件事情，并居然成为人们一直争论不休的焦点，不能不说，这是这一历史时期太极拳习练者特有的悲哀！

太极拳的功能可以发挥在养生和技击两个方面，这是显而易见的事，正如汪永泉前辈在他的专著《杨式太极拳述真》一书中所说："早期，杨式太极拳拳架就有养生架和技击架之分。目前广为流传的太极拳就是以养生为目的的养生架，注重内功修炼。使内气和外形互相配合，从而达到养生的目的。一般来讲，单练这个套路是不能技击的，需要补充揉手技法、散手等。所谓技击架是前人把胜人之招综合在一起，编成套路。它虽长于技击，但也必须有内功做基础才能充分发挥技击的功能。"

汪老在书中还提到，"杨式太极拳的技击架子只传给了自家子弟和部分门徒。目前练习太极拳者绝大多数都是以养生为目的的，即使有些人以提高技击功夫为目的，也得首先具有健康的体魄和充足的内气。因此，必须从养生架子学起。总之练习养生架是根本"。

为什么长期以来人们总爱说太极拳难修、难练、难以致用，我想只要仔细琢磨琢磨汪老上述这一番话，就不难找到其中的一些原因了。

汪老是一位既得真传又愿意往下传人的名家前辈。20 世纪 90 年代中期，市场上有关太极拳的书一本又一本，琳琅满目，但像汪老在他的专著《杨式太极拳述真》中，把杨式太极拳内功劲法讲得那么具体细致，通俗易懂，并不多见。汪老从不自我吹嘘他能打人和在这方面如何如何，然而他在传授太极拳时，讲技击比讲养生要多得多，目的是教人先明理，理备才能法精。晚年他甚至建议有关部门选派 10 名青年学生由他来培训。只要按照他的教案和练法，3 年之内就可为国家培养出确有功夫的人才来。遗憾的是，老人家到临终时都未能如愿。像这样一位武术大家，在那位"剑客"眼里，竟被看作是"说拳的主儿，老头儿玩的玩意儿，离实用远了点"。我不知道这位"剑客"是直观推理还是与其摸手后亲身有所体会得出的结论。笔者认为，重视这些前辈留下的"玩意儿"，破译出如何"离实用近一点"的奥秘，寻找蕴含其中的"太极之魂"，应该是当今太极拳修炼者最重要的任务。

说到这儿，我感到有必要重温一下中国近代太极拳实践家孙存周先生的观点。孙先生以其父孙禄堂先生的"拳以道合"的武学思想为指导，形成了具有自然、简约、圆融、致用、中庸五大显著特征的极具实践性的武学体系。他强调"学以致用，通过打来检验练的成果"，这是一方面，另一方面，他又反对"以胜负结果代替一切"。他认为，一场较技的结果，要从技击技能、身心素质、战术经验、临场机遇四个方面分析发现问题。实战才具有检验理论的效用。世界上任何地方，任何打法，只要是对抗性的搏击，究其胜负的原因，都离不开孙先生提到的这四个方面，这是带有规律性的认识。一切较技的结果，不是单看谁输谁赢，更要研究"赢"，赢在哪里，"输"，输在哪里。用孙先生的话说，就是"打中求理""拳与道合"。像网页上"剑客"那种看问题的方法，属于偏狭，缺乏实事求是的科学态度，这种态度，对武术事业的发展是不利的。

让人喜出望外的是，我周围的一些师兄弟和拳友，始终不渝地坚持着探寻和重塑太极拳之灵魂的工作。比如黄震寰、杨家仓、张国健、张子辰等结束了跟石明老师的系统学习，在石明老师的点拨和独特的传授下，他们对太极拳内功劲法的理解和掌握，达到了一个新的水准，并根据自己的学习体悟、实践经验，教了不少学生，有了自己的拳场，不自觉地在进行太极拳内功的普及工作了。

我自己痴迷太极拳近 40 年，结交了不少志同道合、相识相知的拳友。我们通常爱称他为"老黄"的黄震寰教授，就是我众多拳友中，给过我很多帮助并使我受益匪浅的良师益友之一。虽然他的年龄比我小几岁，但他接触太极拳的时间并不比我短，尤其是他头脑聪明，悟性极高，勤研不已，乐于助人。他既能无私地跟别人分享他在不同阶段钻研太极拳学获得的珍贵成果，同时又能对别人在研习太极拳过程中的点滴体悟及时加以肯定，引导你一点一点扎扎实实地前进。他是一位善良、坦诚、热情、随和的学者型太极拳家。正因为如此，多年来，在他周围汇聚了很多来自不同行业的太极拳爱好者。他教拳的拳场和课堂有一个最大的特色，就是没有一点江湖气，没有什么打斗声，总是人气很旺，武事文备，乃武乃文，充满了浓厚的学术气氛。拳友吴子玉同志撰写的《活跃在科学城的太极拳研究学者》就真实生动地介绍了这方面的情况。老黄在 80 年代中期出师后，先在北京航空航天大学院内离家不远的一个小花园内课徒，继而又扩展到科学城一个学院的大礼堂传授学生。十多年来，陆陆续续收了不少弟子，从学者和受益者也很多。我翻阅了自己在 80 年代中期记下的笔记，他给我比较重要的提示有：对无极、太极及其相互关系的认识；对无极桩功的练法及其重要性的认识；强调胳膊不能成棍棍，身躯不能成板子；强调要在脚下做功，不要在手上争霸，等等。

老黄不是武术的专业工作者，他是北京航空航天大学的一位教授，业余酷爱太极拳，勤研数年，造诣很深。他做过"大道太极"的专题讲座，有人误解他是在自吹自擂研究的是"大道"。其实老黄是在讲自己求的是太极之道，也就是太极拳的大道即"身心并练，性命双修，益寿延年，天人合一"，而不是太极拳的"末技"。多年来，老黄把自己所学的太极拳的经验体悟和认识成果，无私地奉献给别人，默默无闻地在做着太极拳的拳理和内功劲法的宣传普及工作，在为弘扬中华民族传统文化中的瑰宝太极文化而尽心尽力。那位"剑客"在网上说汪老传承的那些"玩意儿不实用"，这些年不是也有人对老黄讲的、传的以及推手实作持怀疑的态度，也认为是互相配合，真遇上力大手快的就不实用了吗？为了避免无谓的争辩，老黄胸怀坦荡，安详自在，他索性申明自己所练的、所教的都只是养生太极拳、养生太极推手，在我看来，他非常高明，这很符合吴老（吴图南）的主张。老黄清楚自己正在做什么。它不仅是涉及眼前我们这些人太极拳锻炼是否正确、能否得益的问题，而是直接关系到广大的太极拳爱好者，应该继承什么、追求什么以及太极拳运动发展方向的大问题。

吴老生前曾经讲过："我们研究太极拳的人，认为技击乃余事耳，就是说太极拳修的是大道，技击乃太极拳的余事。为什么这么讲呢，道理很简单，因为你的技击技术无论多么高超，当你人死了就没有用了，故还是应该以养生长寿为主，以技击为辅，这是创造太极拳的先哲的本意，也是历代太极拳先贤们的一贯主张。"所以，吴老通常爱讲："你是想推手赢人，还是想活得长一些。讲发放，伤人、伤己；讲柔化，得养。"

对于"应该搞搞推手比赛和散打的主张"，吴老 1984 年在《太极拳之研究》中提出："这是应世界潮流和社会之需要，但是否人人都去这样做呢，大可不必。要看你的职业，你是搞武术专业的，像外国拳王，那你去干是没有人限制你的。不过，如果是太极推手，就应该突出太极拳的特点，按照太极拳应有的要求、步骤、方法去训练，在比赛中可采取推而不打的办法，就像摔跤中的摔而不打一样。倘若技术发挥得好，连护具都可以不必要，因为太极拳是以柔克刚、以静制动、以小胜大、以弱胜强的技术。"也就是神意气的运用和变化，而不是较力和撕扯。

我是一个太极拳的业余爱好者、痴迷者，在近 40 年的历程中，由于各种主客观原因，特别是主观原因，如急于求成、好高骛远、缺乏耐性和毅力等，走了很长很长的一段弯路。我深切地体会到，在求知的过程中，别人给我哪怕是一星半点的帮助和指导，都是一种极大的享受和快乐。所以我非常敬重和钦佩老黄孜孜不倦、热情普及太极拳的拳理和内功劲法，帮助爱好者认识太极拳，走近太极拳，掌握太极拳，尤其是在外界各种庞杂思想干扰下，依然能一往无前，锲而不舍。能说这没有意义吗？应该说很有意义，意义很大。我坚信：在太极拳发展史的功劳簿上，人们将会用金字为老黄记上一大笔的。

前不久，我去看望吴式门中的王兆基师叔，闲谈中，他提起我杨禹廷师爷生前曾叹息："很多人学习太极拳，由于不了解太极拳的特点，没有对《太极拳论》和《十三势行功心解》进行仔细的研究，练习方法不对头——'主动了'，所以练了一辈子太极拳，也还是不沾边、不摸门。"

是啊！练了多年太极拳，如果仍不懂"太极十三势乃研求一气伸缩之道"，不明白"先在心，后在身""意气君来骨肉臣"以及"'静中触动动犹静''视静犹动''视动犹静'"，做不到"屈伸开合听自由"等，必然还是门外汉一个！

因为，太极拳的发展，虽如日中天，已成为国际知名的体育品牌，但由于它"在内不在外，在气势不在架子"（郝月如语），是在中国传统文化的土壤上成长起来的"中华武术百花园中一朵奇葩"。它有着丰富的文化内涵，融儒、释、道三家为一炉，涉及众多学科，博大精深，道技并重，内外兼修，是一门难修、难练的拳术！因此，长期以来，"学如牛毛，成如麟角"。正如吴老（吴图南语）所说，不但"需要习练者具有万夫不当的勇气、百折不回的毅力、脱胎换骨的精神"，更需要很多很多明明白白的老师热情地给予指点、引导。只有这样，才能使太极拳的"真髓"绵延不绝，广为流传。

所以在这里，我也要学一学张义敬先生，大声疾呼："太极拳啊，你魂兮归来！"

道传有心人

　　2011 年，在吴图南老师仙逝 22 年之际，吴图南武术思想研究社召开了"定势"研讨会。这次研讨会，再次研究吴老传承的东西，不但促使我加深对故人的怀念，而且也是促使自己对半个多世纪以来，习练太极拳的历程，再一次进行深入的反思……

　　我是 20 世纪 60 年代中期开始跟吴图南老师学拳的。吴老秉承杨、吴两家太极拳之学，他传承的练架属于太极拳的传统练法，也就是太极拳的行功架，受教于吴鉴泉，是吴鉴泉 1928 年南下前传授的架子，分定势和连势两个部分。此两者从形体动作上看基本上是一致的，只是练时在意念和连贯的程度上有所区别。据吴老讲："定势，是吴家练习太极拳基本功的功架，其目的在于加强习练者自身毅力、体质的修炼，使太极内功得到不断的增长。"

　　当时吴老每周上一次课，每次只教两三动，一势一势，随着时间的推移，越练耗的时间越长。对此我

与吴老夫妇合影于吴老家中

参加中日太极拳交流活动后，在首都体育馆门前，与吴老、杨家仓、李琏等合影留念

认为进展太慢，也太费力了，不如一开始就学连势来得痛快，可吴老对我的急迫情绪并不理会，他说："我宁愿把人都练跑了，也要按老辈儿传下来的、行之有效的方法教！"

在跟吴老学拳前，我已经学过将近 10 年的拳，那时年轻，而且受武侠小说影响很深，迷恋拍树、蹬墙、拧千斤棒和擒拿格斗以及所谓外家拳见招拆招那一套。后来看到太极拳挺神奇，顿时迷上了，因为对太极拳这门内家拳种缺乏认识，虽学习兴趣很浓，但还是急功近利、急于求成。对我的这些情况，吴老一直在训导我，启发我要用"太极拳的思维方式"深研太极拳的锻炼要领，可惜当时我却如"东风吹马耳"，没有往心里去。

到了 1974 年秋，我听说一位拳友跟杨式汪永泉一脉的传人孙德善先生学得"太极拳桩功"。于是曾一度中止跟吴老学习，去追求这个"桩功"。这位拳友学到的是太极十三势内的八法，每一法就是一个桩，共八个桩。此人私密得很，将每一个桩的姿势怎么站和它的练法视如珍宝，只演示了一个无极桩，其他各桩的站法，连看都不给你看，更谈不上告诉你怎么练了！

这期间，我先后到过刘晚苍、杨禹廷、高占魁、汪永泉等名家前辈的拳场，在汪老的拳场学了不到半年，中途有些变故只好离开。就这样转来转去，转眼又七八年过去了。

到 80 年代初，首先是我的良师益友杨家仓兄，再后来是我的忘年之交李琏，他们热忱地帮助我，使我逐渐迷途知返，我开始反思自己这一段时间的"折腾"。从跟高瑞周老师学拳算起，而后是徐致一、吴图南、高子英、姚宗勋、高占魁……前前后后我所接触到的老师，个个都是地地道道的名师大家，为什么自己练拳多年，依然"只是沾点边，还没有入门"（拳友对我的评价）呢？是自己悟性差？是自己不刻苦？还是……

此时，我虽然开始不断向自己发问，但仍处在委屈和迷茫中。内心深处急于求成的心思并没有完全打消。

到 90 年代初，一次我去北京图书馆（即现国家图书馆）翻阅武术杂

这是吴老自觉不久于人世时用自家相机命杨家仓为我们俩拍的一张合影。四十多天后，老人家就离开了人世，睹物思人，心潮起伏，思绪万千……

志，读到美国太极拳基金会会长周宗桦先生撰写的《太极拳之道，道传有心人》，如醍醐灌顶，颇有顿悟之感。周先生认为，"按吴图南能享高年，从外形上看，得力于他的太极拳和虚领顶劲"。他说："我们打太极拳的人，哪个不晓得虚领顶劲呢？……可有多少练拳的人真正能做到虚领顶劲呢？"他说，1985年专程去拜访吴老时，合照了几张相片，照片上年近百岁的人，虚领顶劲如一柱擎天奇峰突起，他时刻警醒自己，您要延年益寿活100岁吗？就学吴图南的虚领顶劲吧。

他还说："几年下来，体会到头为诸阳之会，领起一身之气。头不合，则一身之气不入，要想做到形如搏兔之鹘，神似扑鼠之猫，灵敏不测，变化无穷，绝不可能。"

由此笔者联想到五绝老人郑曼青谆谆告诫他的学生："脊为多节，如串珠然，垒叠而起，稍不注意，则倾斜而倒，不复有力支撑头部与躯干矣。"他要求从学者"竖起脊梁弗令倾侧，但若紧张矜持，矫枉过正，也为病"。

我记得 1988 年 11 月 27 日，我与杨家仓兄去看望吴老，临走时，吴老让老伴取出照相机，命家仓兄为我俩照一张相。底片冲洗后，我去画报社取相片，旁边一位陌生人见了惊叹道："嗬！瞧这老爷子的神气！"是啊，相片上的吴老，当时已年过百岁，虽因病小腿有些浮肿，但正襟危坐，顶劲虚领，那神态确似一柱擎天，奇峰突起，哪想留影 44 天后，也就是 1989 年 1 月 10 日凌晨竟会与世长辞了呢？

是的，吴老确实自始至终都是顶劲虚领，脊柱正直无曲。从学者有目共睹。而且吴老也不知嘱咐过我们多少次，对《心会歌》中"腰脊为第一主宰，喉头为第二主宰"以及《周身大用论》中"三要喉头永不抛，问尽天下众英豪"等字句要用心揣摩，并提示"喉头指的是人的头顶"。他认为，头占人体七分之一，头若不正，势必影响人体重心的稳定。因此，习拳之初，就必须注意下巴颏儿微收，目平视，头顶百会（"百会"乃诸阳经的交汇处——笔者注），似有绳系着微微上提但切不可刻意上顶，以免用意过大造成颈项强直的毛病，故曰"虚领。"能如是，头面也就自然中正，面容端庄，神凝于耳了。他不但这样说，而且言传身教，对虚领顶劲（即顶头悬）我们可以说是司空见惯了！

周文还谈道："拳论又云：'虚领顶劲，气沉丹田。'若仅有虚领顶劲，而没有气沉丹田，即患上重下轻之弊。"在这个问题上，吴老也是经常不厌其烦，"气沉丹田""气聚丹田""意气相守于丹田""意存丹田"等，奥妙精微，娓娓道来。他认为，"气沉丹田"这个"沉"字，容易使人误解，要努气从上往下压；若说"气聚丹田"，好处是让人想到不仅要从上往下，而且还要由下往上，上下两头都有往丹田聚拢之意，但前面强调了一个"气"字，又恐怕使人着意在"气"，易犯努气和意大的毛病。他比较倾向于"意存丹田"的提法，当然如说"意气相守于丹田"亦未尝不可。总之，吴老认为，"虚领顶劲"和"气沉丹田"有助于脊柱节节松沉，尾闾中正神贯顶，形成上下两头对拉拔长一气二夺之势。这是太极拳身法中的重中之重。可遗憾的是，由于自己浅薄无知，当时对此竟然未予重视，漠然处之。

回想那些年在习拳的过程中，我听老师讲，倒也很专心，甚至听到紧要处欣喜异常，可是时过境迁，个人练时，往往又不能时时刻刻按老师所讲和拳经、拳论上的要求，一丝不苟，严格以求。若说"持之以恒"，更是使我汗颜了！特别是，当我联想到忘年之交李琏练拳的情形，每次他到拳场，不言不语，吴老怎么教，他就怎么练，思想单纯，练功专一。私下里闲聊，他心里装的就是吴老当年练功的艰苦情况：练定势时，一定就是个把小时，定得汗流浃背，筋疲力尽，冬天鞋碗儿里能倒出水来；三伏天，人站的地方，下面就是一摊水……对照自己，练拳时脑子里经常转的念头是："这样练太费劲儿了吧""进展太慢了""用意不用力能行吗""八卦六十四手的'双鞭压肘''进步挑掌''鹞子抓肩'真好使"，心猿意马。我开始深切地反思：自己业余酷爱太极拳，为了向汪老学拳，大冬天我能骑着自行车，从万寿寺途经公主坟横穿东西长安街到建国门社科院学拳；我对太极拳的痴迷，废寝忘食，东奔西走，有时甚至连家务事也全然不顾，常恼得爱人气急了就说："你索性跟太极拳结婚去好了，还要这个家干什么！"执着之情，可见一斑。虽然我也是有心的，但我的"心"，却往往是三心二意之"心"。实践证明，李琏才是一个真正的有心人！杨家仓才是一个真正的有心人！吴老生前强调功是练出来的。要求从学者切实下功夫练，不要当嘴把式。同时吴老还提出"光一味地苦练、傻练也不行。锻炼贵在坚持，但'学而不思则罔，思而不学则殆'。练习太极拳先学静，次学悟（体会），再学练。而练时还要苦练加巧练，研究着练，分析着练，身心并用"。在这方面李琏和杨家仓兄堪称我们的楷模。周文说得好："太极拳之道，道传有心人"，命运在这里是公平的！

记得吴老生前常告诫我们："要想把太极拳学好，你必须有万夫不当的勇气、百折不回的毅力、脱胎换骨的精神，否则是功败垂成。"我根据自己走过的弯路和教训，又补充了自己的四点切身体会：

第一是要努力提高和加深对吴老传承的认识。我学太极拳走了很长恨长一段弯路，跟缺乏正确的认识有关。第二就是要不断端正学习的目的和态度，具体情况前面都已经说了。第三就是要牢记吴老教诲"先学静，次学悟（体会），再学练。而练时还要苦练加巧练，研究着练，分析着练，身心并用"。练时身心并用的重要性姑且不说，就说这个"静"字，王安平老师曾一再嘱咐我："静为万法之宗""静练出高功"。生活中应"心平气和"，练功时要"心静意专"。吴老说先学静，次学悟（体会），再学练。把"静"字放在第一位，可见也是十分强调"静"是如何重要了。第四是勿忘吴老临终遗愿："人死道不能灭。"他为什么不说"人死拳不能灭"，而是说"人死道不能灭"，这"拳"与"道"，一字之差，境界不同。他认为自己传承的不仅是拳技，更是一种道。因此，临终遗愿明示我们要警惕，不要误把拳技当作道。因为世俗间，人们热衷于大肆渲染太极拳的健身效应、技击功能、表演观赏和陶冶性情……特别是所谓的技击功能，殊不知上述一切，只是人们学道、证道的一种手段和派生物，绝不是道的本源，所以要弄清什么是"太极拳之道"，才能为实现吴老遗愿，弘扬"太极拳之道"竭尽全力。总之，正因为太极拳融儒、释、道三家于一炉，涉及众多学科，它博大精深，道技并重，内外兼修，是一种人生心性的"修为"。吴式拳传人吴公藻在《太极拳讲义》"舍己从人"一节里谈道："在吾道中，其寓意至深，学者当于惟务养性，四字下功夫。"可见若不知本末，盲修瞎练，总想急功近利、偷懒取巧、不上心不用脑、不肯下苦功夫的人，是难以窥其门径，悟真得道的！人常说："道不远人，人自远道。"因为，"道"是一种客观存在，它对任何人都是一视同仁，平等对待，不分亲疏远近，从不厚此薄彼，关键是看你对它持什么态度。因此，我把"道不远人，人自远道"和"太极拳之道，道传有心人"这两句话当作自己的座右铭。不但牢记心头，以示警钟长鸣，而且愿意把它说出来与大家分享！

「桩法为始」，养基立本

——《李仲轩解析象形拳法真诠》读后之一

2009 年 9 月，《武魂》杂志开辟"李仲轩专栏"，我怀着浓厚的兴趣，逐期研读了《李仲轩解析象形拳法真诠》，深感获益良多。尤其令我兴奋不已的是，我习拳五十多年，有幸接触过众多武术名家，在向他们学拳、请益的过程中，耳闻目睹领悟的一些东西，在研读中得到了印证、丰富和深化。

文中李老谈道："拳术之道，尤宜先立基础，故初学，以桩法为始"，"形意拳的三体式，就是形意拳、象形拳的根本桩法"，"三体式是天、地、人，头颈为天，腿脚为地，天地生人。所以练拳先要摆正头颈和腿脚，如此才能蕴养五脏，端正脊椎"。李老还谈道："《象形拳法》的实修大纲：正身法、调息法、修身法。正身法强调，无论行止坐卧，务要使脊柱正直无曲……道经云：'尾闾中正神贯顶，气透三关入泥丸。'此姿势宜常保守，不但练时为然，无论何时何地，勿忘却此法"，因为"'脊柱中正才能练精化气'，薛颠已重复过多少遍了，可见其重要"。这寥寥数语，引发了我的回忆和深思……

我想起了那位被王永泉先生批评为"不摸门，连站都不会站，周身僵得像根棍儿"的太极拳爱好者，因为没有明白人指点，在筑基练体时，不知道正确的训练方法，用李仲轩先生的话说，就是不知道"摆正头颈和腿脚……端正脊椎"，所以，尽管练了20多年拳，从上到下，从内到外，仍然是既不沾边，也不摸门。

其实，前辈明师历来对站桩都非常重视，太极拳名家冯志强老师为帮助练习者尽快入门，在《陈式太极拳入门》中把拳理和步骤编成顺口溜，如"练拳须从无极始，阴阳开合认真求；不入无极圈，难成太极图"，用通俗易懂的语言告诉大家：学拳初期，要从无极入手，静站无极桩，是进入阴阳太极图的一把金钥匙。谈的也是"以桩法为始"。

吴图南老师传授的太极拳有练架和用架，用架即快架亦称小架子，师从杨少侯。通常，吴老一般传授的是练架，练架分定势和连势，受教于吴鉴泉，是吴鉴泉1928年南下前传授的架子。所谓定势，是吴家练习功力的拳法，是太极拳的基本功。前面提到，吴老的教法是把每个势子分解成几个小动作，每一动不但要求姿势正确，中规中矩，而且姿势到位后，还要求坚持不变，停顿六个呼吸，如同站桩，名之曰"耗"。当时我认为这样进展太慢，要求不如一开始就学连势（连势是把定势中每个动作联结起来，连绵不断）。而现在读李仲轩先生的文章，与吴老的传授处处恰合，因此也对吴老当年之所以"宁愿把人都练跑了，也要按传统的方法教"有了更深刻的认识和理解。

吴老的教学，重在言传身教。谈到"头颈"，吴老本人随时随地都是顶劲虚领，脊柱正直无曲，他认为，头占人体七分之一，头若不正，势必影响人体重心的稳定。至于"腿脚"部分，在第一式太极势中，下肢他要求松腰圆裆，松胯松膝，脚掌平铺于地，劲气松落涌泉（脚掌的感觉，好似一滴墨汁落在宣纸上，向四面自然散开）。练拳时他不但要求手上不要用力，脚上亦复如是。有人说："手不擎风，脚不沾尘。"这种比喻十分恰当。看吴老平时走路非常轻灵、飘逸，好像生怕把脚下的蚂蚁踩死似的。有一次闲聊，有人说，有位武术家，年轻时练功刻苦，一个月穿破两双鞋。吴老说，现在他一双鞋能穿两年，把大家都逗乐了。无怪乎吴老说："定势，是吴家练习太极拳基本功的功架。"至于说到"习练定势"又如何能"使太极内功得到不断的增长"，吴老嫡传徒孙李琏专著《太极拳练架真诠》内已有详细论述，我就无须在此一一细说了。

　　按说，在吴老这样一位名师指点下，我的进步会很快、很大。确实，有一阵，我的自我感觉也非常良好。腿变粗了，力量增大了，对太极拳的理论也知道得越来越多了。平时跟拳友们交谈、通信，总是兴奋得侃侃而谈，愿意把自己直接或间接从师友们那里得到的东西加上个人体会与他人分享。湖北的一位拳友，曾经把我与他通信中有关谈拳的部分，摘录下来汇编成册，作为跟朋友们一起练拳时的参考。在自己心里和拳友们的眼中，我似乎也算得上是个学得不错的"明白人"，这是一方面；可另一方面，静心细想，我当时的进步跟吴老平时的要求和有的拳友们达到的水平比较起来，又存在着很大的差距。因为太极拳是人体文化，正如李琏所说："太极拳的修炼跟读经一样，读经朗之于口，修之于心。太极拳是用之于体，修之于心。是用意念的感知与身体动作自然而然奏出的和谐乐章。"所以，既要求心里明白（心知），更要求身上明白（身知）。而且只有达到身上明白（身知）了，才算得上是真的明白了。

「先死后生」，本立道生

——李仲轩《解析象形拳法真诠》读后之二

　　李老仲轩在《解析象形拳法真诠》中谈道："习拳之道……初学，以桩法为始。"所谓桩法，即"站立不动之法"。"站立不动之法"，不是让人"站死桩"。李老说："死站着不动是错误的。"这不由使我想起 2004 年，我第二次赴江西南昌湾里浑圆山庄向王安平老师学习中华浑圆功的情况。王安平老师是我磕头的老师，他教我站桩时，也强调不要"站死桩"，应"死桩活练"。为引起我的重视，他经常给我书写一些"警句"和"要言"，如："静为万法之宗""静练出高功""独立守神，抱圆守一""只求耕耘，不问收获""求人不如求己，求外不如求内"等，离开山庄时，又写了一条"先死后生"。内中含义，临行匆匆，未及细问，返京后，由于种种原因，练功受到干扰，没能坚持，所以把老师写的"先死后生"也搁置一旁，无暇细想。转眼过去了四五年，及至看到李老的专著《逝去的武林》和《解析象形拳法真诠》的文

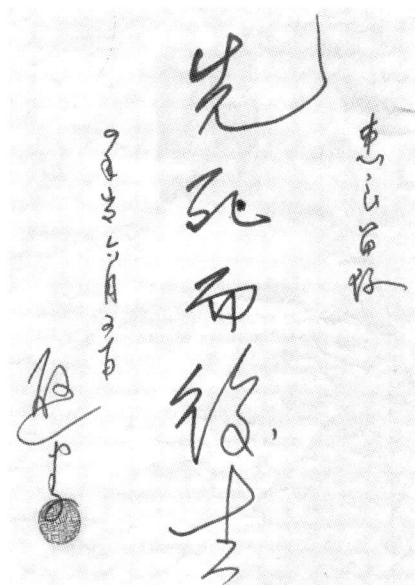

章，方才恍然大悟，并勾起我无限的想念……

李老在他的专著中说："站桩的要点是'学虫子'，冬天的虫子钻进地里如死了一般，等到了春季，土里生机一起，虫子就又活了，站桩要站出这份生机，如虫子复苏般萌动。"原来王安平老师临行赠言——"先死而后生"，这"生"和"死"，是比喻"动"和"静"，他曾嘱咐我每天站桩累计要达到 6 小时以上，而且每次不能少于 2 小时。他还说，若站得时间不够数，好比烧水煮饭，水还没烧开就揭锅，米饭永远是煮不熟的！我当时曾坦言："自己尘缘未了，很多事难以放下，每天能累计站上两三个小时，就很不错了，累计 6 小时以上，实在难以做到。"王老师听后，只淡淡地一笑，虽然没有说什么，但从类似情况，引发他在《随感录》里写下的话语："相识是缘道牵连……缘深缘浅任人选。"不难想象，我的回答，无疑更加重了他内心深处这种无奈的感叹！回想起来，真是愧对恩师的一片深情啊！我有位师兄，他曾说过："站不死就站。"这是多么震撼人心的直白话语啊！

谈及"静中求动"的方法和"静极生动"的窍要，个人体会，此两者，究其功法能否产生效应，必须有一个前提，即"先要摆正头颈和腿脚端正脊椎"。实际上，这就是从上到下，从内到外，要把身法一一调试到位，否则即便老老实实，静止站立，也不会产生如李老在文章里所说忽而"自然一动，流畅之极"（似流水、似流血）的感觉来的。我理解，这种感觉用武术词汇来表述，就是"周身一家，完整一气""冲气以为和"的预动之势。而这又正是历来各式太极拳，在练拳之初，要求习练者通过"起势""预备式""无极桩"或"太极势"的练习，经过"澄源清流"（杨禹廷语），达到最理想也是最基本的状态。严格地讲，也只有在此基础上，才谈得上"无极而太极"，继而"动之则分，静之则合"，并在行拳的过程中，把"阴阳开合认真求"（冯志强语）落到实处。

正由于太极拳艺是在身法的基础上建立起来的，所以，各式太极拳名家、前辈，都十分重视身法的锻炼。恩师王培生生前就曾强调："（太极拳）基础训练要从身法着手，因为身法既是最基本的，也始终是最重要的一个法规。"比如，"涵胸拔背"，这是大多数太极拳习练者耳熟能详的主要身法之一，但并不是所有的习练者都能正确地了解并掌握的。特别是初学者，往往望文生义，刻意使胸腔向内吞缩，背部抽拔呈驼背状。王培生老师认为，"涵胸拔背"只是要求前胸后背肌肉放松，前胸不要挺凸，意气内含，后背脊柱调直，不要过度松弛，使有弹性。涵胸的作用有二：一是可使气下沉而不上浮，二是便于腿的起落和变化，故《拳经》有"腿之运化，运筹在胸"之说。涵胸锻炼的方法，是意想胸腔有一种"含苞待放"的感觉，或是意想两乳垂直向下，不超过天枢穴即可。拔背是意想大椎贴衣领；杨式太极拳前辈汪永泉老师则认为，"涵胸拔背"的主要目的，是为了把身形调直，因此理应称为"开胸和阔背"，使胸背在意气内含的前提下，开阔舒展。不但练拳时感到舒服不揪心，而且也有利于技击中支撑八面，自如地运用招术。李仲轩在《解析象形拳法真诠》中也谈到了"涵胸拔背"。他说："'涵胸拔背'容易让人理解为凹胸凸背，结果练成了驼背。薛颠解密'涵胸拔背'不是外形，而是胸口后背的筋撑开了。以撑伞做比喻，'涵胸'指的是雨伞底部的枝条都撑开，形成空间；'拔背'指的是雨伞顶部的枝条都撑开，形成棱。'涵胸拔背'是打开了一把雨伞，撑满了筋，不是弯曲脊椎。'筋'参与练精化气的过程，胸背筋撑开，气才能降（落）丹田。"笔者认为，这比喻太形象了，从撑开胸背筋的角度，来谈"涵胸拔背"参与练精化气的过程，更是弥足珍贵。

联想到汪永泉前辈的一句话："我站在那儿就是一把撑开的伞。"既然这把伞可以由下往上撑开（汪老讲的），也可以由前往后撑开（薛颠讲的）。当然也可以充分发挥想象，以我的丹田为中心，同时有一把由下往上、由上往下、由前往后、由后往前、由左往右、由右往左撑开的伞。这样假想的结果，我整个人不就成了一个浑圆大球了吗？实际上，这种人体即"球体"的感觉，各家太极拳差不多都提到过。如武式太极拳家郝月如在"太极拳走架和打手"中就说道："太极拳不在样式而在气势，不在外而在内……全身好似气球。"恩师王培生在讲练拳和推手时也谈道："身体要练得像气球一样轻灵。"他反复强调："皮球不行，篮球不行，一定要像摆放在那儿的气球，人从旁边走过，它都有反应，你要是按上它，它就扁，你若不按了，它又随着你往起鼓直至恢复原状。"汪老在讲杨式太极拳揉手内功时也说过："老谱……不论是盘拳架或是揉手，都特别重视神、意、气的练习和运用……可想象置身于大气球中……通过气球的收缩与膨胀还可形成弹簧力……（而且）八种劲法的使用，也可比喻为气球的前、后、左、右和斜向的旋转，以及膨胀、收缩、前移、后挪的变化……"中华浑圆功脱胎于意拳，意拳要求"形不破体，力不出尖"，中华浑圆功要求"独立守神，抱圆守一"，希望达到延年益寿，精满浑圆身，也没有脱离"体圆"的概念。王安平老师曾说："（人的）身体虽是长形体，但体内气血的运行却是圆的，川流不息，连绵不断。'圆'字不但在人体气血的运行上体现出来，在自然界、社会生活中同样能体现出来；意识上有了圆的概念，精神就会振作、饱满；骨骼就会支撑肌肉；皮肤就会松胀；血管就会扩张；人体新陈代谢就会加强……"李琏在他的专著《太极拳练架真诠》里对"体圆"的概念谈得既深入又具体："众所周知，练太极拳者，其气场宜圆……（此时）要以'太极势'为核心，以蓬松为基础，逐渐用意向外扩展出前、后、左、右、上、下六个面。六个面随意气的开合扩大缩小，不知不觉中自然成为一个浑圆的球，随着功夫的增长蓬松出来的气场也不断地扩大，以致功夫深厚者有将其'放之则弥于六合，卷之则退藏于密'的能力。"所言皆同。

道本自然　一气游

——孙禄堂武学探寻之一

　　孙禄堂先辈仙逝八十多年了！他是中华武术史上杰出的、受人尊敬和爱戴的一代武学宗师！他好学不倦、勇于探索、习武、创新的一生，为中华武术的传承和发展做出了不可磨灭的贡献，值得大书特书。

　　民国初年，孙禄堂先辈年逾 50 岁，习形意、八卦数十年，久负盛名，已有"活猴孙"之美誉。但他好学不倦，传闻曾欲向盟兄杨澄甫请益太极拳，因澄甫"各守所长足矣"之语而未能如愿。后来，适逢武式太极拳第三代传人郝和（为真）赴京探亲染疾，孙禄堂先生为其延医治疗，亲自侍奉。约月余，郝病愈后，因感其至诚，自觉无以回报，愿以太极拳倾囊相授。孙禄堂先生喜出望外，朝夕演练数年之久，逐渐体悟到太极拳"乃研求一气伸缩之道"，并"深思体验，将夙昔所练之形意拳、八卦拳与太极拳，三家汇合而为一体，一体又分为三派之形式"。嗣后，便在武式太极拳的基础上参合三派之长，精心创编了独具特色、架高步活的孙式太极拳。

中华武术源远流长，历来只凭口传心授，无有专著。至民国初年虽偶有论著，却无实练入手之法。在孙氏学习形意拳的时候，曾听老师说"元、明两代，因无书籍，几乎失传"。后来他在北京白西园先生处得一拳谱，虽非原本，所论亦不甚详，更无解释之词，唯篇首有跋数行，顿时激起自己奋力续谱著书的宏愿。从民国四年（1915年）开始执笔，花了十多年时间，终于先后写下了《形意拳学》（民国四年）、《八卦拳学》（民国五年）、《太极拳学》（民国八年）、《拳意述真》（民国十二年）、《八卦剑学》（民国十四年）五部令人叹为观止的武学专著。

更令人敬佩的是他胸怀坦荡、为而不恃。在他的五部武学专著中，贯穿着一种"述而不作"的思想。在自序中不是强调"书中皆述诸（位）先生之实理"，就是讲书的内容"因本闻之吾师所口授，期盼志同道合者，能广为其传。不令湮没庶不负古人发明此道之苦心"。在《拳意述真》一书里，他更直截了当地表示"述真"乃"述而不作"之意，并非自己的什么发明。那种谦逊的崇高美德跃然纸上。

在孙禄堂先生的武学思想里，他对"无极学""太极学"皆予以充分的强调，指出："以无极式为之根，以太极式为之体，斯二者乃拳中万式之基础。"他认为："形意、八卦、太极三派姿势虽不同，其理则一也。"即"技与道合"，皆是"一气伸缩之道"，并引先人诗曰："道本自然一气游，空空寂寂最难求，得来万法皆无用，难比周身似水流。"

孙禄堂铜像

在《太极拳学》里，孙禄堂先生具体谈道："人乃是先后天合一之形体……人生天地之间，本有先天浑然之元气……先天元气赋予后天形质，后天形质包含了先天元气……斯气即为中和之气……平时洋溢于四体之中，浸润于百骸之内，无处不有，无时不然，内外一气，流行不息。于是拳之开合动静即根此气而生，放伸收缩之妙即由此气而出……太极即一气，一气即太极，以体言则为太极，以用言则为一气。"说到形意拳，他转述形意名家刘晓兰的话说："形意拳之道无它，不过变化人的气质，得其中和而已。从一气而分阴阳，从阴阳而分五行，从五行而还一气。十二形之理亦从一气、阴阳、五行变化而生也。"（见《拳意述真》）而练八卦拳之道，他又转引八卦名家程廷华的话说："其实，八卦本是一气变化之分（一气即太极也），一气乃是两仪、四象、八卦之合。"（同上书）无一不是言简意赅的真知灼见。

应该说，孙禄堂先生是我中华民族的骄傲，他武事文备、理备法精、乃武乃文、德艺双馨，堪称一代武圣。他的武学思想及对中华武术的贡献，早已超越了姓氏、超越了门派、超越了拳种和区域的局限，是全中国乃至全人类的共同财富。

在武学宗师孙禄堂铜像揭幕仪式上留影。前排左起：李杰、张耀庭、孙剑云、徐才；后排左起：陈耀庭、陈惠良、黄震寰、孙永田、周荔裳、周世勤、张国建、祝大彤、曹一民

今天，中国土生土长、有着本民族文化特色的体育运动项目——武术，日益引起国人、爱好者、专家，特别是专业领导部门的重视。出台了一系列保护非物质文化遗产的政策，有专家认为，中华武术作为非物质文化遗产的瑰宝将迎来全面发展的春天。但仔细查看国家非物质文化遗产的名录，至今尚未见到武圣孙禄堂这个光辉的名字及其贡献，不禁使我由衷地感叹：长期以来，我们对孙禄堂武学思想的研究远远不够，对他的历史地位也缺乏应有的认识！急切期盼有关方面及主管部门能认识到孙禄堂先生贡献给人类的这份珍贵的武学遗产，进入联合国人类口头和非物质文化遗产代表作名录，是当之无愧的！

「道在阴阳之间」

——孙禄堂武学探寻之二

　　先哲云："一阴一阳谓之道""阳非道，阴非道，道在阴阳之间"。这个"之间"，体现着太极阴阳变化的哲理——对立双方共存于统一体中相互转化的规律。

　　20 世纪 80 年代初，吴式太极拳著名武术家王培生老师曾明示我们：太极图中的"S"线，俗称中极之玄，就是"阳非道，阴非道，道在阴阳之间"最生动的写照。他说这条"S"线，可以说它是阴，也可以说它是阳，它"亦阴亦阳，非阴非阳"。太极拳习练者认识和掌握这一点至关重要，否则练拳就难以为继，体会不到太极拳锻炼中那种"动分静合，机先动静"的奥妙和乐趣！

　　近来，仔细拜读著名孙式太极拳家孙剑云先生的弟子孙永田先生赠送的《孙禄堂武学录》，深感孙禄堂先生本着"武术非私有，惟有德者居之"的宗旨，为使从学者能透彻理解其传承，书中凡能用文字表述

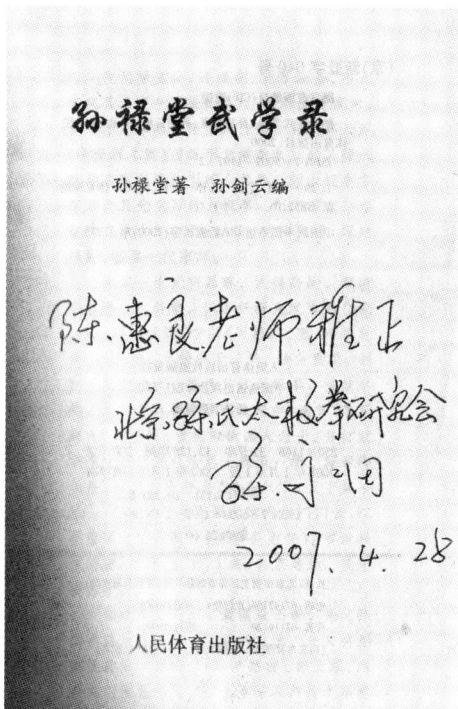

孙永田赠书题字

清楚的地方，他尽量言简意赅、深入浅出予以表述。

具体如，在《太极拳学》里，孙禄堂开宗明义一语道破："太极拳乃研求一气伸缩之道"，他认为："人自赋性含生以后，本藏有养生之元气……所谓中和之气是也。其气平时洋溢于四体之中，浸润于百骸之内，无处不有，无时不然，内外一气，流行不息。于是拳之开合动静即根此气而生；放伸收缩之妙，即由此气而出。"他甚至认为，"形意、八卦、太极，三派姿势虽不同，其理则一也"。即"拳与道合"，皆是"一气伸缩之道"。在他的武学思想里，他对"无极拳学""太极拳学"皆予以高度的强调，认为"斯二者乃拳中万式之基础"。又说："太极即一气，一气即太极。以体言，则为太极；以用言，则为一气。时阳则阳，时阴则阴……阳而阴，阴而阳。一气活活泼泼，有无不（并）立，开合自然，皆在当中一点子运用，即太极是也。古人不能明示于人者即此也，不能笔之于书者即此也。学者能于开合动静相交处悟彻本源，则可以在各式圜研相合之中得其妙用矣。"（参孙禄堂《太极拳学》）

举凡涉及拳经拳论里诸如"阴中有阳，阳中有阴""虚中有实，实中有虚""有上即有下，有前即有后，有左即有右""意欲向上即寓下意""下就是上""上就是下""静中有动，虽动犹静""动静循

太极阴阳图

环，相连不断""黏即是走，走即是黏""黏走相生"等奥妙难言处，他皆频频运用形象类比法，启迪人们发挥想象、联想，得其窍要，以广其传。

具体如："（无极学图解）——身子如同立在沙漠之地""起点身法，由静而动……起点之时，心意如同人在平地立竿，将立定之时，心气自然平衡沉静，亦无偏倚""（周身上下）内外一气，与太虚同体"。"（单鞭学）两手腕横平着从心口如捋长竿徐徐向左右分开到极处"。"（懒扎衣学第一节）两手心相对……徐徐同时一气如抱着大圆球相似"。"（懒扎衣学第四节）左足尖翘起，足后跟着地，如螺丝轴之意，左足尖与身手同时向右边旋转，右足跟亦同时徐徐着地，两眼望着左手看去，不可停住"。"（开手学）两手如抱着气球，内中之气亦如同往外放大之意"。"（合手学）两手如抱着气球，内中之气亦如同往里缩小之意"。"（进步指裆捶学）先将两眼望着前边低处，如同有一物看去，随即将两手往前

无极图

单鞭

懒扎衣一动

懒扎衣二动

懒扎衣三动

进步指裆捶

披身伏虎

肘下看捶

伸着往一处并去，将左手扣于右手腕上，右手卷上拳，右拳如同指着两眼所看之物之意，再将左足与两手合并时，同时往前迈去，次迈右足，或两步，或四步均可，勿拘。总要右足在前为止。右足落时，随后左足即速跟步……两足往前迈时，身体之形式，如同一鸟在树上，束着翅斜着往地下，看着一物飞去之意"。"（如封似闭学）先将右手往回抽，左手于右手往回抽时在右胳膊下边挨着，同时往前伸去。两手一抽一伸，至两手相对为止……身子往回撤时，要一气着，身子如同立在船上，面向西看，船往东行，要一气撤回，身子要平稳，不可忽起忽落，高矮要一律"。"（披身伏虎学）两手同时一气着往下、往回拉，拉时之情形，如同拉着一有轮之重物，拉着非易亦非难之神气，身子又徐徐往上起，头亦有往上顶的形式，身子虽然往上起，而内中之气仍然往下沉注于丹田，所以拳要顺中有逆，逆中顺，身子往上起为顺，气往下沉则为逆矣"。"（肘下看捶学）将左手仍用掌往前极力用意伸住，腹内亦用神气贯注，身子不可有一毫俯仰之形。随后将右手握上拳，胳膊如同藤子棍屈回，靠着肋，拳从脐处往左肘前伸去"。"（弯弓射虎学）两手心相对，如同抱着四五寸高之皮球，一气着，于右足落时，同时往下又往左边，如转一圆圈。转至上边，与脖项相平。两手心朝下着，往左斜角伸去，左手在前，右手在后错综着，仍与脖项相平。两胳膊似屈非屈，似直非直。两眼望着两手中间前边看去"。"（三通背学）两手再从前边，如揪虎尾之意，徐徐落在两胯里根。左足于两手往回揪落时，同时亦往回撤，撤至足后跟在右足当中约二三寸处落下，足尖着地。身子于两手往回揪时，亦徐徐往上起，头要往上顶。身子虽然起直，两腿总要有点弯屈之形。腹内之气仍要缩回丹田，腰仍要往下塌住劲。一切之伸、缩、顶、塌、揪等等之劲，亦皆是用意，不要用拙力"。

　　仅以"缩"字为例，在"右通臂掌"中，是这样描述的："……两肩里根并两胯里根亦同时极力虚空着往里收缩。收缩之理，喻地之四围皆高，当中有一无底深穴，四面之水皆收缩于穴中之意。"这是多么生动、形象的比喻呀！试想，习练者如能精神专注，用心体悟，怎能不在"寂然不动，感而遂通"之中，加深对"阳非道，阴非道，道在阴阳之间"的理解与体悟呢？

吴图南传系

吴图南前辈是集吴、杨两家太极拳精髓于一身的武术大家，老人家学识渊博，造诣精深，他的武术思想及其传承很值得研究和发扬。

吴图南武术思想之研究①

　　吴图南先生是享誉海内外的武术大家，他自幼习武，精太极，后又涉猎各家。他不但博学多才，思想豁达，而且技艺精湛，理论造诣也很高。他的武术思想涉及范围极广。吴老一生致力于太极拳科学化、实用化、大众化的研究，并以年逾百岁之高龄，现身说法，印证了太极拳益寿延年之功效为"我命在我不在天"。

　　吴老的武术思想涉及范围极广，仅1936年出版的一本十余万字的《国术概论》，就包括了国术之特征、提倡国术之意义、方针、目的、方法、国术原理（包括当时风行一时的太极拳、八卦拳、形意拳、少林拳、通臂拳、摔跤这六门拳术的原理、技法、史略、优长）的研究方法及途径，国术的行政组织、管理、设备、教学（教学内容、教学方法、教学程序）

① 本文是笔者1991年在北京市武术协会吴图南武术思想研究社"太极拳学术研讨会"上的发言摘要。

周荔裳在《中华武术》上为《吴图南太极拳精髓》一书专门刊发的通稿

及器械、考证等内容。1984年又有以吴老讲授、其弟子马有清编著之方式出版的《太极拳之研究》一书问世，更把吴老大半个世纪以来为太极拳科学化、实用化所做的努力，诸如太极拳的源流、特征、练法、技法、体疗，太极拳与健康长寿，太极拳的养生与技击，太极拳运动今后之发展，吴老拳论精选以及秘不外传的杨式小架子等方方面面和盘托出，令人目不暇接。联想到1990年《中华武术》第2期上，吴老的弟子杨家仓为缅怀吴老而发表的《斯人已去，风范犹存》一文中谈到的："由于吴老从自己的体验中认识到了武术可以造福于人类，是宝贵的民族遗产，因此，他几十年如一日，花费大量心血，致力于武术理论的研究，特别是太极拳理论的研究，在中华武术发展史上做出了贡献。"家仓兄所言，确非妄语。下面我就平时学习和练拳的体悟，谈几点研究吴老武术思想的粗浅认识。

研究吴图南武术思想，要学习吴老研究问题的态度和方法

吴老不是马列主义者，但由于他是搞科学的，研究问题既严谨又客观，非常符合马列主义辩证法的要求。例如，早年他在研究国术原理时，就主张"正确的途径，惟有放弃个人之主观，用纯粹客观的态度，虚心

接受古人名言至理，今人之优美意见，再能精密探讨，审慎分析，取其精华，去其糟粕，所得之结果，即可为所欲求之健全真理"，"然后实际体验，细心改革，自能得出效率之真实理论与实践之根本原则"。在这里，他首先强调研究问题要尊重客观，切忌主观，既不能厚今薄古，又不能厚古薄今，既要尊重前人，也要尊重今人，更要尊重实践。在理论与实践的关系上，他认为，正确的理论和方法，来源于正确的实践，而实践要有正确的理论做指导。总之，他坚持的是实践第一的观点。又如，关于如何写武术史的问题，他提出："要客观的保存历史的真实性""第一不冤枉古人，第二不欺骗今人，第三不欺骗后世。要把历史的真相实事求是地、真实地记载下来"。为了搞清太极拳的源流和发展这一重大的武术理论问题，吴老查阅了大量的武术文献资料，不辞辛劳去往西安、宝鸡、武当山、少林寺、陈家沟等许多地方，进行实地调查研究，考证了有关杨露禅、陈长兴、宋远桥、俞莲舟、王宗岳和张三丰等人的各种资料、逸闻，大致梳理出了从南北朝韩拱月开始，经由程灵洗、许宣平、陈希夷、贾得升、张三丰至王宗岳、蒋发、陈长兴、杨露禅等人的传承脉络。吴老认为，考证太极拳的发展史，目的在于正本清源，这不仅对中国，对世界太极拳的发展也是有益处的。

从上述例子中，我们可以进一步看到吴老治学严谨，做学问是理论联系实际的。他尊重客观，实事求是，抱着对人民、对历史负责的态度。

研究吴图南武术思想，要学习吴老为弘扬中华武术特别是科学化的国术太极拳，使其造福社会而孜孜不倦、不遗余力的钻研精神

20 世纪 80 年代初，据中央有关部门调查，由于工作、生活条件差，中年知识分子患病率和死亡率较高。改善知识分子的工作、生活条件仍然是当务之急。吴老对此十分关注。他感到："一个人在四五十岁学识正渊博的时候，忽然夭折了，不仅是个人的损失，也是国家的损失。尤其

是现在中国正在搞'四化'，要用很多人才，可是有些人不到岁数就死了，这不是很可惜吗？"一种社会责任感促使吴老从自己力所能及的角度，开始专门研究太极拳与健康长寿学。

他现身说法，介绍自己幼年的情况和感受。那时他先天不足，百病缠身，家人担心他长不大，后请名医诊治才逐渐好转。到9岁时，在医生的建议下，开始练功习武，身体大有起色，不仅转弱为强，而且头脑也灵活起来，精力也旺盛起来了。到1984年，他已是98岁的老人了，但身体仍然很健康，耳不聋，眼不花，牙不掉，脏器完好，记忆力奇佳。他说："我本人就是这个长寿学说的试验品。"他认为，由于人的先天禀赋不同，才有寿命之长短，这是一方面；可是另一方面，人的寿命的长短，又往往不取决于先天禀赋的厚薄。实践证明，人之后天对先天又有巨大的能动作用。他从研究如何推迟衰老来延长人的寿命这一指导思想入手，提出了"要补充身体消耗，讲究饮食并使它减少消耗有积存来延长寿命"；提出了"注意存神是健康长寿的要旨，经常保持心情舒畅，没有烦恼则能百病不生"；提出了"生命在于运动，运动莫过于练太极拳"等一系列主张。我们经常听吴老谈到太极拳这种锻炼形式是一种最完美最完善的医疗体育项目。它外增体力内固精神，道技并重，内外兼修。对于生理、心理、医学、力学、哲学等均有莫大之关系。就医疗方面而言，吴老在他早期的著作《科学化的国术太极拳》一书内，曾从西医的角度谈到，经常锻炼太极拳能对人的中枢神经、血液循环、肠胃消化、呼吸调节、新陈代谢起促进作用。但是1984年，他着手研究太极拳与健康长寿学说之时，对这个问题并没有停留在以往的认识上，而又不厌其烦地从传统医学的角度以中医脏象学说为基础，结合导引术、按摩术、经络学说等较透彻地讲述了太极拳锻炼对于身体五脏六腑的相应作用以及如何通过意念的活动，集中于五指的导引，从而达到内脏的平衡。嗣后不久，他又在《武当》第4期上，发表了《太极气功——宗气论》，侧重从中国传统哲学和传统医学理论及气功养生理论等浩如烟海的经典著作中，旁征博引、深入浅出地阐述了"人与天地生生不息者，盖一气之流行尔，是气也，具于身中，名曰宗气"，"此宗气在人体内流行百脉，贯串脏腑"，乃气之宗主，它能"支配全身，上至头顶下至脚，四肢百体无微不至"。吴老认为，"后人只知营、卫"，而不知"此宗气当与营、卫并称，以见三焦上、中、下皆此气而为之统宗也"。而太极拳气功的妙用，也正是端赖宗气之锻炼，方能收到不药而医祛病延年之功效。在这个阶段，应该说，吴老从医疗健康保健长寿等方面，把太极拳锻炼的研究工作又大大向前推进了一步。

吴图南武术思想是实践的产物，研究吴图南的武术思想必须结合吴老和前人的实践

吴老对太极拳的锻炼，主张首先是强身健体，同时也不能忽略技击的应用，否则就不成为"拳"了。有人问吴老什么是太极拳，吴老根据前人的经验和自己的体悟，做了如下概述："太极拳不同于其他拳术，从外形上约略有以下四点，第一太极拳不使拙力，用意不用力，不跳跳蹦蹦，始终是体气平和的；第二太极拳以静制动，练拳时一直处于身心松静的状态，应变时也是保持以静制动的状态；第三太极拳以柔克刚，也就是柔柔韧韧地不用力，就能战胜力气很大的对方；第四，太极拳能以弱胜强，在年岁体质相差很悬殊的状况下，弱者可以战胜强者。无论是单练、推手还是练器械，凡合乎这些条件的就是太极拳，否则就是其他拳而不是太极拳。"不用拙力，以静制动，以柔克刚，以弱胜强，这四点说起来简单，但如果不得真传，没有下过一番苦功夫，既难做到，更谈不到让人相信了。正由于此，长期以来，人们往往怀疑太极拳只能强身健体而不能应敌致用。"为什么前人练太极拳既能健身又能应用呢？"有人就此向吴老请教，吴老在《太极拳之研究》自叙一章内，曾以亲身经历讲述了以往太极拳宗师们是怎样严格课徒的以及当时练太极拳要下哪些功夫，而他本人又是怎样在严格的师承上又涉猎百家而成功的，等等。吴老谈到，过去练拳不像现在这样，那时候是很艰苦的。开始学拳练的

是定势，一个动作 6 个呼吸，一趟架子学完共 286 个动作，一定就是个把小时，定得你汗流浃背，筋疲力尽。到冬天练完拳鞋内能倒出水来。接着还要练抻筋、活腰、踢腿、铁板桥等。要求先把身上折腾开来，才能开始练拳，受的那个罪连做梦都害怕。他因为身体底子薄，实在受不了那个苦，有畏难情绪，后被老师知道骂了一顿。他说那时老师授拳很严格，循序渐进一步也不能马虎，他把定势练下来，还练各样推手、单手推、双手推、平推、立推、斜推（擦肋）、擦地推，经过一阵苦练，再练活步等。他说这仅仅是打基础，然后才正式开始练功。先是松功，由脚趾、脚腕、膝盖、腰、两肩、大臂、小臂、手腕、拳、指、脖颈七节颈椎，除了头以外都要练得能松开，差不多把人给拆散了，接着再练太极拳的着功、劲功、气功这三步功夫，前后共练了 12 年。跟杨少侯先生学拳时，少侯先生性刚，喜发人，教人好出手即放，学者多不能受。吴老被摔得疼痛难忍，但还得咬牙坚持。这还不算，学杨式小功架时，式子低，腰腿很吃功夫，练定式时，老师怕他偷懒，由厨房抬来四张油桌（比一般方桌稍高些）拼在一起，让他钻到桌子底下去练，不练完一趟不许出来休息……真是苦不堪言。所以吴老总结自己的练功体会说："要把太极拳练好，除了有真传之外，你必须要有万夫不当的勇气，要有百折不挠的毅力，否则必然是功败垂成。"

　　按说，吴老下了这么大的功夫，算是可以了吧，可是他认为，还没有完。而后又涉猎中国各家拳术，首先是摔跤，然后是形意、八卦、通臂、少林拳等。吴老有个看法，各家拳术都好，不好的流传不下来，要练好太极拳必须知道其他拳的特点，不能故步自封，自高自傲，这样才能取长补短，知己知彼。太极拳究竟练到什么程度才算到家呢？吴老认为：练拳必须练到"无形无象，全身透空"的地步。所谓"无形无象"指的是气，气是看不见摸不着的。经云："意气君来骨肉臣""拳之开合动静，即据此气而生，放伸收缩之妙，即由此气而出"；所谓"全身透空"讲的是内外合一，即内气和外气相结合，全身像空的一样。什么东西都加不到我的身上，然后才能谈得上"应物自然"，也就是身体一旦遇到什么情况，不必用脑子去反应考虑，身体的局部或整体，立刻就会产生应付的能力。因为此时通体贯穿，丝毫无间，"浑身无一处不轻灵，无一处不坚韧，无一处不沉着，无一处不顺遂"。如此才是"不用顾盼拟合，信手而应，纵横前后，悉逢肯綮"，到达恰如其分的地步。

对太极拳今后之发展，吴老的想法是，"太极拳源于中国，无论在原理方面、套路方面、技击方面，都应该走在前头。推陈出新是好事，但不要硬把别的东西拉到武术中来，弄成非驴非马，失去它的真面目"。他还认为，"打手（太极推手），研究懂劲之法也"。是太极拳训练过程中培养听劲、懂劲和对待的一种手段和途径，而不是一种打法。他认为，应世界之潮流和社会之需要，在推动套路的同时推动技击，搞搞推手和散打比赛，职业武术家在这方面下些功夫去研究也有必要，何况如果组织得好，技术发挥得好，采取"推而不打"的方法，甚至"连护衣护具都不必要"。当然，对广大的业余爱好者来说，吴老认为，太极拳的真正目的——"详推用意终何在，延年益寿不老春""技击乃余事耳"——还是应以养生长寿为主，以技击为辅。这是研究太极拳的历代先贤们历来的主张，也是太极拳心性修持人生大造化的至高境界。

研究吴图南武术思想，共同实现吴老"人死道不能灭""天灭我人，难灭我道"的遗愿

"人死道不能灭""天灭我人，难灭我道"是吴老谢世前常用戏谑的口吻说的两句话。种种迹象表明，吴老对"死"是有预感的。只不过当时"言者有意，听者无心"说说笑笑，谁也没有介意。殊不知老人家寓庄于谐，话中饱含着他真诚的遗愿和热烈的期望。"人死道不能灭""天灭我人，难灭我道"，吴老说的这个"道"，究竟指的是什么呢？若仅从"我道"这两字上理解，好像指的只是吴图南武术思想，尽管吴老的武术思想内容甚丰，涉及面极广，但仔细想想似乎又不仅及此。因为吴老穷毕生精力孜孜以求的那个"道"，其理并没穷尽。吴老的武术思想只不过

是他在武术范畴内对"道"的一些体悟而已。纵观吴老一生，中学时期就立下许身国术的宏愿，及长步入社会，执教之余又专事国术理论及太极拳科学化实用化的研究工作。他专心致志想让更多的人能分享中华武术特别是太极拳锻炼的益处。他极力主张把武术推向世界，使之成为全人类的财富。在从事理论研究工作时，他认为"极凡天下之物，莫不因其已知之理而益穷之，以求至乎其极"。这意思就是说，天下万事万物没有一样不是有理的，你把它研究到头了，就自然知道它的原理是什么了，研究天下一切事物包括太极拳在内，都应该如此。吴老对太极二字的解释是："太者，大到极点的意思，极字是穷本溯源到了极限，不能再有东西了，故至大至极谓之太极。"把物的原理研究到头，并拿来为我所用，是吴老的一贯主张和做法。吴老认为，这是符合太极原理的。今天在座很多是吴图南武术思想研究社的成员，共同的爱好使我们聚集到一起来了，我感到，大家理当齐心协力去继承发扬吴老的遗愿，方不辜负吴老生前热烈的期望。

吴图南所传拳技特点概述

　　吴图南秉承吴、杨两家之学，9 岁拜吴鉴泉为师，学习太极拳练架（定势、连势）、器械、太极推手等，8 年后，又拜杨少侯为师，学习太极拳用架（亦称快架、小架子）、太极功和打手等，深得吴、杨两家之精髓。早先，从 20 世纪三四十年代直至新中国成立后的一段时间，太极拳不分这式那式，统称"太极拳"。发展到后来，国家有关部门才从广为流传的太极拳中，根据不同的风格特点，统一确定了陈、杨、吴、武、孙这五大流派，向全国乃至世界进行推广。20 世纪末，《杜元化"太极正宗"考析》一书问世，赵堡太极拳传人亦有"赵堡太极拳不是陈式太极拳的一个分支，它与陈式太极拳乃同源异流，同奉王宗岳、蒋发为先师"的论点问世，此说对从王宗岳、蒋发到陈长兴这一段太极拳的历史研究提出了新的论证，呼应了吴老关于太极拳源流的论断，此说引起了全国太极拳理论界的关注和讨论。

与吴老的大弟子马有清（中）、杨家仓（右）三人在吴老家中合影

　　吴老所传的太极拳既有吴家的东西，又有杨家的东西，难以划归为哪式、哪家。所以，他仍一如既往按传统称之"太极拳"。有人曾说吴老学了杨少侯的小架子（即快架、用架）后，就再也不提吴式拳和不教吴式拳了，这是无视历史、不负责任的说法。此外，与一般公认的各式太极拳所不同的是，他吸取了吴、杨两家之长，并糅进自己的体悟，发展成一种"既柔且刚又善发人"的太极拳。吴老的大弟子马有清先生早期曾跟吴式太极拳名家杨禹廷习拳数年。1962年就是为学吴老传授的这种"既柔且刚又善发人"的太极拳，经其师同意和螳螂拳名家、原建工部副部长陈云涛的介绍才拜在吴老门下的。

　　通常，太极拳就其中任何一项特长——劲刚、柔化或善发，练到至境都是很难的，而要三者俱备，还其本来面目（杨露禅当年习拳、授拳时，并没有偏重哪一方面），谈何容易。要不吴老怎么会说"要把太极拳练好，除了有真传外，你必须有万夫不当的勇气，百折不挠的毅力和脱胎换骨的精神，否则将功败垂成"。又说"而其要，则在乎练，绝无其他捷径可走，不像登泰山，可以坐缆车到达南天门，这得一步一步，步履维艰，拾级而上"，也就是说，只有扎扎实实、用心去练，功夫才能

吴老演示吴式太极拳练架定势
揽雀尾（组图）：一动之上步挤挤、
二动之转身捋手、六动之按掌外推

上身。

在长期教拳的过程中，吴老十分重视因材施教，并根据自己的师承，形成了一套独具特色的传授方法。先教定势，再教连势，而后是刀、剑、太极推手（实际上就是吴家当年传授的那些东西）等，只有对具备相当功底和夙慧并想习武深造者，吴老才授以杨少侯传授的太极拳用架和太极功等。

所谓定势，是把每个式子分解成几个小动作，每个动作不但要求姿势正确，中规中矩，而且动作到位后，姿势不变，停顿1~6个呼吸，如同站桩，名之曰"耗"。这样一个动作一个动作练下去，直至整趟架子练完。经云："先求开展，后求紧凑。"吴老认为，所谓"开展"，起初指的是动作的开展，从外形上看要舒伸到极限，不能像病患者比画太极拳疲疲软软、松松垮垮的样子。因此，开始习练吴老传授的太极拳定势，看上去一式一式方方正正，有棱有角，身手动作似乎都紧绷绷的。但久而久之，"阳极必阴"，竟能"紧而不僵"，会感到肌肉、筋骨十分轻松。吴老讲"若身、手舒伸到极限都能放松，还有什么状态下不能放松的呢？"这就是从开展中求松柔的一种行之有效的方法。全套架子共三百多个动作，然其相同的姿势在不同的阶段，由里到外又要有不同的注意要点。很多人开始不明白其中的奥妙，总觉得这样练进展太慢、太费劲了。不如一上来就划道道，那样学起来痛快。殊不知定势乃太极拳传统的练法之一，是吴家练习太极拳基本功的功架。吴老曾笑谈，"宁愿把人练跑了，也要按传统的、行之有效的方法去教"。随着习练者对定势一板一眼的练习，日复一日，体气逐渐增强，素质、悟性日益显露，吴老方酌情进一步授以"太极势的守一术"和静态中的"蓄外意"，以及从轻松到蓬松等内功心法。其目的是使练习者在加强体气修炼的同时为逐步掌握太极内功打下基础。

连势是将定势各式中每个动作连接起来，势势送到家，处处不走样，要求抹掉棱角，连绵不断，如同行云流水。它不单单是外表上的连贯和动作上的有开有合，更主要的是要求习练者在连绵不断的动态中始终保持着自身的太极状态，从而做到动中有静，体悟到各式着法内意气的进退抽添和动作变化中的往复折叠。（详参李琏著《太极拳练架真诠》）

太极拳用架与练架是不尽相同的拳法，因姿势短小，动作快捷，发劲轻而脆，故又称小架或快架。习练者不但要具备较好的腰腿基本功和深厚的太极内功，更需要注重着熟和拳架套路与太极功单操的结合。太极功即着功、劲功、松功、气功。此四种功之间又存在着相互渗透、相互补充、相互促进的关系。特别是，由于"松"是练太极拳的必要条件，它不是一种招法，是习练者通过刻苦锻炼后形成的一种状态，一种能让太极拳着、劲、气发挥得淋漓尽致的状态。所以，吴老强调"以松功作为练功的入手之阶，然后再及其他"。其练习的具体步骤是上肢、躯干、下肢、全体由里往外分层松，松骨、松筋、松肌肉、松腠理，直至毛孔、汗毛。既分层次，又有阶段。吴老曾用三种不同的树临风状态做比喻：起初，如风吹柳树，枝条摇摆而根不拔；进而，如风吹桦树，枝叶作响而本不动；发展到高级阶段，如风吹松柏，寂然不动，感而遂通，体气平和，应物自然。所谓"根不拔""本不动""寂然不动，应物自然"都是指中定而言。众所周知，太极十三式以中定为主，其他十二式为辅。有中定就有一切，失去中定则失去一切。故吴老认为，脱离中

吴老晚年比画用架

定去谈松和脱离松去谈中定都是毫无意义的。实践证明，一步一步，一层一层，如能练到松的高层次，周身将无一处不轻灵，无一处不坚韧，无一处不沉着，无一处不顺遂，通体贯穿，丝毫无间。在应用对待之时，犹如条件反射，无形无象，应物自然，不思而得，从容中道。在传授太极拳用架时，吴老特别强调要把太极功融于拳法的套路中，只有随着太极功不断操练、不断升华，用架也才能名副其实得以完善。1984 年 4 月，吴老所做《关于太极拳四种功》的学术报告，获中国武术协会颁发的武术教育奖。有人认为"太极拳用架除了架子低和速度快之外，其他要求与练架相同"。这种说法的错误在于他们根本不了解吴老传承的太极功和太极拳用架内里的劲路、意气、呼吸与练架有着极深奥的不同的缘故。

总之，吴老所传的太极拳技艺，是一个十分完备的大体系。它不但进阶有级，而且先后有序。分阶段、分层次，有侧重、有条理。先练什么，后练什么，一个层次一个层次地循序渐进，以至练到蜕变之时，练着舍着，练劲舍劲，舍劲求意，舍意求气，求神，最后达到浑身透空，应物自然的神明之境。（请详参李琏著《杨少侯太极拳用架真诠》）

问尽天下众英豪，谁不翘指赞吴老

——写在吴图南老师逝世十周年之际

吴老于 1989 年 1 月 10 日凌晨与世长辞。以杨家仓为首的我们这些曾经跟随吴老学习太极拳的爱好者，为了更好地实现吴老的遗愿，组织成立了吴图南武术思想研究社，当即得到北京市武术协会刘哲主席和范宝云秘书长的大力支持。吴图南武术思想研究社的名称就是根据刘哲同志的建议命名的。

1991 年 5 月，吴图南武术思想研究社举行《吴图南太极拳精髓》一书首发式暨吴图南武术思想研究社学术研讨会。国家体委负责人、中国武术研究院院长徐才同志刚从外地出差返京，就欣然应邀参加了会议并讲了话。这是对已故老武术工作者的敬重和对研究社全体成员的支持和鼓励。在这次会议上，我宣读了自己的学术论文《吴图南武术思想之研究》，并向与会者呼吁同心协力来实现吴老"人死道不能灭""天灭我人，难灭我道"的遗愿。

转眼间，吴老逝世已经 10 周年了！研究社的几

参加《吴图南太极拳精髓》一书首发式暨吴图南武术思想研究社学术研讨会，徐才、刘哲等与研究社主要领导成员合影

位领导成员，一面带头坚持太极拳的锻炼和研究，一面积极通过写文章、搞辅导以及参加一些重大的太极拳交流活动来继承吴老未竟之业。习拳三十多年来，我深切地体悟到：人们求道、悟道、得道、传道，能否如愿以偿，除了客观因素和有没有悟性外，关键就在于对"道"持一种什么态度。俗云："道不远人，人自远道。"因为"道"是一种客观存在，它对任何人都是一视同仁平等对待，不分亲疏远近，从不厚此薄彼。美国周宗桦先生撰写过一篇题为《太极拳之道，道传有心人》的文章，不但针对中国的太极拳发展中存在的问题及症结所在，中肯地谈了自己的见解，而且文中盛赞吴老"虽已年过百岁，依旧身轻体健，精神矍铄，为太极后学提供人证，为张三丰祖师：'欲令天下英雄豪杰延年益寿，不图作技艺之末'，做了强有力的注脚"。

吴老任何时候都是顶劲虚领，如一柱擎天，奇峰突起，从学者有目共睹。而且吴老也不知嘱咐过大家多少次，对《心会歌》中"腰脊为第一主宰，喉头为第二主宰"以及《周身大用论》中"三要喉头永不抛，问尽天下众英豪"等字句要用心揣摩。并提示："喉头指的就是人的头顶。"他认为："头占人体七分之一，头若不正势必影响人体重心的稳定。

太极寿星吴图南生前早早就把他与老伴的墓地安置好了，俗云："了却生死。"确实，在他看来一切如常，"生与死"乃人生之常事耳！

所以习拳之初，就必须注意下巴颏儿微收，头顶百会处，似有绳系着微微上提，但又切不可刻意上顶，以免'意大'造成颈项强直的毛病，故曰'虚领'。能如是，头面也就自然中正，面容端庄，神凝于耳了。"他不但这样说，而且言传身教，我们真是耳濡目染，对虚领顶颈（即顶头悬）可以说是再熟悉不过了。至于气沉丹田，吴老更是经常不厌其烦娓娓道来，什么气沉丹田，气聚丹田，意气相守于丹田，意存丹田等，真是名目繁多，奥妙精微。他认为气沉丹田这个"沉"字，容易使人误解成要努气从上往下压；若说气聚丹田，好处是让人想到不仅要从上往下，而且还要由下往上，上下两头都有往丹田聚拢之意。但总是前面强调了一个"气"字，又往往容易使人着意在"气"，易犯努气和意大的毛病，他比较倾向于"意存丹田"的提法，当然，如说"意气相守于丹田"亦未尝不可。总之，吴老认为，"虚领顶劲"和"气沉丹田"有助于脊柱节节松沉，尾闾中正神贯顶，形成上下对拉拔长一气二夺之势，这对太极拳的习练者是十分必要的。周宗桦先生在文章中指出："太极拳之所以式微，不外打太极拳的人，对拳经拳论，都耳熟能详，但能身体力行，持

吴老打手，用翻车手发人

吴老演示太极剑

之以恒，真正做到的能有几人？"联想我自己和周围同道们的实践，扪心自问，又何尝不是如此呢？

太极拳融儒、释、道三家于一炉，涉及生理、心理、医学、力学、哲学、美学、气功等众多学科，它博大精深，道技并重、内外兼修，是一门难修难练难以致用的拳术。总偷懒取巧，不上心，不用脑，不肯下苦功夫，怎么可能窥其门径，悟真得道呢？

从1991年的研讨会以后，我把"道不远人，人自远道"和"太极拳之道，道传有心人"这两句话当作自己的座右铭，不但牢记心头，而且用作自己平时的练拳笔记的大标题，以示警钟长鸣。

一晃好几年过去了，笔记记了十多本，副标题也从"门外拾零"到"参悟入门"到"道技并进"到"道技精进"。自觉现在对老师讲的东西和拳经拳论上的一些要求，比任何时候都备感亲切，并有了较深的理解，因为通过反复思索，刻苦的训练，静心体悟，结果竟意外地发现了许多言语之外和字里行间的东西，而这些东西确实又好像是只可意会难以言传的。

比如"打手歌"开头两句：掤捋挤按须认真，上下相随人难进。我从80年代中期就开始跟王培生老师学习四正推手的单人训练法了。王老师是武学渊博、武技精湛，教学经验丰富的真正明师。他把定步推手单人训练的弓步前掤、屈肘打挤、坐步捋化、转身下按每一动的身形、手势、位置、路线、手和手、手和脚相互间的配合，动作和动作间的衔接与变化，内里意气的走向包括演练时内心状态和感觉等都明白透彻地传授给了大家。他认为，推手和盘架子一样，不但要求全身放松，而且个人单练四正推手也是一种全身放松的训练。要求我们每天一早，先求方后求圆，认认真真左右各练20遍。说实在的，我以前的弊病就是不管学什么，学过了好像也就学到手了，至于是否学到家了，从不仔细推求。当我意识到"道不远人，人自远道"以及后来又受到周先生一文的影响，才越发静下心来，仔细研习王培生老师教推手的录像，一动一动按老师所讲重新温习起来，起初几天，居然还腰酸腿疼，说明以前功夫下得很不够，四五天后方逐渐恢复正常。就这样，我每天盘拳前后，总要练它一阵子，甚至走在路上，也会情不自禁地边演练边体味起来，坚持了将近一个月，身上似乎灵活多了。记得王老师曾说："单人训练四正手，开始要跟练书法一样，一笔一画都要送到家，做不到家，练多少次也没有用。什么程度算做到家呢？虚脚变实了，实脚变虚了，脚底下来来回回变化自如了，动作才算做到家了。"还说，"单练基本八法，应下狠心练它千遍万遍，练得熟熟的，要练得由腻到不腻，有推敲的趣味，就能琢磨出东西来了。"

　　我现在对老师讲的这些话以及打挤是"用时有两方，从中央突破"，打按是"空开中央包抄对方后路，抢占他的地盘"等都似乎身心有所感应了，而且这阵子身体内外上下左右虽整而活，好像能分能合，这里下去了，那里很自然地就上来了，后腰也是一会儿实一会儿虚，感觉相当明显。说到这需要强调一下，我不是自吹自擂认为自己功夫现在有多么高了，那是不可能的。因为我已是 67 岁的人了，基础在那儿，自知当不了武术家，也不想当武术家，但身体一直很好，精神健旺，是一个太极拳的受益者。仅此一点，我已相当满足了。我对中国传统文化中的太极拳非常痴迷，从年轻时起，就立志终身研习它、弘扬它，使之造福全人类。基于此，在吴老逝世 10 周年之际，用自己探索太极拳的一点体悟"道不远人，人自远道"来自勉自励，以慰吴老在天之灵。

太极「凌空劲」辨析

——从杨家无「凌空发人法」谈起

　　1992年，《武林》第6期刊登了一篇访谈录，被采访者是杨家的后人——杨式太极拳宗师杨澄甫的二儿子杨振基先生。在谈太极推手时，文章中这样写道：有人问他，社会上传说他曾祖父杨露禅和伯父杨少侯及杨少侯的个别传人（显然是指吴图南先生——笔者注）能凌空发人，请他谈谈对此事的看法。他说，"从未听到家里人说过先辈能凌空发人"，并认为"这是不可能的事"，他说，"他不是贬低杨家先人，几代人传下来，包括他大哥所传的都没有说过能凌空打人。我见过父亲与人推手，大哥杨守中与人推手都是挨着的，没有听说过杨家有不接触别人就能发人的本事"。他认为，"离开了就听不到对方的劲，不连在一起，对对方一无所知，不能出手"。还认为，"双方连在一起推手，自己必须善于把握机会，这种机会之一就是了解和掌握对方劲的间断"。所谓"间断"，即是"对方旧力已尽，新力未生的一瞬间"。他说"此时伺

吴老用"凌空劲"发放弟子马有清（组图）

机制人发放是最好的机会"，但"双方还是连在一起的"。

仔细阅读了杨振基先生的上述言谈，并把吴图南老师早年以蒙古族名字乌拉布写于1911年冬的《凌空劲歌》以及吴老在1984年出版的《太极拳之研究》一书内有关凌空劲的答问，找出来反复看，觉得他们谈的不是一回事，即"此凌空非彼凌空"。对来自社会上的传说，杨振基先生由于从没有听家里人说过，更没有亲眼见到父兄辈实做过，认为凌空发人是不可能的事，并公开声称，杨家没有凌空发人法。我认为，杨振基先生是个很实在的人，不要说杨家没有社会上传说的那种凌空发人法，恐怕世上哪儿也不会有。

什么是"凌空"？吴图南老师认为："太极拳在应用接手的时候，大体上分两种，一种是两只手和两只胳膊跟对方接触，就像一般的打手。如果两个人还没有接触就能够由一方制胜了另一方，就属于另一种，它是太极拳所谓的高级部分，就是凌空……如果两个人的手或臂接触上了，是使的近距离的感觉。因为接触上了，用的是触觉。但我们讲的凌空是远距离感觉。远距离感觉大致可分为视觉、嗅觉和听觉……远距离感觉也可以叫遥控。我们用神就可以在较远处将他控制起来。"这听起来似乎很玄妙，但它是太极拳经过刻苦训练到高级阶段，即"阶及神明"以后所产生的一种实实在在的本领。吴老认为，一个人的精和气的结晶是神，它微妙得很。它非阴非阳，亦阴亦阳，故而"阴阳不测谓之神"。以神相接，这就是凌空，也就是神打。当然要做到这一步，并不是一件容易的事。首先得能无形无象，全身透空，而后才能在彼此往来时应物自然。所谓无形无象，讲的是忘其有己，指的是气，人身的宗气。因为气是无形无象，看不见摸不着的。所谓全身透空，讲的是全身毛孔张开，内气与外气相接，对自己来讲，就是任何一件东西都不能加在身上。具备这样的条件以后，在应敌时，彼此往来，才能应物自然，也就是真正做到了舍己从人。在对待时，毫无主动的意思，一切都服从客观规律，始终以客观的态度来对待客观环境的规律。吴老认为，功夫到此阶段，就可做到"离而未发，你即知其将发。他何处欲动，你即知其将动"。用吴老的话来说，到这个时候，"敌欲变而不得其变，敌欲攻而不得逞，敌欲逃而不得脱，斯为上乘。至于用一个劲儿能变动对方的一个劲儿，这是中乘的功夫。用一势之得失，分一手之胜负，则品斯下矣……至于蛮打蛮拼，都不是太极拳。虽然也可以叫太极拳，但实际不是太极拳，连个'品斯下矣'都不够。它是用有力打无力，手慢让手快，是皆先天自然之能，非关学力而所为也"。

　　吴老所说的凌空劲实作时究竟是什么样的呢？李琏记叙了他的亲身感受："有一次，我们在天文馆练习，师爷看看周围没人，笑着一捋胡子说：'这会儿没人，让你尝尝足的。你先活动活动。'我心里琢磨：'常挨摔还活动什么。'随口道：'刚才活动半天了，现在就来吧。'谁知刚刚一搭手，师爷轻轻一采，我还没来得及变化，人已被腾空摔出一丈多，躺在地上还向外搓出很远，后背肩膀的衣服全破了，皮肉也出了血。我跳起来跑到师爷面前，冲着师爷伸手就是一下。师爷盯着我，十指朝前一探，我心里忽然一惊，就觉得气冲到喉头，脚也离地悬了空，又感到腰间被人托了一下，脑中一片空白，人竟从师爷肩头飞到他身后。我急忙藏头缩背，一个翻滚躺在地上，半天才回过神来。师爷说过，'凌空劲'

也叫'失惊手'，是双方刹那间劲气神的组合。应用是要有条件的，抓住时机，在一瞬间用神拿打对方，方能奏效。若你给瞎子使凌空劲就没用。我曾听说过这样一个故事，露禅先生教漪贝勒（后来的端王载漪）时，一天他们出城去狩猎，漪贝勒骑马在前，他年轻气盛想试一试露禅先生，于是回身举鞭。不料露禅先生双目吐神，手向前一扬，竟将漪贝勒吓得翻身落马。通过这个故事，我们也能对凌空劲多一分了解。"

吴老早年以乌拉布的名字发表的《凌空劲歌》，其具体内容如下：

露禅班侯梦祥（少侯）间，三世心传凌空难。

只因传工皆口授，未曾公开告世人。

且幸恩师多倚重，教我其中步骤全。

我今说明其中义，节省时间又便传。

先须啄劲学到手，再练荡劲不费难。

离空诸劲都学会，哼哈二气亦练全。

彼此呼吸成一体，牵动往来得自然。

此时再学凌空劲，竖持工夫一二年。

手舞足蹈随心意，至此方叫工夫完。

杨式太极拳汪脉传人朱怀元演示发放

通观全篇，浅显易懂，杨家轻易秘不外传的此功法，并不是什么神秘莫测的东西。它属于太极拳的高级部分，是逐级逐层练成的。吴老得自杨家，他是在太极拳各种劲功，特别是啄劲、荡劲、离空等劲功练成以后，开始修炼太极气功，太极气功修炼到能与对方"彼此呼吸成一体，牵动往来得自然"（即无形无象，全身透空，彼此往来达到应物自然）才开始习练凌空劲的。按吴老讲，刚开始学还不足以应用，还必须"坚持工夫一二年"，练到"手舞足蹈随心意，至此方叫工夫完"。吴老用生动形象的比喻说："一定要反复练习，形成条件反射，像巴甫洛夫学说中讲的，狗看见肉就流口水一样，不用脑子想，随对方之势，自然而出，令彼失利，才算舍己从人的工夫练成，使用方能自如。"

社会上传说的所谓凌空发人法，可能只凭想象，或只看到某种表象，不知就里，以讹传讹，与本来面目相去甚远。加之有关凌空这种称谓，虽然昔日杨家祖孙三代皆擅长此功，名负于世，但此功法的名称，可能并不是杨家自己所起，难怪杨家的后人从未提及此功法。这不足为怪，倒是应该深入研究，吴老所提到的上述各种功法、步骤以及接手的方法，特别是啄劲、荡劲、离空等劲到底有没有？其取胜的道理，是否在理？为了便于把问题搞清搞透，这里不妨再旁引几则资料，供大家思索判断时参考：

一、"由着熟而渐悟懂劲，由懂劲而阶及神明。"（见王宗岳《太极拳论》）

二、"懂劲与听劲有深浅精细之别……秘传谓彼微动，我听而知之，然微动易测，未动难知，苟能于未动，听而知之，其庶乎阶及神明矣。"

"阶及神明，难言之矣……意在精神不在气……此言甚奇，似视气，犹若未足重耶，其实不然，气能得化境，而进乎精神之作用，其所谓无力之力，神力也。目之所注，神之所到，气已随之，气能运身，不待动心，而神可以挟气而行，是为神力，亦可谓之神速。物理学，以速乘力，其效能未可限量。故神力即神速也……此之谓阶及神明，是为三阶三级。"

"余从澄师游七年，为之所苦而难得到者，只有一劲，曰接劲。能接劲，便是懂劲之极致。功候至此，余劲皆可弗论矣。接劲者，若如对方以球击我……必须球来似能吸住，而复掷出，乃为接劲。缓速轻重皆能如法，则黏听提放，已在其中，合吞吐之意于刹那间，其劲正在分寸之际，庶乎阶及神明矣，散手又复何论。我故曰：太极拳之所以过人者，无他，惟有一接劲而已。"（以上见郑曼青《郑子太极拳十三篇》）

三、"过去把太极拳称为'神拳'，其意有二：一是太极拳在练时是用神用意，于藏而不露之中，主要是用神，所以称为神拳；二是太极拳在对手时变化神奇，冷快绝伦，能打人于不知不觉之中，如要神气一动，对方就惊心动魄，不知所措，所以称之为神拳。当年杨露禅称神拳'杨无敌'，就是这个道理。"

"所谓沾者，非专指以手贴着跟随之谓，虽在尚未接触之际，以神气将对方笼罩，吸着跟随其伸缩而动，此谓之沾。"

"所谓沾者有三：①当皮肤接触之后，听对方之伸缩而随之，此为感觉之沾也；②在未接触之前，以眼观察判断其距离伸缩而随之，此为视

吴老嫡传徒孙
李琏演示发放

与拳友们结伴
前去看望朱怀元
老师，向太极拳
前辈请益。自左
至右：本书作者、
夏涛、黄震寰、
于同和、祝大彤

觉之沾也；③以耳听其声音，判断距离而随之伸缩，此为听觉之沾也。以上皆神气虚灵之作用，故太极拳首在养灵。"

"杨兆熊字梦祥，晚字少侯，七岁即学太极拳术，性刚勇急躁，有乃伯父遗风，喜发人，擅用散手，动作快而沉，拳架小而刚，处处求紧凑，其教人好出手先攻，学者害怕，多不敢接受，故从学者甚少。少侯对于太极拳中借劲、冷劲、截劲、凌空劲，确有很深功夫，惜不愿多传，故知之者很少。卒于民国十九年（1930年）。"

"杨澄甫老师发劲时，是利用呼吸，然后用神、用意、用气，将劲打出去，这种劲法可使对方如触电样跳出。这种劲打出去，会使人吓一跳，而有惊心动魄之感。"

"杨老师在杭州开明路公馆内，打杨开儒之小按，只见其意思一动，杨则跑出丈外，简直未见什么动，这是个什么劲？！"

"杨老师在北京西京畿道街公馆内，打杨开儒之捌劲，只见其神经一动，对方有倾倒之危险。"

"杨老师打董英杰之拗步掌，只见其身势一坐，掌指一动，人如触电样蹦出，报纸云：北方太极拳泰斗与同道董某表演推手，掌指一动，人如弹丸而出……"

"杨老师打牛镜轩之挤劲，只见其眼神向其一看，右臂好像似未看见动，牛则一屁股墩坐在桌子底下，不能出来。""还有好多动作，有神乎其神的味道，不及备述。"（以上见陈龙骧、李敏弟、陈骊珠《李雅轩杨氏太极拳法精解》）

综上所述，所有这些，与李琏记叙的吴老用凌空发放时的神态，以及吴老讲述当年杨露禅把端王载漪吓得翻身落马的情况，多么相似！那么，杨家到底有没有吴老说的那种凌空劲？吴老说的得自杨家的凌空劲，到底是子虚乌有，还是确有其事呢？我想答案不言自明，无须赘述。

李琏和《杨少侯太极拳用架真诠》

太极拳的功用可以发挥在养生和技击两个方面，这是人所熟知的。但在早期，杨式太极拳拳架就有养生架（又称练架、行功架）和技击架之分，人们就未必都知道了。据杨式太极拳名家汪永泉前辈讲，目前广为流传的太极拳就是以养生为目的的养生架，注重内功修炼，培养内气。使内气和外形互相配合，从而达到养生的目的。一般来讲，单练这个套路是不能技击的，需要补充揉手等其他技法。所谓技击架，是前人把胜人之招综合起来编成套路，它虽长于技击，但也必须有内功做基础。纵观杨式太极拳的传承情况，技击的架子乃杨家先人"秘传之技"，只传给了家中子弟和部分门徒。由于它难度大、要求严、择人而授，加之历来武术界的门户之见和陈规陋习，所以此架传人稀少，甚至很少有人知道。

1984 年 7 月，商务印书馆香港分馆出版了《太极拳之研究》（吴图南讲授、马有清编著）一书。书

李琏在吴老家中与吴老合影

马有清给弟子李琏说手。1989 年 1 月
10 日吴老仙逝后，遵吴老遗嘱李琏向马有清
执弟子礼以续道统

马有清 1989 年 1 月返港后，随即寄来
《太极拳之研究》一书

中曾以"轶拳新呈"的名目，对杨式太极拳用架（即技击架，亦称快架、小架）做过粗略的介绍，并配以吴老演练此架的动作照片 40 帧。吴老和编者当时的目的，是在太极拳养生、医疗保健功能广为人知的情况下，将此架公开于世，供有志于研究、发展太极拳学之士做参考。时光流逝，一晃三十多年了，随着国际国内自由搏击、散打争霸以及各项对抗性竞技体育项目的蓬勃开展，一直是武术界争论焦点的"太极拳的技击功能"，特别是与太极拳技击功能直接相关的杨式太极拳技击架（用架），就受到知情人士的格外关注。因而近年来，国内一些武术刊物上不乏对杨式太极拳技击架（用架）"寻踪""呼唤"以及热情推荐和介绍的文章。

有如大旱之望云霓，正在人们翘首以待之时，2003 年，一本珍贵的武术书籍——《杨少侯太极拳用架真诠》应运而生。此书的问世，不但改变了杨式太极拳技击架（即用架）世间稀传的景况，填补了技击架的空白，并向广大太极拳爱好者提供了新的学习内容和训练手段。更为重要的是它将大大有助于人们更全面地认识太极拳，并揭开长期以来令人迷茫难解的"太极拳究竟是否具有技击功能"的谜团。该书作者李琏是中医师，生于中医世家，是京城四大名医施今墨医学流派第三代传人。他自 1967 年 16 岁时开始向吴图南前辈学习太极拳练架（定势、连势）、太极剑、太极刀、太极推手、太极用架以及部分太极功法，到 1988 年二十多年间，他一直追随吴老左右，从未间断。1989 年 1 月吴老仙逝后，李琏复遵吴老遗命拜吴老弟子马有清先生为师，继续研习太极拳用架及太极功法至今。为实现吴老生前"天灭我人，难灭我道""人死道不能灭"的遗愿，他矢志不移，殚精竭虑，不遗余力传授吴图南太极拳及太极功法，并热情接待海内外各方来访者。1989 年，法国电视二台来京拍摄有关中华武术的专题片，他曾应邀表演过太极刀、太极拳及太极用架的部分段落。法国电视台播放后，受到观众高度的赞赏。20 世纪 90 年代，他为系统研究与传播吴图南所承传的太极功、太极拳，曾两次应邀东渡日本讲学，并和弟子们一道，先后成立了"中国太极功研究会日本分会""吴图南太极拳研究会"等组织。被聘为上述两会终身高级

近年来作者搜集的关于杨班候太极拳的资料

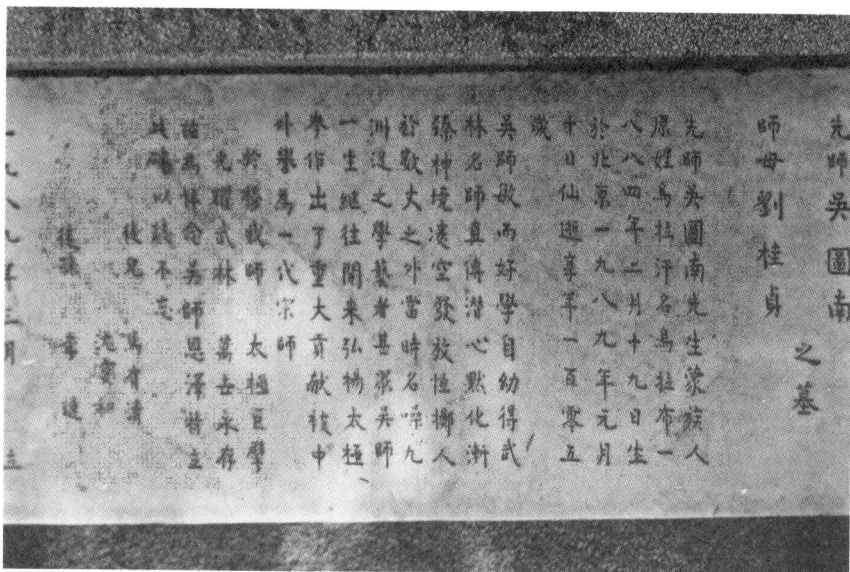

1989 年 3 月，吴老夫人刘桂贞尚健在，修吴老墓时，供桌上横放此碑，以纪念吴老的重大贡献和恩泽，署名：徒儿马有清、沈宝和，徒孙李琏。2005 年，在吴老 120 周年冥寿时，此碑被马有清拿掉了

顾问。

李琏先生为人谦恭随和，敏而好学，重视舆论导向的影响，在日本《武艺》杂志，国内《武魂》《精武》《中华武术》等专业杂志上积极发表介绍吴图南和杨式太极拳用架的文章。1999 年原中华武术杂志副主编周荔裳同志，对吴老生前在武汉的一次国际性会议上所做的《太极拳四种功》的学术报告很感兴趣，约请李琏将其整理发表，以飨同好，此举激起李琏萌生要把吴老传授的杨少侯太极拳用架和盘托出、传之于世的念头。在周荔裳同志和友人的支持鼓励下，李琏经过两年多伏案工作，终于在 2002 年五六月间完成定稿。全书 19 万多字，共分 4 章。篇首有一篇题为"根茂实自遂，膏沃其光晔——记武术名家、太极泰斗吴图南先生"的记叙文，用质朴、流畅的笔触，记叙了作者与吴老认识的经过、习拳的过程、交往中的趣事，以及"文化大革命"期间他与吴老共同度过的那段艰苦岁月，直至亲自为吴老送终。其间吴老为人处世的宗旨和在逆境中安详、乐观的心态，都给他留下了深刻的印象，总之阅读此文，能使读者看到作者心目中的吴老是一位学识渊博、武学造诣精深、精神矍铄、儒雅乐观的武术大家，平凡中透着不平凡，令人肃然起敬、亲切可感。

书中第一章，太极拳源流品汇，主要说的是太极拳的源流问题，引人入胜的是，作者没有简单地附和或复述吴老经过多年考证，根据拳理的记叙和历史传承线索，认为早在南北朝时就有关于太极功的记载，历经唐宋，由张三丰祖师集其大成并将太极学说运用于拳理，从而创下了既能养生又能技击的太极拳的观点；而是糅进了自己多年的学习以及利用工作之便利、节假之余暇，亲往实地进行考察所得所悟，相互印证得出结论。这大大强化了吴老对于太极拳源流问题论述的力度，令人信服。

在其余各章内，作者生动具体地介绍了吴老学习用架的经历，用架的传承关系，用架（即技击架）与练架（即养生架）相同和不同的特点，以及太极拳与其他武术又有哪些共性和不同的特性，引导人们自然而然地领悟到杨露禅宗师当年由河北永年进京之后担任神技营总教习，他凭借的是什么样的看家本领才能在各门各派武林高手汇集的紫禁城立足存

李琏拳照组图之一

李琏拳照组图之二

李琏拳照组图之三

身、独树一帜并享有盛誉的原因。所有这些都将使读者对太极拳有一个新的认识，并不折不扣地承认，太极拳不仅是一个优秀的健身项目，而且也是一项实用的技击项目，更是一种技击的艺术。

此外，书中不但有附录一吴老珍藏的历代太极拳论述精选、附录二吴老对太极拳的有关论述，以及吴老生平年表，而且最难能可贵的是作者对人们练拳中通常涉及的一些问题，诸如，关于松的概念、松的层次、松的练法；关于对中定的认识；关于对太极阴阳虚实的理解等，多有深刻独到的阐发。在用架动作图解中，附有作者演示用架动作拳照 138 帧。姑且不去仔细剖析它每一势周身从头到脚，从内到外，处处与用架"势要中定，气要腾挪，手疾足轻，手到腰到"的理法、技法要求无不恰合，就是作为一般的观赏，也能从一帧帧传神的静态中感受到它既整且活、意气合一的动感美。

至于世间对用架的一些错误的认识，作者在书中有如下的一些概述："太极拳用架常被人误认为班侯所创，事实上，这套拳法在露禅先生进京前就有了。"吴老生前曾屡次向作者提及："少侯先生言：'祖父露禅先生尝云：太极拳有体、用之分，有大方舒展，玲珑紧凑之别，无论盘拳、打手、应用散手等，均以此区别造诣之深浅，虽人体禀赋强弱之不同，功夫纯杂之不同，练拳时间久暂之不同，教者均用不同之方法，因材施教……若为锻炼身体，祛病延年之目的，教以练架，非有相当体质方可教以用架。'"且"练习太极拳用架，不但要有好的武功基础（即腰腿基本功），更要有深厚的内功修为，其中不仅包括太极拳练架基本功，而且还须系统的功法操练，即太极功"。"吴老将其分作着功、劲功、松功、气功四部分。只有通过不断的内功训练并随着其修为不断升华，太极拳用架才能逐渐地得以完善。这和有些人所讲（指用架）除了架子低和速度快之外，其他要求与大架相同的论点是截然不同的。"

作者还谈道："太极拳用架练习的目的，是掌握与运用太极劲，其原因是'着'的速度，是手足的变化时间。'劲'的速度是意、气的转换时间，所以'劲'的变化要远远快于'着'的变化。但首先必须十分注重对着熟的训练，主张套路与单操相结合，仔细体会各种劲路的变化，从松入手把功融于着法当中，每一势无论动作劲路，意气呼吸都有极为严格的要求（同练架有不同的地方），由慢渐快、力求短小简捷（每趟拳约三分钟左右练完），久而久之、自然而然、把着的变化转换成劲、意气的变化，也就是拳经所云：'由着熟渐悟懂劲。'然后再舍着求劲、求气……循序渐进，直至应物自然，全身透空之化境……"无怪乎本书终审周荔裳老师认为这本书不单是套路介绍，它珍贵在内容丰富，很充实，且具独创的见解。当我向她问及有关李琏书稿的情况时，周老师很兴奋地告诉我，"文笔很好，有可读性，既得真传，又有自己的体悟"。她不但当即签字认可，建议人民体育出版社出版发行，并热情地撰稿，译成英文，分 4 期发往当时有 25 年历史的美国《太极》杂志刊登，向世界推荐。

我和李琏兄是忘年之交的挚友，20 世纪 60 年代，我们先后向吴图南前辈学习太极拳。在三十多年的交往中，相识相知，看到他把吴老的传授及自己多年追随吴老和马有清老师学习所得，通过自己几十年苦修苦练，深刻体悟，整理出来笔之于书。我由衷地感到高兴。

我极度赞赏李琏兄与时俱进的思想和坦荡无私的奉献精神，相信他的这一善举，对太极拳今后的发展将产生不可估量的影响。特别是，当前国际自由搏击热浪滔滔，中国散打争霸选手如何向传统武术学习，吸取其中有益的滋养，发挥中国功夫应有的威力，打出中国的特色，我想，吴图南先生传授、李琏编著的《杨少侯太极拳用架真诠》将是一份隆重的厚礼，期盼能得到各方专家、研究者、运动员、爱好者以及有识之士的珍视和研究。

从中国传统文化的大视角看太极拳

太极拳源于中国，属于全世界。当下，太极拳已成为响当当、最具影响力的国际体育品牌。然而，这只是问题的一个方面；另一方面，则应该看到太极拳"兴盛中潜藏着危机"，可能经历 10~20 年的兴盛时期后，太极拳"将踏上没落之路"，这一看法，是中科院朱晓光教授等八位科学家，在武汉体育学院举行的 2003 年全国武术科研论文报告会上提出的（参 2003 年 10 月 22 日《人民日报》第 4 版）。

此前，早在 1992 年初，就有两位有识之士，发表过类似的见解。一位是美国太极拳基金会会长周宗桦先生，一位是杨式太极拳在四川的开拓者李雅轩的弟子张义敬先生。

此外，1999 年 6 月，陈式太极拳名家冯志强老师在他新编的《陈式太极拳入门》前言中也谈到了他对太极拳发展前景的隐忧："近年来，太极拳日益普及，许多人喜爱这项运动，却不明白练习的步骤和深造的途径，虽下了许多功夫，仍不得其门而入……"为帮助习练者尽快入门，冯老师在书中运用了通俗易懂的语言，如用"练拳需从无极始，阴阳开合认真求""不入无极圈，难成太极图"这样的顺口溜把拳理和步骤告诉大家（见《入门指引》）。经云："太极者，无极而生"，据此，冯老师则主张必须先从"站好'无极桩'"入手。而太极又是阴阳对立的统一，动之则分，静之则合。"动分静合"是太极拳的核心，所以冯老师又提示大家一定要在站好"无极桩"的基础上，把"阴阳开合的认真求索"落到实处。此外，太极图像是在一个圆圈的统一体当中含有阴阳对立的双方。所以冯老师又进一步强调站好无极桩的重要性——"不入无极圈，难成太极图"。在第三章《入门说要》中，冯老师同样把练功的要领和方法逐一编成通俗易懂的顺口溜，易懂好记，学起来方便。

由于"太极拳乃研求一气伸缩之道"（孙禄堂语）。气，虽然看不见、摸不着，但它是一种客观存在，中和之气的开合伸缩变化及其对肢体动作的主宰和影响，乃是太极拳真正要练、要修持的东西。因此，杨式太极拳名家李雅轩前辈称："太极拳的功夫是内功、是气功、是柔功、是静功。"（参《李雅轩杨氏太极拳精论》）张卓星先生在其专著《太极拳的练拳要领》里也谈道："一般人由于对太极拳缺乏科学的认识，或没有摸到门径，所以望洋兴叹，不得其门而入。"张著着重从"静功"和"行功"两个方面阐述太极拳独有的特点和与其他拳术的区别之处，在太极拳的"静功"里，他首先谈到"无极的概念"。在太极拳的"行功"里，他谈到一个重要的观点："一般人重外形轻内功，认为拳架动作就是一切，其实，拳架动作只是达到内功的手段。"他认为，"促进太极拳运动的发展，当前必须在提高行拳的质量上狠下功夫……关键是进入'内功'的锻炼，否则要想获得它的一切效益（包括养生和技击）都是不可能的"。因此，他强调"弄清太极拳的真面目，找到正确的锻炼方法，实很重要"。这跟武式太极拳郝月如的观点相一致——郝讲："太极拳不在样式而在气势，不在外而在内。"

先哲云："武事文备，乃武乃文"。无论是练拳、推手还是散手，都有别于其他任何拳术和体育项目。鉴于此，热衷弘扬中国传统文化的金庸先生，在为吴公藻著《太极拳讲义》所写的"跋"中则说："太极拳的基本构想，在世界任何拳术、武功、搏击方法中都是独一无二的"。他甚至这样认为，"练太极拳，练的主要不是拳脚功夫，而是头脑中、心灵中的功夫。如果说'以智胜力'，恐怕还是说得浅了，最高境界的太极拳，甚至不求发展头脑中的'智'，而是修养一种冲淡平和的人生境界"。金庸先生是否练过太极拳，不得而知，但从他为吴公藻著《太极拳讲义》所写的"跋"中可以断言，他是懂得太极拳的，要不写不出那样言简意赅、精彩绝伦的高论！

人常说："十年太极不出门""学者众，成者稀"！究竟怎样才能练好太极拳？这个困惑了众多爱好者（包括我自己在内）多年的老问题，答案究竟在哪儿？

上面列举各位专家、学者、名人、前辈所谈的问题和见解，都使我受益匪浅，并为我指明了前进的方向。回顾自己五十多年习拳的历程，能有些许进步，都是跟上述这些见解和众多师友们的耐心帮助以及自己能正视现实、勇于挑战自我是分不开的。俗话说："虚心使人进步""活到老，学到老"，这话一点不假。

2012 年 12 月 25 日，我应邀参加诚敬仁教育机构与吴图南武术思想研究社联合举办的"太极拳艺术馆落成典礼"，受到了一次深刻的传统文化教育，又在"怎样才能练好太极拳"这一问题上获得了一种新的感受。当我们来到诚敬仁教育机构小院大门口，左右两旁早已站立着面带笑容夹道欢迎的队列，他们双手合十，垂手行 90° 的鞠躬礼，那种诚敬谦和的态度很是感人！进入小院以后，人们端茶、引路，进退揖让一举一动都是彬彬有礼。温馨、亲和的传统文化魅力不时地感染着我们！据介绍，这个教育机构的教学宗旨是"育人为本，以德为先"。通过传统文化教育手段，培养德、智、体三者融合为一的健全人才。接待我们的大都是诚敬仁教育机构培训中心的学员、老师和领导。在与他们的接触中，我亲身感受到，在传统文化的教育、熏陶下，即使课间活动，进入太极拳艺术馆开始习武练拳，他们也跟平时一样，抱着学习传统文化的心态，诚敬谦和，气定神闲，不急不躁，循规蹈矩，一式一式演练着太极拳艺术馆馆长、吴图南武术思想研究社社长李毅多老师传授的拳艺动作，静心体悟着动作的文化内涵。馆内有数十人在练拳，除了耳边不时能听到一种轻漫悦耳的音乐外，显得十分空旷、宁静，就连我们这些沿着周边行进的参观者，看着眼前敛神聚气的人们，受到馆内静谧氛围的影响，心气也不由得跟着沉静了下来，周身感到非常舒服和畅达！

　　回想早年，我在北京天文馆跟老师学拳时心浮气躁、急于求成的情况，两相比较，顿时感悟到，我当时学拳，心里想的就是尽快能掌握太极拳这种高超的搏击方法，恨不得学了马上就见效，强身健体，防身自卫。而眼前这些男男女女，习武练拳的学子们，"虽曰习武，文在其中"。他们把太极拳锻炼当作修身养性的一门课程。尽管太极拳是武事，但"拳"与"道"两者之间，乃是一种"象于外而藏于内"的表里本末的关系。他们习武练拳，主要是透过表象而深究其本，即"求道""悟道""证道"。所以太极拳这门课程，对他们来讲，乃是身心兼修，特别是心性的一种修为。犹如读经一样，"读经是朗之于口，修之于心，太极拳的修炼，是用之于体，修之于心。所不同的是，读经是通过口的读念而心领神会，不断提高自己的德行；太极拳却用身体的感悟去领会经文"，"用意念的知觉与身体的动作奏出和谐的乐章"（李琏著《太极拳练架真诠》）。从这里可以看出，同是练拳，在对"太极拳与道的关系"的认识上，原来存在着根本的区别。三丰祖师在"学太极拳须敛神聚气论"中早就说过："学太极拳为入道之基。入道，以养心定性、聚气敛神为主，故习此拳，亦须如此。若心不能安，气不能聚，心性不相接，神气不相交，则全身之四体百脉，莫不尽死，虽依势作用，法无效也。"今天看起来，这些话说得多么中肯清楚啊！

　　长期以来，我之所以拳艺迟迟上不了身，问题多多，但最根本的一点是没有真正认识太极拳，更没有认识到"拳"与"道"两者之间表里本末的关系，而是本末倒置，舍本逐末了！这既有违先贤的本意，又远离了学拳的常理。李琏兄在其专著《太极拳练架真诠》里说得好："太极拳作为武术的一种，不管是文练（通过导引、行气、内视、守一达到寂寥之'静'）还是武练（通过势、劲、松、气的功法，着、劲、气、神的打法，而逐渐提高自身的武功境界），其最终的目的都是对吴老所说的'太极之道'（心性本源的道，与掌握宇宙总规律的道），即太极文化的追求。它浸透着中国五千年发展和两千多年的文明的结晶。这种追求若用太极拳先哲李道子在《授秘歌》中精辟的表述，即是'尽性立命'。它不但锻炼人的体魄，而更主要的是不断修炼着人的灵魂。"金庸先生说："最高境界的太极拳，乃是修养一种冲淡平和的人生境界！"不正是指的这个吗？

追记通州漷县古镇千人太极展演

2015 年 9 月 20 日，一场声势浩大的千人太极展演活动在通州举行。来自全镇各村的近 2000 余名太极拳爱好者进行了太极表演，展现了千年古镇的新风貌。而这次活动，则与我们吴图南武术思想研究社有密切的关系。那天，笔者作为研究社的顾问，和老伴应邀参加了这个活动，时至今日，每当忆起当时的情景，内心都有一种难以抑制的激动、敬佩和感激之情。

吴图南武术思想研究社换届以来，李毅多同志接任第三任社长，由于他有着很深的中国传统文化根基，以及曾在安徽庐江等地弘扬中国传统文化多年，积累了丰富的工作经验，所以自他主持研究社的工作以后，首先与诚敬仁教育机构的老总们广结善缘，在通州张家湾创建了通州小院诚敬仁教育机构传统文化培训基地和吴图南武术思想研究社太极拳艺术馆，不但使研究社有了自己的活动基地，而且从学习中国传统文化这个大视角来弘扬太极拳和太极文化之道，进一步拓展了太极拳的内涵和外延，在普及面上也有了前所未有的发展与变化。

那天的活动，是我第三次来通州了，第一次是参加吴图南武术思想研究社太极拳艺术馆落成揭幕典礼，印象最深的是，使我体悟到三丰祖师有关"学太极拳为入道之基"的教诲。三丰祖师说："学太极拳为入道之基，入道以养心定性、聚气敛神为主。故习此拳，亦须如此。若心不能安，性即扰之。气不能聚神必乱之。心性不相接，神气不相交，则全

吴图南武术思想研究社第三任社长李毅多

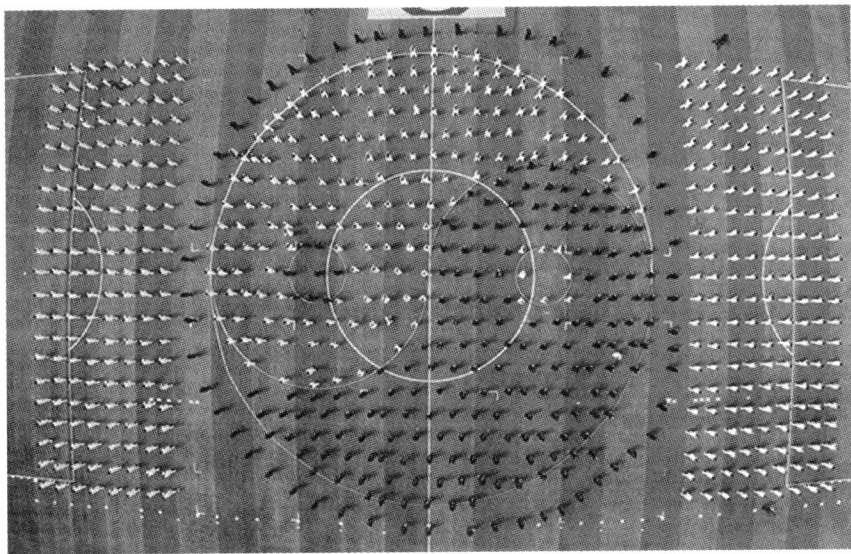

高空拍摄千人太极队列

身四体百脉，莫不尽死，虽依势作用，法无效也。"（参张三丰"学太极拳须敛神聚气论"）如果说，第一次来是使我加深了对拳与道合的关系的认识；那么，这一次已远远超出了太极拳肢体动作本身"象于外，藏于内""运而后动"的特点和价值，不但认定太极拳是我中华民族一种源远流长、优秀的健身拳术，更是一种博大精深的文化，而且从精神层面上，完全可以扩展到相当广阔的范围且具有深远的影响！作为创建研究社的老同志之一，看到太极拳走进村镇——在京郊的千年古镇，鞭炮齐鸣，上千村民整齐划一地演示太极拳（据了解，通州地区潞县古镇 61 个乡村，已有半数左右的村民直接参与了这个活动，创建了三十多个大小不一的吴图南太极拳艺术馆），尤其他们还把学习太极拳与学习中国传统文化、为人处世和伦理道德方面的要求融合为一，我真是心潮起伏，感慨万千！

首先想到，倘若吴图南老师地下有知，看到今天的场面和活动，相信他老人家也会欣慰捋髯，含笑九泉的！因为每一位参与创建研究社的老同志都不会忘记，以杨家仓为首的我们这些业余跟随吴老学习太极拳的爱好者们，20 世纪 90 年代初，按照吴老的意愿成立研究社，当初的目的是想通过吴老在国内外的威望，搞个基金会，从事太极拳的研究工作，同时鼓励有杰出成就的教练员、运动员推动太极拳运动的发展。特别是吴老谢世前，他曾经常念叨："天灭我人，难灭我道""人死道不能灭"。我们按传统观念解读，认为老人家虽是戏言，但隐含着期盼追随者在他仙逝以后，能持之以恒地把他生前未竟之业——中国传统文化的国之瑰宝太极拳及太极文化之道，继续研习、传承开去，走出国门，造福人类。今天，我们这些大多已进耄耋之年的传承者欣慰地看到，有更多的追随者在通过各种方式实现着吴老的遗愿。

应邀参加这次活动，我诚心诚意地感到有太多值得我们学习的新东西。我们这些人，囿于传统观念，谈拳论道往往就事论事，侧重在"拳"上做文章，大都没有能把学习太极拳与为人处世和伦理道德方面的要求融合为一。相比之下，李毅多同志领导的吴图南武术思想研究社，这些

百人抬腿步步禅，虎虎生威

参演者组成太极图，黑白变换，蔚为壮观

年来在通州地区潞县古镇传授太极拳的实践，不但紧密结合中国传统文化，提高人的精神素质，而且走进企业、走进学校、走进村镇……不断开拓创新，成就卓著，具体讲，思想境界的高度和涉及范围的深度与广度都具有非凡的价值和意义！

特别是，当下全国人民在以习近平同志为核心的党中央正确领导下，创建和谐社会，奉行独立自主的和平外交政策，实现中华民族伟大复兴的中国梦。研究社作为一个普通的民间组织，所倡导的理念和方法，能有缘得到通州地区潞县古镇领导和当地民众的认同，并在镇领导和广大民众的配合下，结合传统文化伦理教育来学习太极拳，不但大大有利于地区人民的身心健康，而且对地区精神文明的建设及和谐社会的构建，都有很重要的价值、意义和影响。记得第一次来潞县古镇参加太极拳艺术馆落成，我在发言中曾比喻研究社的工作"犹如一轮红日从地平线上冉冉升起"，现如今，已开始"光芒四射"了！相信未来将日新月异，与时俱进，更加辉煌！

写在吴图南老师逝世二十七周年之际

吴老是 1989 年 1 月 10 日凌晨与世长辞的。至今已经 27 周年了。谨写此文，以示怀念。

我跟吴老习拳多年，虽然阴错阳差，没有能拜在吴老门下，但前前后后二十多年，跟吴老结下非同寻常的不了情缘。从 20 世纪 60 年代中期到 1989 年吴老仙逝，他的几个住处：晓安胡同、高梁桥、净土寺以及国华商场 12 号楼 905 室，最后包括祁家豁子养老院，我都去过，而且前面那几个地点还是常客。

时间过得真快，一晃二十多年过去了，记得有一位记者说过这样一句话："世界上许多事情，一旦失去，如果想再重整河山，则难上加难。"对此我有同感。根据当前武术界的发展形势，在我内心深处存在着一种难以排除的隐忧与热望：种种迹象表明，人们似乎已经逐渐把吴老淡忘了！记得吴老过世不久，武术界曾有人对他说三道四，什么年龄有水分啦、历史有问题啦、他不是少侯的传人啦，等等。转眼二十多年过去了，没有人再提他并对他指指划划了，但从正面影响来看，我似乎感觉又有些不正常！比如：2012 年某武术杂志开展"30 年最具武术影响力人物"投票评选活动。按时间推算，该杂志 1982 年创刊，吴老 1989 年 1 月逝世，而在此期间，1984 年 2 月，中国武术协会主席徐才和统战部领导一起到文史馆为吴老庆祝百岁寿辰，并颁发了"武术之光"的锦旗，以表彰吴老对武术界的贡献；同年 4 月，吴老应邀出席了武汉举办的国际太极拳大会并登场表演，做《关于太极拳的四种功》的学术报告，荣获中国武协颁发的"武术教育奖"；1988 年也就是老人家过世

太极寿星吴图南之神采：
风过疏竹，风去竹不留声；
雁过寒潭，雁去潭不留影。

的前一年，又获中国国际武术节组委会颁发的武术贡献奖。所有这些，应该说都是"最具武术影响力"的明证，但在推荐的武术家名单中，老、中、青都有，却没有吴老（我不知推荐名单的是哪些人，又是依据什么样的原则确定人选的，当然名单中也没有杨禹廷、汪永泉、刘晚苍。为此我和儿子陈易合还共同给杂志社写了一封信进行询问，当然他们没有回答）；还有从深入挖掘整理的 129 种传统武术来看，没有少侯用架。不但在由中国武术协会主办、中国武术研究院监制，被誉为自 1983—1985 年武术挖掘整理以来，最大、最完善、最有社会意义的一次划时代的《中华武学电子版百科全书武藏》内没有，在 VCD 精品文化纪录片《太极之道——杨式太极拳经典》里也没有。再有，从旨在"通过民国武林的前世今生透视近代北京历史文化的发展变迁"的《京城武林往事》一书内，作者深入采访了京城十一位武术名家，其中却没有吴老嫡传如李琏兄；另外练杨式拳的一位老师，公然打出少侯用架的旗号，甚至冠以少侯用架领军人物……凡此种种，让人颇生感慨。

　　我不是主张要去与这位老师争旗夺冠，辨明真伪，按说这应该是中

国武术研究院专家委员会和中国最高级别的武术科研理论刊物《中华武术研究》的事。我想说的是，我和一帮老拳友都曾经是吴老的追随者，也是吴图南武术思想的受益者，对吴老的情况，我们是最清楚不过了！他是吴、杨两家地地道道的正宗传人。我切身体会，年岁越大，越能深刻体会到吴老武术思想的正确性，也愈加有责任使吴图南武术思想造福更多的人，并在弘扬中华武术太极拳之道方面发挥应有的作用！至于吴老的武术思想，特别是少侯用架和太极功等是不是真传、能不能申报非物质文化遗产，有待专门单位来确定，但我们似乎又绝不能由它"自生自灭"。我认为除了上了年纪的老同志们有一种义不容辞和不可推卸的责任，应尽快把自己跟吴老接触中所知道的和体悟到的点点滴滴，落笔成文，为扩大吴老传承的影响尽心尽力；得到吴老所传且受其教益的后学者，同样也有义不容辞和不可推卸的责任，把自己所学、所悟整理出来传承开去。对吴老究竟传承了些什么，压根儿不去研究，也不知道，或者把吴老的成就抛诸脑后，人云亦云，这是对传统的一种轻蔑和极不负责任的态度！

我们应该知道，吴老不是一个争名夺利的人。据说，有一次一位太极名家当众跟吴老叫板："你不是擅长凌空劲吗？今天当着领导的面展示一下！"吴老莞尔一笑，端坐在椅子上，理都没有理他。起初我有些不太理解，后来才明白，"道不同不相与谋"，那位太极名家平时跟吴老接触频繁，大家在一起也打过手，谁功夫怎么样，心里都清楚，切磋、比试、较真，不尽相同，在公开场合当众叫板，别有用心，吴老顾全大局，考虑后果理所当然不去搭理他，做得十分正确。吴老临终前，经常跟周围的人念叨："天灭我人，难灭我道""人死道不能灭"。他并不是鼓捣大家为他去扬名夺利，他只是期盼追随者能完成他的未竟之业——弘扬太极文化之道——如此而已。

转眼间，吴老逝世已经 27 周年了！研究社的几位领导成员，一面带头坚持太极拳的锻炼和研究，一面积极通过写文章、搞辅导以及参加一些重大的太极拳交流活动来继承吴老未竟之业。习拳三十多年来，我深切地体悟到：人们求道、悟道、得道、传道，能否如愿以偿，除了客观因素和有没有悟性外，关键就在于对"道"持一种什么态度。

王培生传系

据拳友商开乾讲：有一次他与老师闲谈提到我时，恩师王培生说：「惠良这些年知道的东西不少，致命的弱点是形太大，着相了」！不但肯定了我的进步，而且指明了我往后努力的方向。

筑基练体话「中正」

20 世纪 80 年代初到 90 年代末，吴式太极拳名家王培生老师先后在北京外国语学院、首都师范学院和北京舞蹈学院等地授课，练习者大多为离退休的老同志，都是为强身健体而练。习拳经年，拳龄最少的也近 10 年了，有的甚至更长，对太极拳可谓十分喜爱，但是有不少同志总感觉拳艺上不了身。究其原因，主要是在筑基练体阶段，对太极拳的基础锻炼重视不够。因此，尽管道理知道得很多，会打的套路也不少，国家规定套路这式、那式，传统套路吴式太极拳、太极刀、太极剑等，一练就是个把小时，天天坚持，身体确实也受到不少益处。但是对"拳中求理"的无穷乐趣以及按规矩练拳在强身健体、内外兼修方面应该享受到的那些效应，并没有能完全享受到。

就以太极行功心法中的"立身须中正安舒，支撑八面"这句话来说，听起来简单明了、通俗易懂，习练者大多都耳熟能详，殊不知要想真正做到，一举一动、时时刻刻都能处在这种状态中，却并不是一件容易的事。

具体讲就是：盘拳时要求外部身体姿势须正直，切忌偏倚歪斜，失去中正；而内部则是要求提起精神，内心安然舒适，神清气和。杨澄甫的弟子、太极拳名家董英杰所谓"立身须中正安舒，支撑八面"，实际上就是守中土之法。董英杰先生在他的《太极拳释义》中说，"（不偏者）不论偏向何方，即易失去重心，偏前则易拉倒，偏后则易推倒，偏左（即左歪），偏右（即右斜）其弊相同。不倚者（不依靠也），亦守中土也。例如，用手按人，对方突然缩后或闪避，己身即跄跟前扑，失去重心，予人以可乘之机，此倚之弊也"。所以无论盘拳还是推手，重要的是维持好自己的重心（守住中土），设法破坏对手的平衡（使其失中）。谚云："中存则成功，失中则失败"，这个"中"，就是中土、重心、中定。太极十三势，是以中定为主，掤捋挤按、採挒肘靠、进退顾盼这十二势为辅。所谓的掤，是在中定基础上的掤，捋是在中定基础上的捋，进是在中定基础上的进，退是在中定基础上的退，其他亦然。所以太极拳的前辈们就强调："有中定，然后有一切"，"一切法，皆从中定中出"，"法遍周身，故中定亦遍周身"。

此外根据实践情况，大多数太极拳习练者在正确指导下，静态时往往容易做到"立身须中正安舒，支撑八面"，但一动起来以后，己身偏倚歪斜失去中正，而往往又不能自知。原因是宇宙间的万事万物，动是绝对的，静是相对的。在静态的那一瞬间，你能体悟到"立身须中正安舒，支撑八面"了，即平衡稳定了，就只是那一瞬间的事。从不平衡到平衡，而后又不平衡，再到平衡，这种循环往复变换不息的运动，乃是事物运动的总规律。何况只要你是活人，即使在静态中，你要呼吸，你就在动。这种动，虽微乎其微，但它也或大或小地在影响着你的中正安舒（即平衡稳定）。因此，你也就必须时刻相应地加以调适。至于在动态中行拳盘架时，由于动时姿势不尽相同，一式一式或仰或俯，或伸或屈，动作幅度也忽大忽小，非尽中正。习练者若不能及时相应地加以观照调适，日久天长习惯形成，即使"童而习之，至于皓首，犹无益也"（向凯然语）。

到头来只落得"望夫子之门墙千仞，不得其门而入也"的结果（同前）。至于行拳盘架子之中，一式一式如何观照调适，其要则在"保持体态重心的中正，犹如使车轴置于车身之重心处。这样车轮转动进退方不失其效用"（参阅吴公藻《太极拳讲义》）。所以，在谈到"立身须中正安舒，支撑八面"时，杨澄甫先生曾打过一个比喻说，"腰腿如立轴，膊手如卧轮，圆转如意，方能当其八面"。

王培生老师也说："顶劲虚领，身体正直，切忌歪斜（即小脑与实腿一侧脚后跟垂直对齐，尾闾指向内踝骨下方照海穴），并使身体重心自然下移（即松腰落胯，真正地感觉到好似落座了），整个人似乎既有支撑八面的感觉，同时又十分安静舒适。拳谱上说的'上下一条线，全凭左右转'（俗话说'转腰子'），就是这个意思。"

太极拳传授中值得称道的形象类比法

——兼谈「道在阴阳之间」

　　前不久，听一位拳友谈道："太极拳高手都是想象力丰富，善于形象思维的人。"这位拳友还说：翻阅拳经拳论，形象类比之词比比皆是，诸如："一羽不能加，蝇虫不能落""立如平准，活似车轮""形如搏兔之鹘，神如捕鼠之猫""静如山岳，动若江河""蓄劲如开弓，发劲如放箭""如临深渊，如履薄冰"等，就连太极拳每个式子的名称，像"揽雀尾""手挥琵琶""白鹤亮翅""玉女穿梭""弯弓射虎""如封似闭""金鸡独立"等，也都是生动具体、形象类比的例证。

　　1999 年初，王培生老师迁居回龙观。家中亲人们考虑到老爷子八十多了，年龄和身体状况不宜再各处去教拳了，故而由他的再传弟子王洪鄂在城里北京舞蹈学院的授课点接替授课。洪鄂虽拜在王老师长子王乃洵门下，却一直得到王老师的亲传，加上他练功刻苦，悟性极好，特别是受到师爷的启迪，热衷于探求

吴式太极拳著名武术家王培生给嫡传徒孙王洪鄂说手

太极拳的生活化、通俗化，并擅长把自己所学所悟，学习师爷用形象类比的方法，深入浅出地告诉别人，所以深受大家的欢迎。

比如，谈到太极劲，洪鄂曾做过一些形象化的类比。

例一，他说，试想用一个较薄的塑料食品袋，里面盛上一个二十来斤重的大西瓜，当你提着这个塑料袋想往前走时，你体会体会那是一种什么样的心态和感觉。既要往上提，又不敢使力往上提，而且提中还有些要往下凑合着点儿的感觉。不仅如此，边往前走，还有些不敢放开步子往前走，也就是说，走中又含有一种控制着点儿不敢轻易往前走的感觉。总之，时时刻刻精神专注，谨小慎微，有上有下，有前有后，生怕袋子破了，西瓜一下子掉下来摔碎了。

例二，他说，试想爷爷领着小孙子往家走，路边有个捏面人的，五颜六色的小面人活灵活现挺招人喜欢。孙子拉着爷爷闹着要去买个小面人，爷爷不肯过去，小孙子不依不饶，死乞白赖要过去。这时爷爷既要拉住小孙子的手，不让他过去，同时又不能太使劲，太使劲担心小孙子的胳膊拉脱臼了。所以既要拉，又不敢使劲拉，还要就合着他，随着他上下左右乱挣巴，这里同样也能体会到什么是太极劲。

例三，他说，小时候在农村，孩子们爱淘气，喜欢搭个梯子爬到房檐下去掏麻雀、掏鸟蛋。窟窿小，又深，看不见里面，只能踩在梯子上，扭转头，侧着身子伸手往洞里去够，边往里摸，同时还有些胆怯，老担心别摸到一堆软乎乎的东西——蛇。在那种心态和感觉下，手头上体现出来的劲，也是太极劲。

古人讲："一阴一阳之谓道""阳非道，阴非道，道在阴阳之间"。太极拳的习练者，首先必须弄懂太极拳的拳理，同时更要按太极的思维法则去理解其功理功法，绝不能机械地一就是一、二就是二，认死理儿。例如，拳经上讲到"有上即有下，有前即有后，有左即有右""欲向上即寓下意"（上就是下，下就是上），"其静如动，其动如静"（视静犹动，视动犹静），"动静循环，相连不断""收就是放，断而复连""似松非松，将展未展""黏即是走，走即是黏""黏走相生"等。所有这些都无不含有"之间"之意。孙禄堂在他的专著《太极拳学》中讲道："太极即一气，一气即太极。以体言，则为太极；以用言，则为一气……开合自然，皆在当中一点子运用，即太极是也。古人不能明示于人者即此也，不能笔之于书者亦即此也。学者能于开合动静相交处（即'之间'——笔者注）悟彻本源，则可以在各式圜研相合之中得其妙用矣。圜者有形之虚圈〇是也；研者，无形之实圈●是也。"

正因为太极拳功理功法有些地方奥妙难言，非笔墨所能尽，故而先哲和许多前辈名家补之以形象类比之法。如孙氏在谈到无极学预备式时，除做一般动作提示外，则要求"身子如同立在沙漠之地"；又如谈到右通臂掌时，要求"将左手从左边往上如画一上弧线，右手于左手往上画时极力虚空着往前伸劲，两眼顺着前右手食指看去，两肩里根（即肩窝——笔者注）并两胯里根（即胯窝——笔者注）亦同时极力虚空着往里收缩""收缩之理，喻地之四围皆高，当中有一无底深穴，四面之水皆收缩于穴中之意"。（见孙禄堂《太极拳学》）这是多么形象生动的比喻啊！如能发挥想象，精神专注去体悟，定会加深对"阳非道，阴非道"和"道在阴阳之间"的理解。

轻轻往前一敷的「探马掌」

——王培生老师传授「高探马」一式的体用

"高探马"动作名称释义：上马前，必须长腰立身，一手拢住缰绳，一手高探马鬃，故冠以此名。太极拳高探马有左（由左向右）右（由右向左）两式，它们各自下接右分脚和左分脚。吴式太极拳老架 83 式，第一个为左高探马（式子偏左，右手在前，由左向右高探），承接云手最后之定势——单鞭势。此式共两动：

第一动：两掌虚合，拉单鞭到位后，重心在两腿之间，有些偏左，眼神注视左手食指前方。行功时，随着眼神收回，重心也由两腿之间移向右腿，松左肩、坠左肘、左掌以小指引导向下往回收撤，掌心翻转向上，到膻中与肚脐之间为度；右勾手松力变掌，掌心朝下，右掌找左脚，右肘找左膝，小臂回收到胸前，臂与肩平，两掌上下虚对，右肩找左胯，身躯微向左转；同时长腰立身收左脚，脚尖虚着地面，成丁虚步，视线注右掌食指尖，意在右掌掌心。

第二动：两掌右伸。为使从学者更容易体会和做到"用意不用力"，王培生老师教拳时，此处心法部分的提示如下。

（1）左脚左迈。动哪不想哪，想象两手捧着一大瓶硫酸，小心翼翼地将其从右侧挪到左侧，当右手食指接近左角孙穴（左耳尖处的穴位）时；意想右手掌心欲摸左肩，左肩一躲，左脚自动向左迈出，脚跟着地，目视右手食指指尖。

（2）左脚落平。右膝松力，松腰落胯，左脚自动落平，左腿屈膝前弓（意想右肩从身后找左胯、右肘找左膝、右手找左脚），右腿舒直，脚跟外开，右掌、左掌两掌上下虚对，靠近左胸，目视右侧（正东）。

（3）弓步前探。左掌掌心朝上，意想左掌由大拇指开始，继而食指、中指、无名指、小指，逐个指甲盖顺序贴地；右掌掌心向下，走外弧形向正东偏南虚虚伸出（也就是"轻轻往前一敷"）。右掌在前（掌心向下），左掌移至右臂弯处（掌心向上）；重心寄于左腿，视线注右掌食指指尖；意在右掌掌心。

用法：拉单鞭后，身体正前方有空当，敌方乘机用右拳向我胸部直接袭来，我则以高探马应对。

此时重心迅即由两腿之间偏左移于右腿，退左步脚尖点地为虚，并使身躯略向左转，涵胸拔背、长腰立身以缓解其攻势；同时上面以左手腕背反黏对方右腕内侧；下面左腿向左前方迈进一步，重心前移（抢中），并以右掌（掌心向下）朝对方右肩颈部（右翳风透左翳风）轻轻一"敷"，这就是所谓的"探马掌"。王培生老师在此处用了一个"敷"字，精妙绝伦。俗云"敷药面"，就是指把药面撒在伤口上。这说明这个动作不使一点力，似挨非挨。

关于"敷"字的出处，详见武式太极拳《四字诀解》："敷：敷者，运气于己身，敷布彼劲之上，使不得动也。解曰：此是两手不擒、不抓、不拿，仅敷在彼之身上，以气布在彼劲之上，如气体一般之轻，令彼找不到有丝毫得力之处；以精、气、神三者贯串住，使其无丝毫活动之余地而动弹不得……"

王培生老师授拳情景

左高探马（两掌
右伸）

左高探马（右
掌回捋）

左高探马（两
掌高举）

左高探马（两掌
平分）

　　20世纪80年代末，王培生老师在北京市西城区文化宫办班，有一次讲到"高探马"一式，笔者被他当靶子，亲身体会了所谓"全是以气言，无形无声"的厉害！

　　我出手后，他退步转身涵胸拔背、长腰立身以缓解攻势；同时一面以左腕背反黏我的右腕内侧，顺势微微一滚动（不是捋我），结果引进落空，使我一击不中，脚下飘浮，欲往他的左侧倾斜；紧接着他下面左腿向左前方迈进一步，重心前移（又抢占了我的"中"），并以右掌（掌心向下，由左向右）朝我右肩颈部伸出，看来势，我以为他伸手必往前杵，经他这一杵，我必往后仰跌无疑。因此，我就想奋力往前挣，可是他伸手前探只是轻轻一"敷"，并不是使力前杵，我不但没有能借到来力稳住重心，反而因自己用力过大而失"中"，出现往前倾倒之势（这正中他的下怀），他右掌顺势由左往右一个旋转（据王培生老师讲，这并不是右掌使力，只是意想由小指肚、无名指肚、中指肚、食指肚到大指指肚，顺势由左往右一个旋转），随后他的整个右小臂和右手，自然而然地经他右下到他的左膝外侧，配合他左手黏着我右腕往上一抬（左右两臂交叉），轻轻巧巧地使我来了个头朝下脚朝上的"倒栽葱"。照片上拍下的，就是他右掌顺势由左往右一个旋转，刚经他右下还没有最后到位（指"一直到他的左膝外侧"）前的那个瞬间；在这个状态时，他只需用右脚往我腰胯一踹，我整个人就会被踹很远！这就是所谓的"探马掌"的窍要和威力。

乘马探身欲前纵，涵胸松肩手足动。

腰脊撑开目视敌，运用纯熟向胯蹬。

破敌擒拿取敌肘，扑面掌法可锁喉。

按捋皆是腰裆劲，进肘直攻莫停留。

上面的顺口溜是刘晚苍老师讲高探马拆手时所言。这个顺口溜说明了太极拳可以撅敌肘、可以用作扑面掌，可在左手顺势翻掌擒拿住敌腕后，右手张开用虎口直接去锁住敌喉，甚至伺机侧身上步进右肘等。

王培生老师传授的「按窍运身」

　　2013 年 11 月初，张全亮师哥撰写了一篇题为《"按窍运身"在吴式太极拳体用中的具体实施》的文章，归纳出六个不变的原则，形成经典的六句歌诀，即"三融四坠腹内松，公转自转气腾然。内导外随神领形，按窍运身水涸沙。单腿负重川字步，以腰使手走螺旋。"在论文中，张全亮老师还对此六句歌诀中所涉及的每个穴位的部位、归属与作用——作了注释。我反复阅读了好几遍后，给张全亮师哥写了一封信，表示自己赞同此观点，并提出了一点建议及补充。

　　"以心行意，按窍运身"的理论，是王培生老师在继承传统、总结数十年实践经验的基础上提出来的，它是对前人太极拳理论的一个补充、完善和发展，是对太极拳理论研究的一大贡献。王培生老师从东北回来后，我在北京市西城区文化宫、北京外国语学院、首都师范学院、北京舞蹈学院等地跟他学习过，认为张全亮师哥所说"在整个套路上到底应该怎样具体落实，见诸文字，将是一个关于人体文化和人体科学研究的重大课题"是非常正确的。

此前不久，我曾仔细阅读过他早先撰写的《吴式太极拳防身十法》和《吴式太极拳八法的内涵与外延》，并嘱咐自己身在巴黎的儿子要认真研究、反复体悟。在我们父子之间往返的电子邮件中，就曾提到张全亮师哥和"按窍运身"的体用：

你王爷爷根据太极拳运动阴阳对立统一的哲理和行功的特点（"先在心，后在身""意气君来骨肉臣"）以及人体上下肢（交感神经）内、外三合及穴位对应的生克关系，创编了八法心意要诀（略），我张师哥对此都有自己独特的体悟。例如，关于"肘劲劳宫找肩井"（手的劳宫穴与同一侧肩井穴相合）他又补充了四句顺口溜，最后两句是："劳宫肩井意想合，膝找肘追命呜呼。"——根据我的体会和验证，如重心在右，右侧中轴竖正，通天贯地，抬起右臂（不是刻意使力用肘尖去顶人），只要意想右手劳宫穴与同一侧的肩井穴相合，眼神顺势沿自己右肘尖的方向，看到对方身后远处，肘劲就有了。

按张师哥的经验，如果在上述基础上，再"意想"后腿（即左腿）的"左膝"（书上错印成右膝了）找前面的"右肘"（顿时会感到后脚虚悬，有一种欲往前迈步的感觉），继而后面的肘尖（即"左肘尖"）追前面的"右肘尖"（切记：这都是"意想"），顿时将会增加无穷威力，所以他用了"膝找肘追命呜呼"这句话来形容。经我们验证，事实确实是如此。

当然对初学者来说，仅强调上述按窍对应的方法，还不行，还必须具备其他一些条件。因为如果身形不"中正"（就好像十字架的主体是歪的或斜的），或者"眼神"不合，与肘尖的方向不一致（那一瞬间需要神意合一时，反而神意不同处了），或刻意使力用肘尖去顶人（违反了"重意不重力"的法则），或对方的劲儿已经出来了，却不知道先"顺人之势"（意想手从左侧，摸左肩井，空了对方一下）——先吞，接着再摸右肩井，打出肘劲，后吐——也还是不行的。又如，要诀说："按劲凭栏望下瞧。"如果仅根据这句话来比画，也是永远做不好的。因为只是一般的站在楼上扶着栏杆从上向下观望，相信多数人都会做，难就难在这里的栏杆木头糟了，根本不能受力，如若真扶，不但栏杆会散架子，人也会摔到楼下去。这里的"凭栏望下瞧"，要求的是一种"欲扶又不敢真扶"的状态，从机制上来讲，就是"中极之玄"——非阴非阳，亦阴亦阳。这为的是"守中"，用时不给对方一丝"反作用力"，让对方"无力可借"。像这些奥妙难言之处，都不是三言两语能跟一般人说清楚的，也不是容易被人掌握住的……所有这些都说明，太极拳除了需要有正确的认识和悟性外，还有一个"体"的问题。"五绝老人"郑曼青说得好："论致用，必先于体上着力，体为本。"俗话说：体用体用，没有体，怎么谈用？因此，基础至关重要。"体"的问题解决了，就是杨（禹廷）老跟王培生老师说的："一想就是。"甚至"不想就是"，因为已经"应物自然"，形成条件反射了！

从上述电子邮件里，可以了解我对王培生老师所传心静用意、"按窍运身"的重视和喜爱。杨禹廷师爷讲过："太极拳是'以意导体'的运动，就体上说，意念的部位愈小，就愈便于舒松，意念的变换愈细微，就愈觉意味深长，趣味浓厚。"王培生老师有关"以意导体，按窍运身"的创见，正体现了杨师爷的思想和经验。而张全亮师哥概述的六句歌诀，则是其多年学习、实践、体悟吴式太极拳体用的结晶。我感到，他所概述的"头融天、脚融地、胸融空"一开始就帮助习练者身心合一，进入了太极势，也就是帮助习练者达到"周身一家，完整一气"，是最便捷的窍要。

武圣孙禄堂认为，太极拳十三势的作用，"乃研求一气伸缩之道"。"太极即一气，一气即太极。""以体言，则为太极；以用言，则为一气。"气是看不见、摸不着的东西，但却是一种客观存在，白云观曹道长（震阳子）曾著文赞道："人生自有留年药，万两黄金不给人。"这说的就是气。由此可见其重要程度。是故武圣孙禄堂早在民国初年就用极度赞赏的口吻，引先人诗曰："道本自然一气游，空空寂寂最难求。得来万法皆无用，难比周身似水流。"而张全亮师哥的一个"三融四坠腹内松"，又为从学者非常便捷地掌握练习吴式拳"体用八要"和"四功四法"做了言简意赅的提示。在此基础上，具体落实王培生老师提出的"心静用意，按

与白云观曹震阳道长合影

窍运身"的方法，则更易取得显著的成效！斗胆说一句：其实，张全亮师哥所说的"四坠腹内松"似乎不是意想的结果，而是进入"三融"境界以后相应产生的一种知觉运动。

至于其他各观点，笔者以为都很对。因为正如张全亮师哥所说，此前的预备式属于静态表现：无极而太极，无极尚处在混沌未开、鸿蒙一片、负阴抱阳、阴阳未分的本体状态。后面五个属于动态表现：即本体动之则分，静之则合；气分阴阳，机分动静；阴中有阳，阳中有阴；此消彼长，同生共灭。而且在此种运动中，除了吴式太极拳独有的单腿负重的川字步型以及斜中寓正等特点外，其他各条如以内导外、运而后动、意动形随、其根在脚、有上有下等，可以说也是各派太极拳体用的共同规律。此外，由于王培生老师提出的"按窍运身"的方法，非常符合太极拳的"以静制动、以柔克刚、纯以神行、不尚拙力"以及"太极不动手，动手非太极"等特点和要求，具体如移脚、落脚不想脚，前掤、下采不想手，用肘不想肘。而且在"用意不用力"的心法内容中，着意之

处小得不能再小了，它最大的优越之处，既便于舒松，不用守点走线，又无形无象令人难知，只需静心用意一想，就能自发做到顺乎自然。正因为张全亮师哥对此有着深刻的了解，他特将人体平衡活动中一些相关的部位和重要的穴位及其作用，不厌其烦地做了详细的注释，这对习拳多年或初学者来说，无疑都是受益匪浅的特大好事！

笔者对此文唯一的建议就是：在说明"按窍运身"在吴式太极拳体用中的具体实施时，如能适当地再结合一些具体式子来谈，那就更便于习练者了解和学习了。

在我的记忆中，王老师在传授套路的过程中，主要还是继承传统，根据内、外三合的原则，强调各式动作的姿势和基本要领，要求习练者牢记根、中、梢；梢、中、根一一相合。也就是左（右）肩、左（右）肘、左（右）手与右（左）胯、右（左）膝、右（左）足，或右（左）手、右（左）肘、右（左）肩与左（右）足、左（右）膝、左（右）胯一一相合，尽量做到全身手足、躯干、动作内外协调一致。

直到20世纪80年代末至90年代初，王培生老师日益深切地感到中老年急需健身，更需速效，虽理解力强，但不易入静、不适宜剧烈运动的特点，故又创编和传授了《吴式太极拳中老年健身十六式》。当时（1990年1—3月）适逢全运会在即，参赛项目的演示时间只有3分钟，所以王培生老师抓住机遇，利用大学寒假期间，在首都师范学院的教学点办了一个培训班，计划选拔几个人，参加全运会，以便能向全国推广"中老年健身十六式"（当时我有幸也参加了此项活动）。后来此事虽因故未能如愿（1990年3月上旬，听说大会有规定：吴式太极拳必须演示李秉慈规范的套路才能参赛），但在王培生老师于1991年12月应邀东渡日本讲学时，日方有关部门征得王培生老师的同意，将《吴式太极拳中老年健身十六式》录制成光盘；随后1993年6月，张耀忠师兄将王培生老师的教学录音整理出版，书名《吴式简化十六式》。到2002年秋，我去看望周荔裳老师时，谈到王培生老师那时在各地教学（包括应邀赴日演示并讲授《吴式简化十六式》的健身和技击作用）的情况，她当即就十分热心地向人民体育出版社"中国当代太极拳名家丛书"负责人推荐，准备为王培生老师出吴式太极拳专集。于是王培生老师对《吴式太极拳中老年健身十六式》又进行了一些补充和修改，将其与吴式太极拳三十七式和太极十三刀、太极六十四剑等，一并载入《王培生吴式太极拳诠真》一书内。

《吴式太极拳中老年健身十六式》以着重加强意念活动为主，强调内、外三合，在实践中普遍反映有易入静、易得气、气感强等特点。所谓"意念活动"，用王培生老师的话说，就是"心里想的"，从前叫"心法"。但由于各种原因，以前讲太极拳心法的人很少，大都秘而不宣。王培生老师出于公心，不吝把自己体悟的东西公开出来，主要是想让大家"早点儿、快点儿练出成效，及时掌握拳法核心，破除'十年太极不出门'的陈旧观念"。

在加强意念活动方面，王老师有如下几点主要提示。

（1）意念活动，是"心里想的"，应是"有动之意，无动之形"，或"动之于未形"。

（2）人体窍位，就像针尖那么细、那么小，根据人体上下肢交感神经以及左右交叉对应和生克关系"以意导体""按窍运身"，可以说，"体"上的着意点小得不能再小了，这不但便于舒松，更能使人达到"内动不令人知"的境地。

（3）强调意念活动："按窍运身"，为的是思想集中，把太极气功练好。但是过于执着、拘泥也不成。譬如"内三合"，神与意只是呼应，并不是绝对（时时）一致。瞬间合上，迅即分开，所谓"神意不同处"。

（4）在意念的引导下练拳，应当活泼，不可呆滞。所谓"有意无意是真意"，练时要在阴阳之间、动静之间、虚实之间下功夫，方能渐趋上乘。

（5）最后还有一个"火候"问题，就是早了不行、晚了也不行。

因此，细想起来，王培生老师"按窍运身"的创见，应该是在继承传统的基础上长期积累和逐渐感悟的结果。此创见由成熟上升到系统理论，应该是在 20 世纪 90 年代开始的。他的有关论著和资料（录音、录像、门人历次课堂笔记等）足以说明这一点。比如预备式第三动"两腕前掤"，杨禹廷师爷在《太极拳各式动作解说》里是这样提示的："两掌指尖微松，两腕向前舒伸，两臂即自然前起，起至与肩平为度，宽与肩相齐；指尖松垂；意在两腕，体重与视线均不变。"

1981 年王培生老师在北京外国语学院的教学讲义和 1987 年与王辉璞师叔共同编著出版的《吴氏太极拳三十七式行功图解》以及 1987 年底、2002 年冬先后出版的王培生著《太极拳的健身和技击作用》《王培生吴式太极拳诠真》，1991 年在日本录制的光盘所讲内容，和 1993 年 6 月张耀忠整理出版的专著《吴式简化十六式》里所讲内容与杨师爷的传授说法虽不尽相同，但基本上大同小异。只是王培生老师更着重强调了意念和用法，并本着内、外三合的原则，有的地方说得更细致、更具体，强调得更突出些。

如上述"两腕前掤"这一动，王培生老师在教学初期，具体强调的是："用意念想两手指尖，使指尖关节先舒直，然后想手指肚，向手心靠拢。这时两手腕产生动力将两臂自然引向前上方平举，至手腕高与肩平，宽与肩等为止。重心与视线均不变，意在手掌心。"用法：自己手腕被对方攥着时，即将五指撮拢回收，使腕部向前突出贴对方的掌心（即一贴，一离。贴就是离，离就是贴），使对方身体重心倾斜而后仰跌出。后来他在教学中，表述得愈来愈细和愈来愈具体，以至直接具体到身体上的穴位。为便于学习和掌握得更精确，我与儿子陈易合共同根据王培生老师在《吴式太极拳中老年健身十六式》里的文字说明，参照老师历次讲课录音、录像和有关笔记，仔细梳理，将"两腕上掤"这一动作具体描述如下：

重心移到左腿时，意念转移到左臂。由松左肩开始，自肩井穴往下想坠左肘（由左曲池穴往外横划弧到少海穴），再往下到左手有反应时，两手指尖舒展伸直，左食指尖往下指一指地。意想指尖跟地面接触，然后中指尖（中冲穴）往回够手心（内劳宫穴），身体重心仍在左腿，右脚更虚。左臂放松有悠荡劲时，总想左中指尖往回够手心（中冲穴回够内劳宫穴），直到（大陵穴）催动左手腕（阳池穴）有往上提的劲，左腕向前、向上提起，右腕被动地跟着动，两臂自然向前上方抬起，起至高与肩平、宽与肩齐为度，两手指尖松垂。意念在手心（内劳宫穴）。

从这里不难看出，此时，王老师在传授行功时，已明确提到身体窍位和"按窍运身"。也就是说，"按窍运身"形成系统的理论，无疑是从传授《吴式太极拳中老年健身十六式》开始的。虽然他每次传授时，用语略有不同，在书里的文字表述上也不是尽善尽美，但基本上每一动，他都具体地提到"意想"某个穴位及其相关要求了，这是在他以前的教学和太极拳专著中很少（不是没有，而是很少如此频繁和突出）见到的。在这个教学阶段的后期，他经常做如下提示：中冲穴点风市穴。鼻尖对准大敦穴。尾闾穴指向照海穴。大敦穴按地。商阳穴托天。气冲穴贴冲门穴。夹脊穴与尾闾穴上下对正。阴陵泉穴相贴。曲池穴（往外横划弧）滚落到少海穴，肘尖（少海穴）往后下坠落贴地（肘要贴地行）。环跳穴落在脚跟（照海穴）上（松胯）。阳陵泉穴举上天空（过头维穴，提膝）。命门穴推肚脐往前凸出（呼），瘪小腹肚脐贴命门空（吸，胎吸）。十宣穴回够手心（内劳宫穴）催动手腕大陵穴透阳池穴（腕打）。脊背有力，能负重上百斤——左掌劳宫穴扶在左腿阳陵泉穴，右掌劳宫穴扶在右腿阴陵泉穴，或者左掌劳宫穴扶在左腿阴陵泉穴，右掌劳宫穴扶在右腿阳陵泉穴（龟缩力）。除此还有八法心意要诀："掤劲命门找环跳，捋劲食指划眉梢。挤劲夹脊找前脚，按劲凭栏望下瞧。采劲玄关（两眉之间）肩井合，捯劲意在蹬后脚。肘劲劳宫找肩井（手的劳宫穴与同一侧肩井穴相合），靠劲玉枕扛大包。"

"按窍运身"与"起势"

2012 年，我和儿子陈易合，共同策划，相互切磋、沟通，包括找资料，经过好几个月的时间，首先以王培生老师专著《吴式太极拳中老年健身十六式》为基础，并尽量参照、筛选王老师每次传授时那些比较准确、形象的语句，仔细梳理，好不容易才把"预备式、起势"（四动）和"揽雀尾"（八动），以及"太极拳推手运动的几种练习方法"顺下来了。（详见后文）当然，还不是十分理想。因为历次课堂上，王老师经常有些随感而发的更确切、更形象的词语，尚有遗漏。看来此事确如张全亮师哥所说，它是一项艰巨而又重大的研究课题。目前"宜粗不宜细"，必须"先重点后一般"。

杨老（禹廷）在其专著《太极拳动作解说》中谈道，"练太极拳，'意'很重要，整个拳的动作都要用'意'去引导和完成"，而且"最重要的是意念的部位愈小，就愈便于舒松，意念的变换愈细微，就愈觉意味深长、趣味浓厚"。王培生老师在教学中，提出"按窍运身"的用意方法（人体最小的部位莫过于"穴窍"），就是根据杨老的传授并结合自己多年实践所创。

所谓"意"，就是思想，由心发出。"心之官则思"，心可以支配行动。前人谓："全凭心意用功夫。"就是根据太极拳经、论、歌诀的要求，"势势存心揆用意"，并强调"意"的重要性，"凡此皆是意，不在外面"。

正因为太极拳的"形动"——举手投足，肢体的动作及其变化完全是"先在心，后在身""意气君来骨肉臣"，是由内达外、内里意气催动的结果，"绝非（单纯的）身子乱挪，手脚乱动"（吴公藻语），先贤根据此拳运动的特点，从理论的高度，强调"全凭心意用功夫"。

王培生老师认为，所谓"全凭心意用功夫"，即"有动之意无动之形"，或云"动之于未形"。例如在《吴式太极拳中老年健身十六式》收势里，王培生老师提示："想着'踏步'，外形并没有真踏"，"想着'往前走路'，外形并没有真的迈步往前走动。"这说的就是以内里"想"为主，不是以外形"动"为主，即所谓"意在形先"的"预动之势"。由于不断地想象，"静极生动"，即内里内气贯通以后催动外形，必然由内而外，结果有内有外，内外协调一致，从而出现了外面的"形动"——这才符合太极拳"以心行意，以意导气，以气运身"的要求。这是王老师谈到太极拳运动怎样用意的第一个特点。

预备式

"动哪儿，不想哪儿"，是太极拳用意念的第二个显著的特点。例如，起势时的第一动，左脚横移，动的是左脚，但却不是想左脚，而是想鼻子对准右脚大趾，上下垂直对正（而且要看到大脚趾趾甲后面的汗毛，即大敦穴。这一点十分重要，若专心致志，真看到了，意到气到，内气也就沉到脚下去了）；接着，尾骶骨对准右脚后根，眼睛向前平远视，并且逐渐

左脚横移

向右横扫过去，好像要从右侧方人群中找人，继而意想右手从小指开始，五个指端的延长线，好似船上的篙杆，顺序向右脚跟旁侧一尺开外的地上的一个意念点撑去。这时，左脚自然微抬、左脚大趾将会虚蹭着地，自动轻巧地向左横移过去。

用法：对方若用右手拉我左肩向右横拨，我则意想自己的右肩或右侧某个部位，对方就拨不动了。

"动之则分，分阴分阳"，是太极拳用意的第三个显著的特点。如鼻子对准右脚大趾，上下垂直对正，右脚底就一分两半，前脚掌为实（属阴），后脚掌为虚（属阳）；进而尾骶骨对准右脚跟后，变成右脚整个全脚为实（静），左脚整个全脚为虚（动）。因此，左脚就能动了：左脚将自动横移，但在大脑的控制下，只移到与肩同宽为度。这里顺便强调一下，离开"意念"不是太极，离开"阴阳"也不是太极。左脚横移，也叫"屈膝开步"。但开步时意念不想步（脚）。

左脚放平

起势的第二动左脚放平，脚怎么放平的呢？就外形上看，是左脚大趾、二趾、中趾、四趾、小趾、脚心、脚跟一一顺序着地放平，但意念不是放在左脚，或刻意去动左脚，而是想右手，从右手小指肚开始，至无名指指肚、中指指肚……直到大指指肚，依次往右脚跟旁侧地上一尺开外的那个意念点落下。此时左脚大趾、二趾、中趾、四趾、小趾也将一一落平；继而再意想右脚掌心、右脚掌跟先后往那个意念点落下，此时左脚心、左脚跟也将先后落平。左脚落平以后就什么都不要想了，把一切都忘掉，此时胸部会感到很舒服。虚其心、实其腹，故横膈膜以下特别稳固，横膈膜以上特别轻松。左脚落平只是短暂的一个停留，即重心的过渡，因为这时重心在两腿之间。

用法：此式与起势、预备式基本上相同，重心平均在两腿，都没有动作，所不同的是一为"两脚并立"，一为"两脚分开与肩同宽"。有的老师根据姿势的内涵——非阴非阳、亦阴亦阳、动分静合，称它为无极桩或太极势。在此基础上可以意想两脚如植地生根，也可以意想两脚如临深渊，如履薄冰，或如站在豆腐上，生怕把豆腐踩出水来等，用时绝不能脚下虚实不分，亦绝不能不灵活变化。

太极拳用意的第四个显著特点是"时间"问题，即"火候"。如起势的第三动两腕上掤和第四动两掌下採。两腕上掤的动作是手指回够手心（即十宣穴回够内劳宫穴），两腕向上抬起。若重心尚未完全转换到左脚时，两腕就向上抬起，就犯了双重之病。因为"时间"不对，"火候"不够。太极拳是随遇平衡，脚下只能有一个重心点。第二动两脚落平，两脚落平以后，只是一个过渡，因为此时重心尚未完全转换到

两腕上掤

左脚，意念应迅即从右脚跟旁侧地上的那个意念点，顺原路回到右手心，上行经右肘、右肩，并经过夹脊穴到左肩，再下行通过左肘到左手指梢外。（注意：重心在哪条腿，哪边的胳膊是"虚"，能动——笔者注）。随着意念由右臂的手、肘、肩经过夹脊穴到左臂的肩、肘、手游走，重心已完全转换到左脚。只有到这个时候，左手才能好似从左侧地上开始做回够手心的动作，两腕逐渐往上抬起，位置与肩平。这就是用意的"时间"与"火候"（也就是"度"）。而右手为辅手，也跟随着做同样的回够手心的动作，继而两腕往上抬起。

用法：自己的手腕若被对方攥住，只需五指撮拢回收，意想大陵穴透阳池穴，对方将后仰跌出；也可以意想用自己的内劳宫穴贴住对方的手心，贴上后立即与之离开，这样也能达到同样效果。

两腕往上抬起，应以与肩齐平为宜，若超过耳垂，力量就会到腰上，让人不舒服；力量如到脚后跟，人将往后仰。只有与肩齐平以后，人才会感到胸部特别舒服。这就是用意时必须要注意的那个"度"。此时意念在左手心（内劳宫穴）。

接下去第四动，两掌下採时，顶劲虚领，意念转向外劳宫穴（手背），手指有舒展之意，手心有突出之感，同时两手（左手为主，右手跟

两掌下採

随）、两小臂逐渐向下降，降到 45° 时（注意：这里也有一个度，超过 45° 再下降，就会压迫心口窝，让人不舒服），意念开始转到左曲池穴，意想左曲池穴到左少海穴，平直往后拉（拉之前，意念转向外劳宫穴后，手指舒展，十指指端的十宣穴延伸出去，意想在前方即对方身后确立一个念点，往后拉时不能忘掉身前那个意念点，这样才能维持自身的平衡和稳定——笔者注），感到自己的膝盖要弯曲的时候，意念转移到左肩井穴，一想左肩井穴欲与脚下左涌泉穴上下垂直对正，身体就会像坐电梯似的垂直下降。从外形上看，重心好像在两腿，实际上右脚是虚的，重心完全在左腿（也就是吴式太极拳形容的"三虚抱一实"——笔者注）。

用法：对方攥住我手腕想往后拽时，我随即将五指舒伸，松肩坠肘，目视对方身后那个意念点，肘尖向自己的后下方沉採（切记应"竖腰立顶"，不能弯腰撅臀），对方将立即应手前栽。此时两手张开，虎口圆撑，左右大指挨着左右风市穴，松胯提膝收小腹，尾骶骨朝前，眼睛平视前方，即"尾闾中正神贯顶，满身轻利顶头悬"。这是太极拳极其重要的一个架势[1]，在学习此势时，务必从头到脚反复仔细体悟。

---

① 意想顶劲虚领，头若悬珠，涵胸拔背，气聚神凝，腹内松静气势腾然，脚下好似踩在豆腐上，十分轻捷。

「按窍运身」与「揽雀尾」

关于王培生老师传授"揽雀尾"（共八动）的具体练法如下：

左抱七星（掤手）

起势的最后一动为"两掌下採"。

承上式，松腰，意想（有动之意，无动之形）命门穴找右环跳穴，尾骶骨与右脚跟上下对正；同时松左肩，坠左肘，左掌以大拇指肚引导，经地下向前上方抬起（实际上是左肩找右胯、左肘找右膝、左手找右脚，即外三合），至拇指与鼻尖对正为度，接着左掌微微向后翻转，掌心斜向内（即左少商穴对正右鼻孔），眼神从左大指上方向前平远视，这时重心完全移于右脚。右掌在左掌心向后翻转，于中指和无名指相贴时自动抬起，其中指尖贴近左臂弯处，掌心斜向左下方（这叫异性相吸，阳掌找阴掌）；继而坠右肘

左抱七星

（右肘找左膝，先合后分），左膝就欲往上起，接着再松右肩（右肩找左胯，也是先合后分，分时往右侧后上提），意在右肩。此时左腿将自动向前伸出，脚跟着地不着力，脚尖回够鼻尖（这叫"左抱七星"，也叫"左掤手"。七星，即北斗七星。头是紫微星，不动；头跟左肩、左肘、左手是"四颗方星"，也就是"勺儿"；左胯、左膝、左脚是斜三星，也是通常说的"勺把儿"）。右手、左腿为虚。虚者动，实者静，右手指肚跟左脚趾盖，要上下相合才能稳。历来很多前辈把"抱七星"当作太极拳的一个桩功——"川"字步桩来练。

注：凡是"意想"，都要精神专注，"有动之意，无动之形"，或云"动之于未形"。可运用五内心法——内想、内视、内听、内察、内息，发挥想象。想象愈具体愈好。

右掌打挤

承上式，松右肩，坠右肘，右掌向前推至掌心与左掌脉门相贴；左掌以小指引导而下落，肘尖即上移，以左臂平屈于胸前为度，左掌掌心向后，指尖朝右；右掌掌心向前，指尖朝天，食指指尖与鼻尖前后对正；同时左脚逐渐放平，左膝前弓；右腿胯、膝、足逐节往身后舒展开去，后（右）脚跟外展，后（右）脚掌虚悬松落地面，以后（右）脚掌将要离开又不离开地面为度，切忌后腿紧绷蹬直；体重在左腿；两眼从右食指上方向前作平远视；意在夹脊穴。

右掌打挤

注：屈膝（左膝）前弓，平送腰胯（两乳头跟两气冲穴四点垂直），夹脊穴往前脚面上落时，身形必须端正，手上不使力；再就是，打挤前，意想左手食指指梢延长线走一弧形，与自己的右眉梢相接，继而

"心意"又按原路返回，经左手食指指梢到左肘尖（这样一想，里面的气是圆的）；与此同时，还必须观照右掌与左小臂的交叉处与前脚（左脚）上下对正（也就是把前脚搁在两手十字交叉处的中间）。

右抱七星（掤手）

承上式，左掌不动，右掌掌根由左手脉门沿左大指边缘斜坡向上起，到右手背与眼睛相平，眼睛看右手食指商阳穴，以左脚脚跟为轴，脚前掌内扣45°，面向正西，随之尾骶骨顺着左脚后跟往下坐，右脚后跟虚起内旋；右手小指为轴大指外展，右掌心向左侧后翻转，中指和无名指相贴，右手大拇指少商穴对正鼻尖，实际上是右小臂外旋（阳掌变阴掌）；与此同时，左臂内旋，掌心斜向右下方（阴掌变阳掌），左手中指尖顺着右臂滑向右曲池（即贴近右臂弯处），继而坠左肘（左肘找右膝，先合后分，分时意想左肘从左曲池穴到左少海穴往左侧后下方坠落，右膝将有上起之意）；接着再松左肩（左肩找右胯，也是先合后分，分时意想左肩头往左侧后上提），意在左肩。这时右腿将自动向前伸出，脚跟着地不着力，脚尖回够鼻尖；眼神从右手大拇指上方向前作平远视；重心完全寄于右脚。

右抱七星之一

右抱七星之二

注：小臂外旋可以治便秘——尤其是对上了年纪的人。

左掌打挤

动作与第二动相同，只是左右肢相反，方向有别（此式面向正西）。重心在右腿，两眼从左手食指上方向前作平远视，意在夹脊。

左掌打挤

要点：必须注意，打挤时，夹脊往前脚面上落，两手并不使力，只是顺势往前荡出。因为此式的下一动是右掌回捋，所以王培生老师要求：在右掌往前荡出翻转向下的过程中，要先后有右手大拇指、食指、中指、无名指、小指指甲盖托天的意想（实际上这时的右掌，已经不知不觉在非常舒松的情况下完全翻转朝下了，但却不是有意为之）。

注：经云："意气换得灵，乃有圆活之趣。"一会儿意想指甲盖托天、迅即又意想……以及前面第二动右掌打挤前，要求先想左手食指指梢延长线走一弧形与自己的右眉梢相接，继而心意又……这些都是"意气"的变换，能产生虚实变化和圆活之趣；把左脚搁在两手十字交叉处的中间、平送腰胯、夹脊穴往前脚（左脚）面上落、眼神向前作平远视以及后（右）腿逐节往后舒直脚掌虚悬松落地面等，这都是为了使身体的间架结构合理，协调，阴阳对立统一，打出整劲。当然，将来熟练后，"体"的问题完全解决了，动之得法，就可以练什么扔什么，因为"过了河，无须再背着船了"。用时"一想就是"，以至"动就是法""不思而得，不勉而中"。

右掌回捋

第四动左掌打挤定势时：重心在右腿，右腿屈膝前弓，成右弓箭步；右掌掌心向下，左掌掌心向上，左手中指扶右腕脉门处，右臂向西北方向舒直，右手大拇指与右脚小趾上下成一直线，高与右耳垂平；意在右掌心，双目注视右手食指指尖。承上式，先意想右掌向前（朝西北方）延长出去一个手掌的长度；待感觉到后（左）腿有反应时，接着由右手小指引领，按先后顺序意想小指肚落地、无名指指肚落地、中指指肚落地、食指指肚落地、大拇指指肚落地，最后是右掌心落地，此时将会感到后脚掌完全

右掌回捋之一

落实于地面；继而意想坠右肘，从身后找左膝与左膝相合；松右肩从身后找左胯，与左胯相合；此时将会感到后（左）膝盖、后（左）胯、节节松落，重心逐渐后移，从（右）弓步变成（左）坐步；同时右掌自然而然地循外弧形线向左后下成斜坡式回捋，左掌中指仍扶腕随之；右肘贴近右肋旁时，意想右肘尖从右曲池到右少海向右侧后下坠落；腰向左后下松力（即微微往左后下转动）；右脚尖自动翘起；右掌心自动翻转向上（好似托着一块豆腐）；左掌心随之翻转向下；竖腰立顶，目视右手食指尖，意在右掌心。

右掌回捋之二

注：虚实变换——弓步变坐步，脚下阴阳的变化，必须严加注意，包括右掌的回捋，所有肢体动作及其变化，都是心静用意，以意为先，意动形随，内气催动外形的结果。也就是"顺乎自然求自然"。

右掌回捋之三

右掌前掤

承上式，右掌（好似托着一块豆腐）以食指引领，从右肋旁循内弧形线经左腹股沟气冲穴往左前上舒伸，高与左肩齐平，左掌中指始终扶右腕随之；在右掌从右肋往左肋移动的过程中，松腰落胯收小腹（好似让出道儿）的同时，仍需注意顶不能丢（切忌弯腰撅臀）；当右掌从左肋往上运行至左肩前时，右脚逐渐落平；继而眼神、右掌、腰胯随右膝屈膝前弓、整体一致往右前方移动，至右臂伸直，右掌小指与右脚小趾上下在一条直线上，高度与右肩齐平；重心在右脚，意在右掌心，眼神看右手食指尖。

右掌前掤之一

注：右手掌心朝上，不使力，从右肋循内弧形线往左前上舒伸，松腰落胯，意想左脚心（涌泉）松沉入地（犹如一滴墨汁

右掌前掤之二

落在宣纸上，向四面八方渗透开去，此时会有一种"气腾然"的感觉油然而生）。这也叫捋（捋，有上捋、下捋之分）。此式为上捋，手心朝上想往上去，但绝不能往上使力，王培生老师比喻其为"右掌（好似托着一块豆腐）以食指引领"，可想而知，此时手上并没有多大分量，关键是手与脚相合以后，脚立即主动与之分开，往下松落。另外，这里还暗含着有一肘。因左掌中指始终扶腕随之，在右掌从右肋往左前上舒伸的过程中，只需要左手中指移至右臂弯处，右小臂一屈，意想右内劳宫与右肩井相合，眼神一看，就是一肘。打肘绝不是外形上用肘去顶人家。首先必须竖腰立顶。其次是意想内劳宫穴与同一侧的肩井穴相合。再次是眼神必须同时顺着肘尖的方向看去。最后是：如果打右肘，在第一、第三两个条件都具备的情况下，若先意想右内劳宫与左肩井相合，就"空了"对方一下，如迅即意想右内劳宫与右肩井相合，将立即打出很强劲的肘劲。这就是虚实变化的一种效应。

右掌后掤

承上式，先意想右掌心从身后去与左脚心相合，继而坠右肘（右肘从身后去与左膝相合），松右肩（右肩从身后去与左胯相合）。此时将会感到后（左）脚腕、后（左）膝盖、后（左）胯、节节松落，身体向后坐，成左坐步式，右脚尖随之上扬，回够鼻尖，右脚跟虚沾地面；与此同时，右掌以食指引领向右后方划一圆弧，左掌随之，至右掌转到右耳旁、大拇指及中指与右眼角成一直线，眼神看右手食指指尖。重心在左脚，意在右掌掌心。

右掌后掤

注：外形动作是虎口张开的右仰掌，向右后方划一圆弧。经云："尾闾带胯肘，劲源自上手。"意在尾闾，以会阴为轴心旋转，尾闾划一小圈儿，带动右环

跳（胯）划一中圈儿，右肘尖（少海穴）划一大圈儿。三者一致，同时转动，手头上后掤的劲儿（也可以说是向后挂的一种劲儿）就出来了！

右掌前按

承上式（重心在左脚，意在右掌掌心，眼神看右手食指指尖）。松右肩（气到肘），坠右肘（气到腕），右手心一空（气到手），待右手大拇指落得跟右嘴角齐平，想一想右地仓穴，再想左地仓穴，意想右手大拇指从右地仓穴经左地仓穴往前追眼神，腰随之转动，右脚也将同时自扣，朝正南落平；继而屈膝略蹲，尾骶骨对正右后脚跟，松腰落胯往下坐，脊背后倚，右掌以大指引领自然向前按出。用王培生老师常说的话就是"坐一坐，靠一靠"。接着身、手、眼神整体一致同时向右微转，至右掌根与右脚尖上下相对为度。

注：右掌前按，绝不是右掌使力往前推，诀窍就在："坐一坐，靠一靠"。特别是"松腰落胯往下坐"以后，"脊背向后的倚靠"，实际上，这就是太极拳所崇尚的对立统一规律——"有上有下""有前有后""有左有右"以及"阴不离阳，阳不离阴""阴中有阳，阳中有阴"等不同于一般拳种的独特之处。另外，这一式的"右掌前按"，出掌的时候，一切都集中在右手大指肚上，感觉大指肚就是整个手掌，整个手掌就是大指肚，这也是值得留意的地方。

右掌前按之一　　右掌前按之二　　右掌前按之三　　右掌前按之四

「按窍运身」与推手的几种基本训练方法

单搭手法

甲乙双方对面站立，距离约两步远（也有的提示，右手握拳，相互抬起右臂，以拳面相贴为准）。起初，一般皆是先出右手，右臂抬起，两手腕背相贴，交叉相搭。

具体实作：松右肩、坠右肘、空右手心（肩松气到肘，肘坠气到手，然后再一空右手心，气到指梢），继而左掌往下一沉（好似秤砣，起"称劲"的作用），右手以大拇指引导，向上抬起与自己的鼻尖齐平；同时，双目注视前方，意想左右阴陵泉相贴，屈膝下蹲，左手垂放在左胯旁坐掌以称其势。接着坠左肘，右膝即有动意，再松左肩（先意想左肩井从前面划一个弧形要找右环跳，一找右环跳，右胯要往后边退，紧接着就意想左肩井与右环跳分开，并把左肩井往自己左肩的后上方一提），右脚就出去了，右脚跟着地不着力。脚尖上扬回够鼻尖；因为甲乙两人同时做功，都往前上了一步，所以双方两手腕背相贴，交叉相搭，眼神注视对方，意在右手掌心。这是单搭手法。

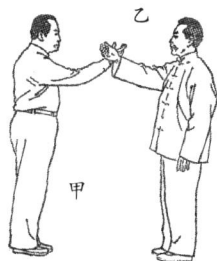

单搭手法之一　　　　单搭手法之二

双搭手法

起初，也是先作双搭手右式。开始与单搭手相同。

具体实作：松右肩、坠右肘、空右手心，继而左掌往下一沉，右手以大拇指引导，向上抬起与自己的鼻尖齐平，大指盖对准自己的鼻尖后，这是阳掌，接着阳掌变阴掌，先从右手食指肚开始，意想前面有个圆球，想抚摸那球的后面，接着意想右手中指、无名指、小指、再意想右手心也去抚摸那球的后面，意念一到手心，右手就逐渐转向朝内，右手大拇指指甲盖外侧少商穴对正自己的鼻尖，右手阳掌变阴掌（右手中指与无名指相贴）；这时，左掌是阳掌，异性相吸，阳找阴，左手将自动抬起，阴阳相合，这就叫太极；与此同时，意想两膝内侧相合（两阴陵泉相贴），身体自然屈膝下蹲；当左掌（阳掌）上升到左手中指扶到右曲池穴，即左中冲和右曲池穴相搭（即甲、乙双方各呈右抱七星状）时，继而意想左肘找右膝，先合后开，左肘往左后下一沉，右膝就有动意，这时再松左肩，先跟右胯合一下，合完了再开；

双搭手法之一　　　　双搭手法之二

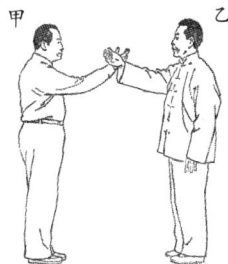

坠左肘，也是先合后开；右膝必然抬起，右脚自动迈出，脚跟着地，脚尖上扬回够鼻尖；因为甲乙两人同时做功，都往前上了一步，因此双方右手腕背相贴，交叉相搭，左手前移，各以左掌心沾扶对方的右臂弯处（即肘尖）。两人四臂相搭，手、肘四点相沾接，以两腕相搭处为圆心，共形成一个大圆，双方各占此圆的一半，即每人怀抱着一个小圆，呈现出太极阴阳鱼的图形。此即双搭手法。

沾黏劲操练法

推手以练沾黏劲为主，沾黏劲是锻炼神经末梢的灵敏性。起初，一般也是先出右手，作右单搭手式（右腕相搭）。

具体实作：当左手掌往后下一沉，右手（手心朝前）将会自动轻轻抬起（这会儿是阳掌，梢节不使力也有力），以右手大拇指指甲盖跟自己的鼻子对正为度（实际上也就是自己的大拇指指肚对正对方的鼻尖中线）。这是阳掌，继而阳掌变阴掌（即由刚变柔），右手大拇指指甲盖外侧少商穴对正自己的鼻子。这时，当你双目注视对方，意想右脚大脚趾往下使力，就会出掤劲，因为两人同时做功，甲乙双方手背即可相贴。而左手垂放在左胯旁，坐掌以称其势。右手背贴上以后，其间好似有穿钉拧上，而且位置固定住。甲方怎么动乙方也怎么动，始终不离开。如甲方上步前进使前胸与自己的手心相贴，刚一贴上就向后退步，乙方也做同样的动作。两人退时右臂尽量伸直，意念就在右手背（外劳宫穴），而且不得离开。这是前进后退，此外还有上步前进，当前胸与自己的手心相贴以后，横向往左一步迅即回到原位，或往右一步迅即回到原位，以及上步前进使前胸与自己的手心相贴后，刚一贴上就在原地蹲下迅即站起。需要特别强调的是：不管是前进后退，左右横移，蹲下立起，两人的手背始终不得离开。通过这种训练法，时间长了，初步的沾黏劲就操练出来了！一伸手，对方想走开都比较难。

单手平圆练习法

还是单搭手法，起初，一般也是出右手，右臂抬起，以右手大拇指指甲盖外侧少商穴对正自己的鼻尖为准，双目注视前方，左手垂放在左胯旁坐掌以称其势。继而意想两膝的阴陵泉相贴（身体就会微微下蹲），气就会沉入丹田（气一沉入丹田，手上与对方的接触点就会很小，而且像个球似的）。下面接着意念转移到左曲池，意想左曲池到左少海往后下一沉，右阳陵泉就起来了，跟压压板似的，左肘沉，右膝就起，接下来要出右步，右步怎么出？先意想左肩井从前面划一个弧形要找右环跳，一找右环跳，右胯要往后边退，紧接着就意想左肩井与右环跳分开，并把左肩井往自己左肩的后上方一提，右脚就出去了，右脚跟着地，但着地不着力。

双人对练时，甲乙两人不管谁进攻，谁退守，都不是（外形上）胳膊的屈伸。王培生老师要求前进的时候不能想手去，如甲抢占了先机，掤劲大，为进攻一方，右掌向前推乙时，绝不是用胳膊使力往前推，是双目注视前方，在脚下做功。顺序依次意想右脚跟着地、右脚心着地、右脚前掌着地，然后再意想右脚大趾、二趾……小趾顺序着地，虚悬后转，腰也跟着有个转动，右膝关节自动往前（这就是"踪之于膝"）屈膝前弓呈右弓步，继而意想鼻子尖儿好似钉子，往右脚大脚趾上一钉，会感到肚脐一收（一扁），实际是右脚心离地，左手心也一空（这叫吞），鼻尖、脚尖上下相对（谚云："三尖相照。"此乃屈膝前弓时，身形不偏不倚，中正安舒的一个标准。王培生老师提示：所谓脚尖，指的是脚大趾趾甲后，大敦穴与隐白穴齐平的那条横线，从这条横线到脚尖那一点距离，也就是往前发力的空间，超过了容易失去中定，被人所乘），接着命门往右环跳上一落（这叫吐），右手心一鼓，左脚心一鼓，肚脐一鼓，这样出来的是一种整劲；继而右手追眼神，自然会往对方胸前推去。

注：习练者通常易犯的毛病——屈膝前弓时，弓步不够度数；退身坐步时，坐步坐不足，特别是前进后退，身板儿偏斜而不能自知。王培

1. 单手平圆预备式单搭手

2. 甲右掌下按前推乙胸，乙屈右肱坐步后撤

3. 甲继续前推乙胸。乙向右转腰同时右手腕经左肩下循内环向右做平圆形运动以卸来力

4. 甲顿感到有失重之虞，立即收势后撤；乙则顺势前推甲胸

5. 甲重复乙的动作，屈右肱坐步后撤，乙继续前推甲胸。如此循环往复

生老师提示，前进后退，身板儿必须端正，俩肩窝、俩胯窝要齐平（杨式强调"平送腰胯"），所以屈膝前弓时，弓步要弓够度数，要求前腿小腹贴紧大腿根儿，"气冲"与"冲门"两穴相合，这时后腿节节贯串尽量往后舒直；退身坐步时，小脑必须与实腿的脚后跟上下对正，尾闾垂直向下，尾巴尖儿向前指向"照海穴"——在内踝骨下面（这也是身形不偏不倚，中正安舒的一个标准）；乙取守势，感到甲方推来，也绝不是使力硬顶或迅即屈胳膊躲闪，而是右臂仍然虚抱，内含掤劲（意想右手食指延长虚线呈一环形与自己的左眉梢相接），上面接触点不丢不顶，随着来势，意想自己的右手内劳宫欲摸自己的左肩井（也就是与对方意气相合，随着对方共同来推自己），同时更主要的是通过下面腰腿的舒展和往后坐步运化来力。在被对方推逼的过程中，只许扩大坐身的式子（即前

脚虚净，后步"坐足"，以容纳对方的推逼），接着马上意想右手外劳宫欲与自己的右肩井相合，彻底"顺势化开来力"，而不是"用力拨开来力"。这时乙就可由被动转为主动，甲则由主动变为被动。接下来，攻守双方互换，乙为进攻一方，也是双目注视前方，在脚下做功。顺序依次想右脚跟着地、右脚心着地、右脚前掌着地……屈膝前弓呈右弓步，继而意想鼻子尖儿找右膝盖尖儿、命门往右环跳上落。甲则由攻变守，同样不是用力与之相顶或逃脱，是与乙原先的动作相同，上面右臂虚抱，内含掤劲，接触点"不丢不顶"，意想"用自己的右手内劳宫欲摸自己的左肩井"，主要还是"在下面通过腰腿的运化"，顺势化开来力。

从外形上来看，甲按乙腕，（或乙按甲腕）向对方胸前推逼，乙（或甲）屈小臂手向怀内后撤，手腕划圆经左肩下向右运行至右胸骨前；继而乙按甲腕，（或甲按乙腕）向对方胸前推逼，两人如此循环往复平圆推揉，就叫单手平圆训练法。

如右势练完后，可换手换步练左势。具体方法：如甲按乙腕（或乙按甲腕），屈膝前弓呈右弓步，向对方胸前推逼时，同时吸左步（即"收后步"——意想左阴陵泉贴右阴陵泉），出左手（从右肘下往前伸出），右手循左手小臂上方，走下弧往自己右胯旁坐掌沉採，并坠右肘，松右肩，往左前方隅角上左步（左脚跟着地）呈左搭手式；乙（或甲）在对方弓步推逼，抽右手出左手时，自己在舒松腰腿和往后坐步运化的同时，也必须做相应的动作，一方面出左手（从右肘下往前伸出），右手循左手小臂上方，走下弧往自己右胯旁坐掌沉採，使左手与对方相搭，另一方面同时收回右步（意想右阴陵泉贴左阴陵泉），并往自己右侧后撤右步，先落脚前掌，再落脚心、脚后跟，逐渐顺序依次落平。左手与对方相搭时，接触点仍保持"不丢不顶"。

注：甲、乙双方左手向前推的方向，必须是先右后左；右手向前推的方向，必须是先左后右。其余动作一切皆与前面要求相同。另外进右步出右手，或进左步出左手，称为顺步搭手；而进右步出左手，或进左步出右手则称为拗步搭手。

单手立圆练习法

两人相对而立，顶劲虚领，松胯提膝，还是单搭手式。一般也是出

1. 单手立圆预备式

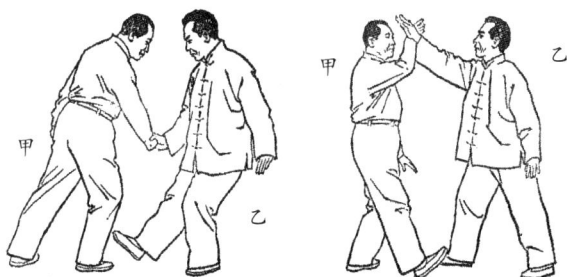

2. 乙以右掌缘下切甲腕，继而以右掌进击其面

3. 甲则顺势而动，往后坐身沉采乙腕并迅即向对方的腹部推去。也可以重复乙原先的动作进击其面，但那是由下而上反向划立圆

4. 乙顺势坐步，转腰叠胯化解来力。复呈前推势。如乙动作不变，仍以右掌进击甲面，则循环往复你来我往

右手，右臂抬起，右手大拇指指甲盖外侧少商穴对正自己的鼻尖，双目注视前方，左手垂放在左胯旁坐掌以称其势。继而意想两膝的阴陵泉相贴，身体自然下蹲，下面接着沉左肘、松左肩，出右步，右脚跟着地，右腕与对方相搭。甲蓄势敛身，先扩大左步的坐势，以右手掌缘下切乙腕（内含沉采的劲儿），先往自身左侧，再往自身的右侧，随即落右步，右掌从自己的右肋旁向乙面部进击；乙开始松肩坠肘顺势（落前步）而动，并随甲进击自己面部之时，复往后坐身，以右掌虎口欲与自己的右耳门相贴，接着右掌向右侧后划一小弧随即往下沉采甲腕，并从自己右肋旁迅即向对方腹部（实际上是想着对方的实腿）推去；甲则顺势坐步，意想右内劳宫穴欲摸自己的左胯，接着外劳宫穴欲与自己的右胯相合，转腰叠胯化解来力，引领乙右腕至甲右肋旁（复呈前推势）。这是由上而下顺势划立圆，如果呈前推势的甲，改由从下面直接向乙方腹部（实际上是实腿）推去；乙则顺势坐步，意想右内劳宫欲摸自己的左胯，接着外劳宫穴欲与自己的右胯相合，转腰叠胯化解来力，引领甲右腕至乙右肋旁，并在前推时改变方向，往对方面门击去，甲则重复乙原先的动作。这样你来我往，也可以由下而上反方向划立圆。

单人四正推手练习

四正是指东、南、西、北四个正的方向，掤南、捋北、挤东、按西。四个字是四种劲，也是四种感觉或意念。经云："掤捋挤按须认真，上下相随人难进。"要求一式一式，按"时时用意，处处贯串，阴阳变化、一气伸缩"的要求，一丝不苟做到位。此外，推手的规矩就是"方圆"，先求方，后求圆。这里面，一是开展，一是紧凑。练习之前先把四正给它固定，再求四个角度，这四个角度分别在左前上、右前下、左后上、右后下。

开始练时，面南背北站立，一般还是出右手，迈右步。右脚跟着地（着地不着力），左手抬起中指指尖扶到右曲池，左手大拇指指甲盖对正自己的心口窝，从上到下，呈右抱七星的状态。

单人四正推手练习的顺序为掤、挤、搋（逃）手托肘、捋、按、转腰圈掤，周而复始，循环不断。在单人练习的时候，要求无人似有人，就好像真有个对手在与自己推挽一样。对方的鼻子、眉攒、眉梢、肩、腰等位置在哪儿，心中应清清楚楚。

掤开始练时，呈右抱七星的状态。根据王培生老师要求，手去的时候不能想手去，都在脚下做功。竖腰立顶、松腰落胯，右脚松松落平，意想自己的命门（就是腰部右肾的左上角）往自己的右胯（环跳）上落，尾闾指向前脚右照海，屈膝前弓，即谚云："三尖相照"，同时阴掌变阳掌，右手大拇指指甲盖外侧少商穴对正自己的鼻子（如前所说，也就是自己的大指肚正对着对方的鼻尖——中线），眼神顺着自己右手食指的延长线，从对方的左眉攒到左眉梢以及左外侧后上，看过去；同时要意想自己左掌掌心（搋在对方的腰、胯上）也随着往前吐掌心；后腿（即左腿）胯、膝、足逐节往身后远处舒展开去（王培生老师曾打过一个比喻，后腿好似一杆很长的秤杆儿，不断把虚悬着的秤砣往后挪，将起到"秤砣虽小能压千斤"的作用）。这就是掤手。

掤的姿势到位了（个人练习）。下面接着就是挤，接上式，由于我出掤手，是进攻，对方必然以捋手来化解，也就是说，掤进捋退，对方将往后坐身，转腰叠胯在化解来力的同时，并向他的右侧也就是我的左前侧捋我，如果我不管不顾，继续掤他，脚下将会站立不稳，只有先顺势把他的捋劲卸了，才能采取下一步进攻的态势——就势打"挤"，因此在打"挤"之前，必须先意想自己右手食指梢头那一点"意"，不丢不顶，继续往前延伸，同时随伸随转，右掌以小指引导逐渐向下降落与右肘相平为度，接着最重要的是意想右手食指肚延长出去一条环形的虚线

四正推手单式练习之掤

与自己的左眉梢相接，用王培生老师的话说就
是："意想右手食指肚要摸自己的左眉梢。"因
为不是外形的动作，只是一种想象，所以无形
中，右手食指肚与自己的左眉梢之间形成一条
看不见的环形虚线（实际上，这样，能使自己
身体里面的气圆了，也就是使自己变整了），这
时的"意想"是先从右手食指肚划弧到左眉梢，
接上以后，"意"又循原路从左眉梢回到右手食
指肚，为的是对方要捋我的手。指梢这点东西
就是诱饵，诀窍就在一来一回，我变整了，让
对方觉得有东西可捋，他必然采取行动，接着
我又一去，依次松开中指、无名指、小指，同
时把眼神放出去，让对方感到无限远，他就捋

四正推手单式练习之挤

空了，这时我再把眼神收回，往正前方看去，鼻尖找膝盖尖，上下对正，
手指朝上，左手脉门贴住右曲池（要像三角焊铁似的，牢牢焊住），再意
想夹脊往脚面上落（发力全凭这一点），就是"夹脊找前脚"。

切记：千万不要接触对方时，还想使点劲儿，惦记着把对方推出去，
那样反而不起作用，意想只需关注与对方接触的两个接触点，落在脚的
两侧，与脚形成三角形。如果手偏一点，就把脚挪一挪。挪动也不要太
大，稍微一点就行。对方有时松力，你还是对准他，脚朝着他，意想夹
脊往脚面上一落，与眼神一合就得。重心在右脚，意在夹脊。眼神放出
去，在前面。

下面是捋。捋之前有个"掏（逃）手托肘"。掏（逃）手托肘具体练
法是，右掌以小指引导向前下方落，把右手小指比作钉子，意想右手小
指指肚往右脚大趾趾甲上钉，钉了一下，继而意想右手大指也是钉子，
往右脚小趾趾甲上钉，接着右手大指离开右脚小趾往前下运行，右手小
手指朝天，同时左脚往后舒展，然后大指小指翻转，手心朝上，意想手
心托起自己的后脚。个人单练时，必须专心致志，切实感到右手托起自

四正推手单式练习之挒

己的后脚，后脚（左）完全虚了，力道才足（双人对推时，看上去右掌托的是对方的左肘，心里想的和眼睛看的却是对方的右肩，好像要把对方整体掀翻似的），这一托就叫掤（逃）手托肘（意想欲把对方"掀"翻）。而后，迅即落（左）步开始练下一式挒（掤进挒退，挒手是守势，是化解）。具体练法是，用自己左手的食指指肚摸自己的右眉梢，摸上以后立即离开（不是手动），用眼睛想看自己的左手食指指肚，身体将自动微微退身，距离指肚约 10 厘米，继而想着眼睛看着左手食指指肚从右眉梢欲摸自己的右眉攒，接着又往前（外）翻转左手，左小臂外旋，左手食指指肚从右眉攒旋转朝外，变换为左手指指甲盖对正左眉攒（此处要特别注意），阴阳变化全在这一点，能不能把对方挒出去也全在这一点变化。使左手食指指肚朝正前方，左手食指指甲盖对正自己的左眉攒，这时重心已逐渐转换到左腿，右脚全虚了，眼睛看着左手食指指甲盖从左眉攒往自己的左眉梢划去，以把自己

四正推手单式练习之按

的右手自动带起为宜，带到右手中指指尖跟左手大指指尖成水平，两手的距离为 10 厘米，也就是一掌宽为度。现在要注意的是，这左指甲盖不离开左眉梢，左眉梢也不离开左指甲盖，接着当左食指指甲盖儿，从左眉梢往左侧后划去，左眉梢、眼神、左右手，包括整个躯干都随之追去。这就是挒。

下面是按，按是步法不变，重心仍在左腿，眼神从左手食指转移到右手食指，同时两掌距离不变，松肩坠肘，两掌随着身子自动向下降落向右转动，至正前方（正南）时，两臂微屈掌心均向下，横于胸前，左掌与膻中相平，右

手略高于肚脐，眼睛要看右手食指的外侧，入地三尺深，如凭栏下望状。意在膻中穴。

单人练习，下接右手圈掤，继而左掌打挤、右掌掏（逃）手托肘、坐步左捋以及转腰右按，周而复始，如此循环往复。练够数了，再换方向。

双人定步四正推手练习

双人定步四正推手练习有几点提示如下：

（1）四正定步推手要求步伐不动，而手法做你掤、我捋、你挤、我按的往复变化，正因为它是训练敏感和攻守应用有效的途径，所以流行最为广泛。

（2）由于单人练习四正推手，是按双人合练的需要编排的，所以动作顺序，则是掤、挤、捋、按，循环往复，周而复始。

（3）双人四正推手对练，分而言之，若甲抢占了先机，走在头里，则是（甲）弓步打掤，（乙）退步捋化；接着（甲）屈肱打挤；（乙）则（向右）转身下按。简而言之，就是：甲掤乙捋、甲挤乙按，接着攻守互换，乙掤甲捋、乙挤甲按，如此周而复始。也就是在相互打轮的一个回合当中：前一半，甲走了掤、挤，乙走了捋、按；后一半，攻守互换，乙转守为攻，走了掤、挤，甲走了捋、按。

不过要注意的是：首先，在打轮的每一个回合中，开始"甲挤乙按"以后，甲左臂肘、腕部被乙按着，为解决身体有前倾之虞，甲必须顺势松开右手轻扶乙之左肘部，意想乙之右肩头，使其成为斜坡状态，此动称为"掏（逃）手托肘"；其次，乙在由右往左打"按"以后，面临甲采取"掏（逃）手托肘"的动作时，如继续下按对方，自己将有被对方掀起的危险，根据舍己从人的原则，乙必须立即以两手向自己的左前上方分做弧线运行，掤化甲之掀力。此动称为"转腰圈掤"（左圈掤）——这是前半个轮；继而，后半个轮甲、乙攻守互换；乙掤、挤，甲捋、按。

所不同的是"乙挤甲按"以后，乙右臂肘、腕部被甲按着，为解决身体有前倾之虞，这里乙顺势松开的是左手，并用左手轻扶甲之右肘部，意想甲之左肩头；还有，在后半个轮中，因甲的按势是由左往右下按的，两手在右侧，所以走"转腰圈掤"时，两手是从自己的"右侧"往右前上方运行的（右圈掤）。因此，双人对练四正手打轮，只有如此，顺势借力，你来我往，方能循环往复，周而复始。

此外，双人对练时，甲乙两人对面而立，因是双搭手，比单搭手双人互推画的圈子要小些，故两人距离应稍近些，相距约两步；至于身法、出手、出步、心静用意等还是按照"动哪儿，不想哪儿"的要领，基本可参照单人练习和单搭手互推的要求；再有，通常也是先从顺步（出右手，出右步）开始，做双搭手右式（即各呈右抱七星状）。从总体来看，甲乙两人从上到下都呈右抱七星的状态。只不过在单人练习的时候，要求无人似有人；在做定步四正手时，面前不是虚拟的对手，而是个具体的大活人，要求有人似无人；右手腕与对方的右手腕相贴，左掌心与对方的肘尖沾接。两人手、肘四点相沾接，呈现出太极阴阳鱼的图形，各占一半。还有，两人搭手时，各含掤劲，都在想抢占太极先机——以右手大指肚对正对方的鼻尖——中线，食指指尖指向对方的左眉攒。如甲走在头里（即甲抢先对准乙），显出掤劲大，乙就不能继续使掤，那样就顶了。

双人定步四正推手的具体操作：

（1）甲乙两人相对站立，起初，一般也是先出右手；做双搭手右式，如甲抢占先机，掤劲走在头里，乙即屈膝后坐，屈两臂，肘下坠，两手顺势分揽甲之右臂肘、腕部，向怀内右侧上方将化。此为甲掤乙将（亦即甲弓步前掤，乙坐步将化）推手。

（2）紧接着，甲趁势平屈右肱，堵其双腕，并以左手扶在自己的右小臂内侧以助长向乙胸前排挤的效果，此为甲屈肘打挤；乙当甲打挤时，腰微左转，双手趁势下按甲之左臂肘、腕部，使其力量不能上达己身，此为甲挤乙按（亦即甲屈肘打挤，乙向左转腰下按）推手。

预备式　　　　　　　　甲掤乙捋之一　　　　　甲掤乙捋之二

甲挤乙按之一　　　　　　　　甲挤乙按之二

（3）甲左臂肘、腕部被乙按着，为解决身体有前倾之虞，甲必须顺势松开右手轻扶乙之左肘部，意想乙之右肩头，使其成为斜坡状态，此动作称为"掏（逃）手托肘"。

（4）乙面临甲采取"掏（逃）手托肘"的动作时，如继续下按对方，自己将有被对方掀起的危险。根据舍己从人的原则，必须立即以两手向自己的左前上方，分做弧线运行，掤化甲之掀力，此动称为"转腰圈掤"（左圈掤），也是乙转守为攻的开始。

（5）乙出掤劲，甲则顺势往后坐步，以捋法化之。

（6）乙随甲坐步捋化，紧接着趁势平屈左肱，堵其双腕，并以右手扶在自己的左小臂内侧以助长向甲胸前排挤的效果，此为乙屈肘打挤；甲双手趁势下按乙之右臂肘、腕部，腰微右转，使其力量不能上达己身，此为乙挤甲按推手。

甲逃手托肘　　　　　　　　　乙转腰圈掤

（7）乙右臂肘、腕部被甲按着，乙则顺势松开左手轻扶甲之右肘部，意想乙之左肩头，使其成为斜坡状态，亦即以"（逃）掤手托肘"来对应。

（8）甲面临乙的"掤（逃）手托肘"，则顺势转腰圈掤（右圈掤）既化解对方之掤力，同时又转守为攻，回到原先的攻防关系：即甲掤乙捋，甲挤乙按。如此循环往复，周而复始，不断攻防互换。然后换手练习。

注：双人对练时，只要求逐渐放长身手互相推逼，在被逼时只许扩大坐身的式子（即前脚虚步，后腿屈膝略蹲，以容纳对方的推逼，然后顺势化开，不许用力拨开），必须到被逼得实在化不开的时候，才允许被逼者顺势退步，如果半步够了就只退半步，不许多退，在这进退过程中，始终要保持与对方的接触点不要脱离开（即始终贯彻"沾黏连随"的原则）。照这样练长了，沾黏劲儿也就练出来了。有了功夫以后，再练折叠法（加大肘和腰的活动范围）、大捋等，进一步增大腰腿的功夫。总之，在这之后，才能开始问劲。另外，还要抱着"道之所存，师之所存""教学相长，互利共赢"的态度，跟三种人（水平比自己高的、跟自己水平不相上下的、水平比自己差的）练推手。不要目光短浅，自视甚高，看不起比自己差的人，其实帮助别人就是帮助自己，独乐乐不如众乐乐。

妙不可言的「头融天，脚融地，胸融空」

2013 年 7 月 13 日，我和我的家人来到珍贝大厦鸣生亮健康科技公司，有幸跟大家一道，聆听张全亮师哥如数家珍，漫谈太极文化之道。

很有意思的是，我虽比张全亮师哥大 10 岁，接触武术和进入吴式太极拳著名武术家王培生老师门下却几乎是前后脚，他是我所了解的师兄弟当中佼佼者里比较突出的一位。他有很多思想和观点，不但能引起我强烈的共鸣，而且也给予我很多启迪和帮助。因此，我从心底里一直对他比较敬重。长期以来，不管是直接的，还是间接的，我都默默地学习着他的论著，关注着他的言论和活动，并从中吸取到很多精髓，在做人和习拳两方面都受到很深的教益！比如，他谈到练拳时往那儿一站，要求"头融天，脚融地，胸融空"。

大家有幸跟他学拳，因为经常听，可能并不觉得有什么出奇之处，可是当我从他编写的《王培生传吴

张全亮师哥（中）与笔者及家人合影

式太极刀》这本书里看到了这句话，觉得他对身体上中下三盘选用了"融为一体"的那个"融"字，实在称得上精到、妙绝！

"拳术之道，尤宜先立基础，故初学，以桩法为始"，这是传奇色彩很浓的武术大家薛颠在他的专著《象形拳法真诠》里谈到的。他认为："形意拳的三体式，就是形意拳、象形拳的根本桩法"；"三体式是天、地、人，头颈为天，腿脚为地，天地生人。所以练拳先要摆正头颈和腿脚，如此才能蕴养五脏，端正脊椎"。而且还特别强调："无论行止坐卧，务要使脊柱正直无曲……道经云：'尾闾中正神贯顶，气透三关入泥丸'。此姿势宜常保守，不但练时为然，无论何时何地，勿忘却此法"，因为"脊柱中正才能练精化气"，等等。

联想到 20 世纪 60 年代中期，我跟吴老（图南）学拳，开始学定势时，他说头若"悬珠"，特别要求顶劲虚领，必须注意下巴颏儿微收，目平视，头顶百会处，似有绳系着微微上提，但切不可刻意上顶，以免意重造成颈项强直的毛病，故曰"虚领"。能如是，头面也就自然中正，面容端庄，神凝于耳了。又如拳论云："虚领顶劲，气沉丹田"。若仅有虚领顶劲，而没有气沉丹田，即患上重下轻之弊。至于"腿脚"，吴老在"定势"的第一式"太极势"中，要求松腰圆裆，松胯松膝，脚掌平铺于地，劲气松落涌泉。练拳时他不但要求手上不要用力，脚上亦复如是。有人说："手不擎风，脚不沾尘"，这种比喻十分恰当。

又如：我跟意拳名家姚宗勋老师学拳时，往那一站，他就提示我要像休息似的立在那里，"休息似的"意指"身上要放松"；"立在那里"，意指"松而不懈"。视线往前看，比平视略高些，眼前景物既要尽收眼底，又要似有若无。并且上下要协调，力量不能扎在自己的腿上，如果感到腿上有力，可以设想身体被降落伞吊着，下面随风悠来悠去（上不能上，下不能下），或者设想下身犹如置于水中，随其漂浮。后来又提示我站在那里，意念中要有"顶天立地""占满宇宙空间"的感觉……最后达到天人合一忘我的境地。关于头顶部位的要求，他谈到拳谚中有两句话：一句是"顶上如绳系"，另一句话是"顶上力空悬（身如绳吊系）"。这两句话是一而二、二而一，实际上是强调"介乎有无之间"，也就是要求"以神领起一身之气"；至于脚下，有一位意拳练家曾谈到，设想脚跟处有很多蚂蚁，千万不能把脚下的蚂蚁踩死了。

王培生老师生前也经常要求门儿里从学者认真体悟太极桩功的要领："脚踏黄泉，顶贴天，周身舒展，手要绵。""脚踏黄泉"，指的是两脚不是踩在地面上，而是站在假想中那种虚幻存在的"阴间"的路面上，"阴间"究竟有多大？多深？在哪儿？谁也说不清。只是一种感觉。"顶贴天"，天，指人世间头顶上方，可望而不可即的高空。为什么不说头"顶"天，而说顶"贴"天，因为这一字之差，区别很大。后者符合"形不破体，力不出尖儿"的要求。就好像八段锦中"两手托天理三焦"这句话，王培生老师认为，两手举起以后，不能真的去"托"天，否则将会感到胸腹不畅，只有意想两手要去"够"天，胸腹才会感觉到松快不堵；此处如能通过假想、导引，切实做到头顶百会与天相贴，脚下涌泉与地下虚幻的路面融为一体，周身顿时舒松，整个人必然有一种通天贯地、顶天立地的感觉。

再联想起 1976 年初秋，听到的汪永泉前辈那句名言"我站在那儿就是一把撑开的伞"，体会就更真切了。

举了这么多例子，都是说的"往那儿一站，从头到脚周身的正确要求和感觉"。可以说，没有一位前辈说得不对，他们毫无保留，说的都是真髓、窍要，但张全亮师哥通过自己刻苦揣摩，勇于探索，在前人传授的基础上又概述出"头融天，脚融地，胸融空"这样一句话，言简意赅，一下子就把我们带进了中国传统文化力求达到的"太虚与我同体，万物与我同根""天人合一"的那种境界。我特感兴趣的是这句话当中"融为一体"的那个"融"字，正如前面我打心底称赞它精到、妙绝一样，如嚼橄榄，如品茗茶。愈琢磨愈有味，真是妙不可言！

关于「先想后做」

　　《太极拳解》和《太极十三势行功歌》里有这样两句话："先在心，后在身""意气君来骨肉臣"。说的是太极拳运动的特点——"以心行气，以气运身"——心、身、内、外的先后主从的关系。张全亮师哥在传授吴式三十七式太极拳时，提示学员每一式都要"先想后做"，就是本着太极拳运动的上述机制，用大白话强调练习太极拳不单纯是肢体动作的比比画画，"式式存心揆用意"，要养成静心用意的习惯。

　　张全亮师哥提示"先想后做"，说得更直白些，就是强调"意在形先"。所谓"意"，就是想念。清代中医巨著《医宗金鉴》里谈道："意者，心神之机，动而未形之谓也。"意思是，"意"产生在形体未动之前。人无论做什么事，行动前必须先有意，打太极拳更是如此。一招一式无不是"以心行意，以意导气，以气运身"，节节贯串，循环往复，直到整趟架子结束。有人说："拳是有形的意，意是无形的拳。"练拳

在王培生恩师诞辰 95 周年推手大会间歇，和张全亮师哥促膝谈心

时，先想后做，意在形先，也就是先由意动，继而内动，接着气动，最后形动，周身一家。完整一气。当然，这说的是高级阶段，不是初学者一下子就能达到的境界。初学者，不少人行拳时，形和意往往存在着不同程度的脱节现象，因为练习者此时内气尚不充盈，还不能完全做到使内气随意畅达全身。因此有经验的明师，根据"招熟渐悟懂劲"的原则，虽强调"先想后做，意在形先"（这个"想"字，即内里心意的活动，起初，想的一般也只是一式一式动作的起止、路线、衔接，包括位置的高低、幅度的大小），但教的还是"先形后意"，这是学拳的必要步骤，否则皮之不存，毛将焉附。何况这种"动作思维"的过程，已经是"以意导体"，用意的第一步了。继而，通过老师督促从学者，循规蹈矩，日复一日的锻炼，内气不断充盈，全身之四体百脉周流通畅，从而达到"意动形随""形随意动"了，这时，方才算是进入太极拳之门。三丰祖师云："学太极拳为入道之基，入道以养心定性、聚气敛神为主，故习此拳亦须

如此。若心不能安，性即扰之，气不能聚，神必乱之。心性不相接，神气不相交，则全身之四体百脉，莫不尽死，虽依势作用，法无效也。"真正的明师，一定都是尊奉这个道理强调"先想后做""以意为先"，并用各自的表述和方法，一步一步引领从学者，循序渐进，迈向太极之道的坦途的！

　　具体如孙禄堂传授孙式太极拳披身伏虎学时，具体要求：接上动，"两手同时一气着往下、往回拉，拉时之情形，如同拉着一有轮之重物，拉着非易亦非难之神气，身子又徐徐往上起，头亦有往上顶的形式，身子虽然往上起，而内中之气仍然往下沉注于丹田，所以拳要顺中有逆，逆中有顺，身子往上起为顺，气往下沉则为逆矣。""又（三通背学）两手再从前边，如揪虎尾之意，徐徐落在两胯里根。左足于两手往回揪落时，同时亦往回撤，撤至足后根在右足当中约二三寸处落下，足尖着地。身子于两手往回揪时，亦徐徐往上起，头要往上顶。身子虽然起直，两腿总要有点弯屈之形。腹内之气仍要缩回丹田，腰仍要往下塌住劲。一切之伸、缩、顶、塌、揪等等之劲，亦皆是用意，不要用拙力。"仅以"缩"字为例，孙禄堂在"右通臂掌"中是这样描述的："……两肩里根并两胯里根亦同时极力虚空着往里收缩，收缩之理，喻地之四围皆高，当中有一无底深穴，四面之水，皆收缩于穴中之意。"这是多么生动、形象的比喻呀！试想，习练者，如能精神专注，用心体悟、怎能不在"寂然不动感而遂通"之中，加深对太极拳"阴非道、阳非道，道在阴阳之间"的理解与体悟呢？

　　吴图南老师认为："太极拳的奥妙就是一切以意为之。能如是，则将体会到其大无外，其小无内；放之则弥六合，卷之藏于密；大小由之之乐趣。其变化犹如孙悟空的金箍棒，说大可以是定海神针，说小可以比绣花针还小，能放进耳朵眼里去。"这些既是无形无象、地地道道的真功夫，又是通过看不见、摸不着、无形的"假想"，年复一年、日复一日刻苦修炼出来的。

理应珍爱真正的「非遗」传承人

此次我与张全亮师哥小聚，不但加深了对他的了解和认识，更增加了对他的仰慕和关爱之情。论做人和习武，人际关系之好，社会活动之多，奉献精神之大，武术论著之丰，以及理论修养、功夫造诣、实战经验等，汇集一身，在同门师兄弟当中不说绝无仅有，也是屈指可数的。

他为两位恩师操办的纪念大会及大会发言，有口皆碑，充分体现了他尊师重道的品德；他对武林各路拳友及同门师兄弟包括晚辈从不自视甚高，傲视于人。无论对谁，他总是平等相待，尊重有加。

这次见面他嘱咐我要注意养生，我非常感谢，确实到了应该注意养生的时候了。2012 年中华浑圆功的恩师王安平提示我："惟有健康能长寿，静练无为作理念。"老师的意思，"无为"不是无作为，而是"有所为，有所不为"。实际上，其道理跟吴式太极拳恩师王培生经常强调的"顺其自然求自然"有异曲同工之妙。

我与张全亮师哥的弟子杨森在通话中谈到有些心疼师兄。对于这样一位有德之人，一位心存大爱、效仿先贤、愿意把自己所知道的"非物质文化遗产"无私奉献出来与世人分享的人，理当受到人们的敬重和关爱，期盼有幸经常与他接触的同志们，时刻能想到他的年纪，关照他的身体，使他不要过分劳累，一方面是因为年岁不饶人，何况人的精力、体力是有限的，张全亮师哥终归是进入耄耋之年的人了，不能事无巨细，时时处处都一马当先，身处第一线；应该养精蓄锐，把有限的精力用在刀刃上。另一方面，也是至关重要的一点，对于不懂太极拳之道的人，如不是十分痴迷太极的好苗子，无须通过比试使其信服，强求他改变认识。吴老（图南）说得好："天下没有第一拳，也没有天下第一人。"强中更有强中手，能人背后有能人。万一有个闪失，那就毫无价值了。

我们老师王培生生性耿直、率真，性烈如火，为人处世直来直去，不会拐弯抹角，用我师爷的话说，就是"不知圆通"。年轻时逞强好胜，爱较真儿，比如武学理论上的事，常与人争论，按我师爷的意思："对武学的认识，阶段感非常强，你没有达到那个层次，就不可能有那种感觉和体会。有些事怎么讲也讲不明白，如果他还没有练到那个层次，不必

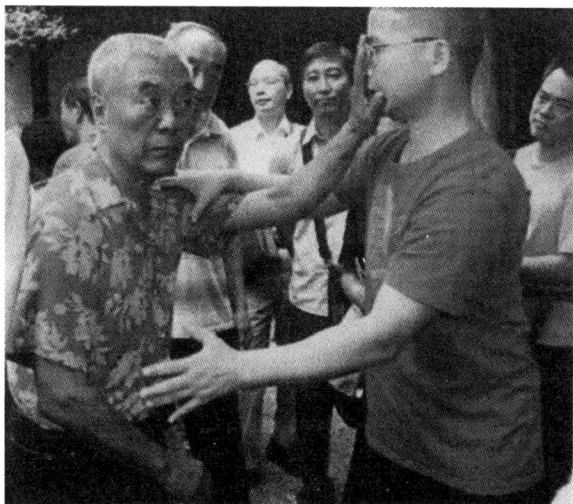

进入耄耋之年的全亮师哥心存大爱，经常跑东跑西，在许多场合无私地为太极拳爱好者传授"非物质文化遗产"

加以争辩，就先让他糊涂着吧，等他练到那个地步，其理自明，用不着我们争辩他就信服了。"可是我们王培生老师，不管不顾，谁说不信，就马上试试。晚年的时候——2001 年 8 月 27 日，他在家里举行了一次拜师会（徒孙王洪鄂收徒），却语重心长地对徒再孙提出要求和期望："希望你们记住我的话，不要好斗逞强，爱与人比试，'不信，就比试比试'，这不对，学习太极拳首先要加强品德的修养……"（参 2001 年 8 月 27 日中国太极网消息，周荔裳文）。当然，张全亮师哥不是一个爱争强好胜的人，他纯属好心，是帮助别人理解太极拳之道，即便如此，也得权衡利弊和价值。上次随函发去一篇题为《太极拳爱好者的追求：大道耶，末技耶？！》的文章，文中主要阐述了有关的观点，仅供参考，不当之处望指正！

恩师王培生箴言撮要

——纪念恩师王培生先生逝世十周年

恩师王培生离开我们转眼已十余年了！他的音容笑貌、言谈举止，时刻萦回脑际！特别是，当我翻阅老师的专著、观看老师的教学录像时，更加深了对老师及其传承的认识和思念！

20 世纪末，王培生老师上大课开场白，经常爱说的一句话就是："今天和大家结缘来了。"细想起来，世间人们相互交往、结成某种关系，确实都不是无缘无故的，冥冥之中，似乎都有某种因素在起作用，兴许这就是恩师所说的一种缘分吧！此生，我接触过好些位武术名家前辈，不能不说这都是一种幸运和缘分。就说学练太极拳吧，由于一些客观的原因，我虽然不是吴式太极拳协会的成员，但我曾有幸跟杨禹廷、马岳梁前辈有过接触和请益，并跟徐致一、吴图南、刘晚苍、王培生等名家前辈学习过，其中时间最长、缘分最深的要数吴图南老师和王培生老师了！

那一阵练拳之余闲谈，常听高瑞周老师的弟子白

在纪念王培生老师诞辰 95 周年大会上发言

王培生老师在香山跟我讲拳理的奥妙之处

玉玺、张旭初、马金龙、尹朋考等以敬佩的口吻提到，他们四叔王培生老师（高老师的盟兄弟，行四）是吴式太极拳杨禹廷前辈门下太极推手五虎将之一，年轻时就独立执教，功夫如何如何，虽然心中也十分仰慕，但一直未曾见过面。直到1978年冬，我对太极拳日渐痴迷，加之高老师逝世后，自己正处在东奔西走、上下求索之中，听说王培生老师要从东北回来探亲，于是立即与拳友相约，到金奖胡同11号登门拜望，聆听教诲。尔后，直到20世纪70年代末，王培生老师落实政策回到了北京，并先后在一些单位办班授拳。在跟班学习的过程中，我随后也与友人在外国语学院筹组了十几个人，开创了一个新的学习点，请王培生老师在那里传授吴式简化三十七式太极拳、太极剑、乾坤戊己功等。

　　接触中，越来越感到王培生老师确实是一位不可多得的名师。他武学渊博、内功深厚、见多识广、经验丰富。特别是为人爱憎分明、刚直不阿，崇尚武德，诲人不倦。半个多世纪以来，无论是在动荡时期，还是在改革开放的经济大潮中，他都能本色不改，不畏权势、不流于世俗，

前排坐者为王培生，其身后站立者为王洪鄂

陈易合与师父王洪鄂合影

不把武术当商品，专心致力于武学研究，并辛勤奔走在多个文化单位，执着于吴式太极拳的传授和普及工作。

我崇拜王培生老师的武艺，更敬重王培生老师的为人。作为一名业余太极拳的爱好者，我和老伴万世莲都是王培生老师的入室弟子，后来我儿子陈易合（陈刚）拜在了王培生老师再传弟子王洪鄂的门下，成了王培生老师的徒再孙。那场拜师会，他老人家特地对我儿子说："你父亲跟我学了二十多年拳，你母亲也是我的入室弟子，现在他们又把你送进门里来，为什么？不要辜负你父母的一片苦心。你在法国学习，如果有机会，在那里要好好弘扬中国传统文化太极拳。"

1984年4月下旬，北京市武协和培生什刹海体校接待美国太极拳访华代表团一行16人，接待人员有北京市武协秘书长范宝云，武术家王培生、雷慕尼。畅谈到最后，范宝云请王培生老师跟他们推推手。头一个上来的美国人，个子比王培生老师高一个头，还没有打轮呢，上来就想突然袭击，他手一到，王培生老师并没有挨着他，眼神朝他一看，这人就仰面倒地往后轱辘打滚（据王培生老师讲，遇上个头比自己大的，绝不能胆怯，要有"会当凌绝顶，一览众山小"的气概——眼前的一切只不过是小石头块儿、小土疙瘩而已——一照面，气势就罩住他了，前人讲："彼力方挨我皮毛，我意已入彼骨里。"）。此时范宝云秘书长连忙走过来劝阻说："王老师不要摔他们。"美国访华团团长过来却说："没有关系，没有关系。"后来再推，就没有放倒他们。他们一碰，就像触电似的东倒西歪站立不稳，他们觉得十分奇怪。有的第二次再试，就不敢使大劲儿了，嘘嘘呼呼的（不敢硬碰），但王培生老师一随，他们又跑不了，都觉得挺有意思，直说："凡来古得！凡来古得！（Very good! Very good!）"（参《王培生偕师弟毕远达同门录》，张耀忠整理接待美国太极拳访华代表团谈话纪要）。这个例子主要是从"用"的角度说明"太极拳与其说是'肢体的运动'，不如说是'心意的锻炼'的特点"。

20 世纪 90 年代中期，他与徒孙鲁盛利在美国讲推手，有一次上来一个身高两米开外的非洲裔美国人。王培生老师告诉我："他身高两米开外，我觉得自己四米多还比他高一头，就是'会当凌绝顶，一览众山小'的那种心态。此人一见我的气势，开始有些犯怵，接着我往前一欺身，步随身换，身随步走，虚虚实实，迫使他立即做出反应，他哪知道太极技法能知机造势、顺势借力啊，结果摔得他蒙头转向，事后直说不知道怎么挨的摔。"

对我个人来讲，使我终生难忘的是，听拳友老商（开乾）说：有一次，他和王培生老师闲聊，问及拳龄较长的师兄弟们的功夫情况。提到我时，老师说："惠良这些年懂的东西不少，致命的弱点是形太大，着相了（指内心动作的外部显现形态，很显眼）！太极拳要求无形无相，浑身透空……"我听后特别赞同，感觉老师说得太对了，一下子点到了我的要害。我是个话剧演员，演了四十多年舞台剧，讲话总爱提高嗓门，动作、表情也比生活里要夸张一些，生怕观众听不清楚、看不明白，他说我致命的弱点，实际上就是我的职业习惯。也正由于这一点，老师既盼望我能改掉这个毛病，可又明白这个毛病是我在几十年的工作中养成的，绝不是一句话、一下子所能改掉的。他在考虑寻找恰当的时机和运用恰当的方法点拨我。联想到 20 世纪 90 年代，我在电视剧《戚继光》

中扮演反一号人物严嵩的干儿子赵文华，剧中给这个大坏蛋式的人物篇幅很多，方方面面展现得很充分，全剧二十多集，老师每天都在看。有一天正赶上我到他家，他见到我，侧着脸，突然用一种说不出是褒是贬，用很重的语气说了"赵、文、华"三个字！从他的态度和表情，我能感觉到，老师看了我参加拍摄的电视剧《戚继光》，而且也接受了我塑造的艺术形象——赵文华，演得真坏！但在赞扬中，又透露着某种"不满意"，很长一段时间我不理解。后来才弄明白他的意思："演戏需要形象鲜明，练拳不能这样，需要无形无象，不显眼。"感谢拳友老商适时地把老师的看法和期盼告诉我，使我立即有了明确的努力方向，这就是：演戏是演戏，练拳是练拳，不能用演戏的方法来练拳！俗话说：胜人者，智。胜己者，强。要想有所进步，就必须敢于面对现实，承认自己的缺失之处，做一个能够超越自我的强者！

2004 年 9 月，王培生恩师谢世后，有不少追忆他的文章，其中恩师家人和张全亮师哥在恩师逝世一周年大会上的发言《家父名状》和《著名武术家王培生先生的成功之路》给我印象最深，启迪也最大。

1997 年 9 月，张全亮师哥为其入门弟子写的门规师训，恩师王培生看到后"甚喜甚慰"，认为"正合我教诲之意"，故嘱家人刊于吴式太极拳王培生支系的《同门录》之中，"纳为我吴式太极拳新时期之门规师训，晓与门人，广传谨守"。

在王培生恩师逝世一周年大会题为《著名武术家王培生先生的成功之路》的发言中，张全亮师哥对老师高尚的品德、传承的特点、成功的道路、贡献的意义等方方面面都有全面透彻的分析，尤其是谈到恩师 20 世纪 60 年代初身处逆境，难以自由练拳的那段经历时特别强调：这十余年"他的武功不但没有荒废，反而更上一层楼，不断向更高的层次发展。什么原因呢，是他在原先的基础上，很快地适应了已经变化了的情况，以处惊不恐、处冤不怒、处逆不馁、逆中求顺的太极心态和用老庄哲学指导自己驾驭了所面临的处境，变'外练'为'内练'的结果"。这段经历，用王培生老师自己的话说，就是"过去几十年都是以'练'为主，这十几年是以'想'为主，也受益匪浅"。张全亮师哥还详细记述了恩师是如何"想"拳的："专心地认真回想过去所师从的各位武林前辈练拳的神姿、技击的绝招、拳理的奥妙、拳法的精华，每天都像过电影一样，反复回想，反复揣摩，用心梳理总结……进而达到了不练自练的高级境界。他以太极拳的阴阳哲理为主线，把数十年来所学的各家拳技进行比较、筛选、提炼、升华，然后像穿珍珠一样，把它们串起来，像蜜蜂酿蜜一样把各派多彩多姿的精华糅为一体，融会贯通。"

在王培生恩师孩子的发言《家父名状》中，有一段话——"家父常语我等曰：凡练法唯三则，中正其身，空洞其心，真诚其念。"这段话非常重要，也特能印证张全亮师哥的上述剖析。谈到真诚其念的"念"字，恩师认为："即意之不断，心即主宰内外者。意之不断在于心静，心静后身能中定。用心想以意做 [①]，真想真做，全凭心意用功夫。以致心不求其成而自成，意不思其得而自得。譬如用手取物，常存'取之不尽'之意，故曰：'常取。'取者不真取 [②]，若真取之，则是行动而不是思想，即意之断续也。所谓心不想之想为真想，意不做之做为真做。心意所至，无障无碍，皆顺其自然而作。"我体会，练功到一定的阶段，就必须仔细深研恩师讲的这三点（首先是身法，其次是心法以及由虚静、空无达到较高层次的纯以神行），否则难以提高。前人所谓"全凭心意用功夫"不是没道理的。什么叫全凭心意用功夫？即有动之意无动之形，或云："动之于未形"，而且是"意之不断"，也就是说，练功必须是"先想后做"，但是有了一定的基础以后，以"想"为主，还是以练（形）为主，其间不同的阶段又大有讲究，而且方法也多种多样，据说杨禹廷师爷有六种练拳的方法，最后一种站着或者坐着，纹丝不动都能练完一趟拳。王培生老师74岁接受《中国日报》（英文版）记者采访时说："到我这年纪，每天锻炼身体并不重要，做些太极静功就可以了。"（言下之意变"外练"为"内练"，以"想"为主了）再如，王培生老师晚年在十六式收势里提示：

---

① 注意不是以形做。
② 指有动之意，无动之形，或动之于未形。

"想着踏步外形并没有真踏。想着走路，实际上外形并没动。"都是说的同一个道理。

所有这些（包括乾坤戊己功和数百则治病小功法），我认为都是王培生老师留给我们的宝贵财富，值得后继者们仔细深研、体悟！

体悟走架与推手

太极拳是身心兼修、体用兼备的内家拳术。盘拳架是练体，学推手是应用。郑曼青前辈概述得好：「论致用，必先于体上着力，体为本。」

当前太极拳推手运动的现状与思考
——写在北京奥运胜利闭幕之际

　　北京奥运，已胜利闭幕，美满地圆了中国人民百年梦想。在这次奥运上，中华武术，作为特设项目，进行了比赛，并取得巨大成功，给举国欢腾的国人增添了不少快慰。但此次中华武术毕竟没被列为奥运正式比赛项目，令人心里总还是有些不是滋味，很自然地促使了人们进行反思。于是我开始策划并执笔，随后请怀木同志提提意见把把关，就有了如下这篇文章。

　　细想起来，武术至今难进奥运，尽管原因是多方面的，但归根结底，恐怕主要还是由于我们自身的工作没有做到位所致。

　　有这样一则发人深思的资料：2003 年在东京召开国际武术联合会，当时日本正举行全国太极拳比赛，当参加会议的中国代表团步入体育场时，全场起立，"奥运·太极！太极·奥运！"的呼声此起彼伏，他们认为："太极拳与西方体育运动形式区别最大，特点最为突出，是流传范围最为广泛的武术项目。"据不完全统计，全球参加太极拳运动的人数，已超过 8000 万人，太极拳已成为响当当、最具影响力的国际体育品牌。他们还认为："太极拳是最能代表中华民族体育进入奥运会的项目。"但当我方代表团有人说："太极拳很难评判"时，日本友人则回应："怎么比，是你们中国人的事！"是啊，说得多中肯啊！太极拳源于中国，怎么比，难道还要问人家吗？

就拿太极拳推手比赛来说吧，自 1982 年 11 月正式出台亮相以来，一届又一届，办了多少次，可从一些报道来看，问题知多少啊！

参赛运动员不单纯是练太极拳的，不少人没有太极拳基础，更谈不上经过严格的太极拳推手传统基本方法训练。有的毫不掩饰地说，我没练过太极推手，我是练柔道的，有人说我是练摔跤的，也有的是练举重的。为了适应参赛要求，他们当中有的临阵擦枪，突击学上十天半个月的太极拳套路，因此一上场，做了上面的动作，往往忘了下面的动作，只好看别人怎么做，亦步亦趋，依样画葫芦，惹得全场（包括裁判在内）哄堂大笑。但尽管如此，也超过了 8 分，获得了参赛权。比赛规定，两人一搭手，要先打三个轮，据 1987 年报道说："比赛已进行了 5 年，打轮上从来没有统一过。相当一部分运动员，在打轮上统一不起来。有的一搭手，打完轮或不等打完轮就猛向前推。"又据 1999 年杭州太极拳推手赛报道，打轮互顶不让不说，也没有进退，"轮"是在"顶牛"中非常吃力地完成的。开展二十多年来，名之曰太极拳推手比赛，实际上名不副实，不是"顶牛"就是"推小车"。后来又出现了"抱摔"现象。此外，据了解，不少裁判不会太极拳，更不会推手；比赛规则还有不少问题，有些条条框框限制了太极拳技艺的发挥。

当然，国家体育总局推出太极拳推手项目的前前后后，为了传统武术能从民族地域走向国际舞台——其间举办过 1982 年 12 月被称为"吹响了武术向世界进军号角"的第一次全国武术工作会议——以务实的工作态度，年复一年、不遗余力地进行了卓有成效的推广工作，直到北京申奥成功，为武术进入奥运、走向世界创造了契机。可以说，国家体育总局及其下属各有关方面费心尽力，做了大量艰苦细致的工作，成绩的突出是有目共睹的。就说太极拳推手比赛这件事，事前，中国武协曾组织有关专家制定了太极拳推手比赛规则。但是，在历届比赛实践过程中，又出现了难以克服的顶牛现象——一搭手就顶牛，跟相扑似的，体现不了太极推手的特点——针对这种情况，武协又组织专家进行专题研究。但终因没有找到根本的解决办法，才把推手比赛停搁了下来。即便如此，主管部门也并没有停止研究和探索。据武术管理部门一位领导同志介绍："可喜的是，多种以太极推手为基础衍生出的推手比赛，相继展开实践和组织比赛。2004 年我们在设计武术功力比赛项目时，制定了桩上徒搏项目（就是把推手放到 50 厘米的桩上，进行比赛），随后，佛山的一批武术传习者把桩变为砖，再把砖变为砖样的木板，以便可以装入书包，便于携带，被称为佛山推手。在佛山的一个健身俱乐部里，还开展了'垫上推手'（练习者站在 50 厘米厚的海绵垫上进行推手）。郑州市一个健身俱乐部也把推手比赛作为一项主要活动。他们制定竞赛规则，研制比赛擂台和专门的练习比赛服装……"看到这些，我们由衷地感叹，所有参与研究、探索的人们，他们的良好愿望及所付出的辛劳，都是毋庸置疑的。但，原先由于顶牛现象而被停搁下来的太极拳推手比赛，为什么就没有一抓到底，研究下去呢？难道真的就找不到根本解决的办法了吗？

记得 1992 年，也就是太极拳推手比赛运动出台将近 10 周年之际，杨式太极拳在四川的开拓者李雅轩的传人张义敬先生，曾对太极拳对抗赛发展过程中出现的许多问题，一针见血地发表过一篇题为"太极拳的沉思"的文章（见同年 2 月《武术健身》）。文中谈道："太极拳和其他任何拳种在内容上大相径庭，它不仅可以作为一种'体育运动'，更是一种'智育运动'，或者称为'意气的运动'。'意气君来骨肉臣'，拳经上明明提示骨肉是次要的，意气是太极拳的主要内容。如果真要提倡弘扬太极拳，就应该承认它的特殊性，承认它的与众不同，但是近几十年来，我们在太极拳上的成就之一就是有学不完的套路，只见形式而不知其内容，强调外形动作的规范化，而不考虑怎样以太极拳的内功内容作为规范化的标准，这就只能使太极拳滑向一般体育运动和外家拳的轨道，太极拳遂名存实亡。"文章作者还对太极拳推手比赛名不副实的情况做了无情的剖析:"太极拳推手比赛名不副实……原因究竟在哪里?治病必求其本,值得我们三思,尤其值得主事者深思。"文章的作者认为"推手是求懂劲——懂劲是太极拳在技击上的独到之处……而懂劲有水平高低的不同,推手可分胜负,也就可以比赛,从历届的比赛看,反而使推手倒退到斗力、顶牛或向摔跤靠近了。说明太极拳推手没有突出太极推手的特点"。文章作者接着说:"比赛推手就是比赛懂劲,真懂劲了,就可以化劲,发劲应付裕如了,在学习的时候,先学化劲后学发劲,在比赛的时候,化劲与发劲就不一定那么了了分明,可能是先化后发,也可能化就是发,功夫越高,化发的行迹越小,甚至可能使裁判为难……因此,只好讲发劲的效果,看将对方发出去多远,这才是推手成绩的标准所在。"

张义敬先生算得上是真正的太极拳行家里手,他一语中的,击中了问题的要害。当然,我们武术界在这个问题上,同声相应,同气相求的爱好者、专家为数还是不少的。1999 年夏,《精武》杂志刊登了梁氏八卦掌、吴式太极拳著名武术家张全亮先生撰写的题为"从 '99 全国太极拳赛看推手"这篇类似调查报告的文章,也同样入木三分,发人深省。文章的核心内容是,太极拳推手的发展,要在传统的基础上,不能失去传统太极推手的特点。他把传统太极推手的特点粗略归纳为以下五点:"第一,沾连黏随,不丢不顶;第二,以柔克刚,后发制人;第三,引进落空,合力发人;第四,轻灵巧妙,用意不用力;第五,中正安舒,圆转自如。"他认为:"现在不少参赛运动员根本没有经过传统太极推手的训练,竞赛中习惯生推、硬抢、强别等招法,虽然能使对方倒地或出围,但让人看了不舒服,而且更多的是失去了太极拳的意蕴。"他在"太极推手之我见"的这个小标题下,尖锐地指出:"太极拳运动的发展,为什么不能尽如人意,主要是'以力服人'的指导思想长期在一些运动员和教练员的头脑中占据一定的位置。有些教练员、运动员不注重用传统太极拳理论和训练方法来指导自己的实践,在选拔运动员、培养运动员的指导思想和方法上,存在着偏见,致使太极拳偏离了正确的轨道。"他建议:

"要从各方面包括指导思想、训练方法、裁判规则等保证太极拳运动本着'宁输力不输理'的原则，沿着正确道路健康发展。否则强化力的训练、强化招法的训练，那就从根本上违背了太极拳的宗旨，把太极拳推手引向了死胡同。"

上述两篇文章鞭辟入里，言简意赅。然而多年以来，尽管类似的反映和呼声从未中断过，但时至今日，仍未引起各级武术管理部门领导的足够重视和应有反响。

谈到这，不禁使我们联想到前不久看到的一些学术研究论文，是围绕着"传统武术、现代武术、竞技武术"的问题，从中西体育文化的发展及其相互关系的高度上来谈的。有文章说，"竞技武术是中西体育文化碰撞与融合的产物，是在传统武术的基础上吸取西方竞技体育先进体育文明因素不断发展变化的结果"；"西方体育运动的思想，正在促进着武术的改良，现代武术的发展是近一个世纪的事情，竞技武术的形成，更是建立在全面西化的基础上的"；"传统太极推手是讲究'沾连黏随，不丢不顶'，在圆活的运动中，运用各种太极技法，以求获胜，而竞技推手是在规则的制约下，斗智较力，其目的是为了获胜而非娱乐欣赏。顶牛现象实属难免，这是太极推手竞技过程中的正常现象"。该文的作者还认为"散打和太极推手是按照现代体育的要求，对传统武术、散打和太极推手的发展，他们是中西融合的产物"。

我们静下心来，反复思索着上面这些论述，百思不得其解。毋庸讳言，传统武术有精华，也有糟粕，优劣并存。在西方体育文化影响和促进下，武术发展到今天，特别是要走向世界、与奥运接轨，对其进行适当的改良，是历史发展的必然。但是不是一定要"全面西化"，甚至为了适应西方竞技体育的规则，不惜抛弃中华民族传统体育项目自身的文化特色呢？

从我们上面引用的学术论文里，显而易见可以看到，所谓"竞技推手"实际上就是被异化了的"传统太极推手"。有武术家称此为"武术运动发展特定时期出现的畸形和怪胎现象。因为传统太极推手的风格特点，在这里已荡然无存，现行竞技推手的突出之处，即是'按照现代体育运动的要求'，在规则的制约下'斗智较力'"，研究者解释说："为了达到获胜的目的，顶牛现象实属难免，这是太极推手竞技过程中的正常现象。"这种背离太极拳这一特有拳种的根本原理和基本要求，徒有太极之名，而无太极之实。美其名曰"中西融合的产物"的斗智较力，国人并不陌生，它不就是数年前，因找不到顶牛现象的根本解决办法，而停搁下来的当今太极拳推手比赛运动的现状吗？实践证明，它一路走来，嘘声不断。外行人不愿看，认为"不如看摔跤、柔道、拳击过瘾"；内行人嗤之以鼻，认为"这不是太极推手，而是一种不伦不类的较力运动"。按说，对这种严酷的现实，哪能"视而不见，听而不闻"，要不怎么会突然停搁下来了呢？据我们所知，曾任中国武协主席的一位领导同志在合肥全国武术工作会议上，谈到武术和太极拳比赛无观众时，也公开承认："中国武术走进了死胡同。"其实，问题的关键不就是在于我们对此事持有什么样的认识和发展理念吗？

国务院学位委员会体育专科委员、著名武术家（九段）、上海体院教授邱丕相教授在上海十届五次政协会议上，心情激愤地说："武术在今天，主要是作为一种体育运动形式存在，但往往忽略了老祖宗留给我们的这一份珍贵的文化遗产，忽略了对它的文化内涵和教育功能的认识……武术常常被作为一种简单的体育项目，如同篮球、田径一样。没有把武术作为具有中国特色的民族体育项目，淡化了武术的文化内涵。"他认为，武术界"一直没有整合出一套适应奥运、适应学校、适应大众的模式和体系，单纯地沿用了竞技武术的模式"。他义正词严地指出："我们从不拒绝外来文化，却不能忽视自己民族的文化，丢弃自己民族的传统。"（《中华武术》2007 年 3 月）邱丕相教授这番话，有助于我们厘清一些糊涂理念，提高我们对武术事业如何发展的认识。

有人认为太极推手持巧不持力、不是争强斗狠，在沾连黏随、舍己从人的你来我往中，伺机顺势，借力取胜，形式比较儒雅斯文，所以把它比作"文斗"和"君子之间的较技"。无怪乎，慧眼识金的徐才同志积极倡导要搞（太极）推手，他认为"（太极）推手比赛，更具中国武术对抗风格"。

国内有识之士的真知灼见，就不一一列举了，试问，就连外国人也盛赞"太极推手与西方体育运动形式区别最大，特点最为突出"，作为炎黄子孙，我们有什么理由不珍惜老祖宗留下的这份宝贵的民族文化遗产，竟然要"全盘西化"甚至为适应西方体育竞赛规则，宁愿舍弃自己民族文化传统特色呢？

这种类似古代郑人买鞋"削足适履"的做法，实在让人难以苟同。这些理论研究者忘记了"越是民族的，越是国际的"，"国际性寓于民族性之中"这一基本定律。相比之下，看到电视访谈栏目，影视巨星成龙谈起他当年闯荡好莱坞的往事，就很受启迪。他讲："香港功夫片与西方动作打斗电影有很大的差异，起初，我打的东西他们不喜欢……那时我每次去好莱坞，要飞六个小时，往往只谈上几分钟就完事，后来情况好转。"成龙说："他们主动要找我拍戏，开始，自己有一种儿童报复心理，哪怕我远在非洲，也让他们飞过来与我商谈。"接着成龙有些自责地说："后来我感到不该这样，已经时过境迁，物是人非了，太小孩子气了。"（观众报以热烈的掌声和哄笑）当问及好莱坞和西方影坛接纳了他，是谁改变了谁时，成龙怀着高度的文化自信深情地说："我是一个中国人，中国给我的东西太多了，我全部的事，就是按自己的认识去做，我没有因为他们改变了我，是我改变了他们。（指没有放弃自己的特长，去适应西方的打斗方式和审美情趣——笔者注）（观众热烈鼓掌）……我不管到哪都喜欢穿着唐装，因为我感到中国文化很强、很强……我搞的 T 恤衫，上面有英文，还印着中国字'龙'字，这边有和平鸽，就是希望中西文化融合起来。"成龙这一段"并非如烟"的往事，是多么令人回味无穷啊！做一件有意义的事，如果自己都没弄明白，不知道要珍视什么，怎么可能把事情做好，又怎么可能期盼别人明白和积极响应呢？古人早就告诫我们："不能以其昏昏，使人昭昭。"

结合上述对武术界存在问题的剖析看，中西体育文化在精神层面上的融合，还有待进一步沟通、深化，仅从竞赛规则和参赛项目特点上的矛盾冲突就足以说明，中华武术及中华武术的首选太极拳目前进奥运的准备还不熟。我们必须正视上述事实，坚持科学发展观和以人为本的精神，加强对武术文化的研究、宣传和弘扬，特别是要加大、加快对武术各参赛项目特点的研究，找出它们在竞赛中的可比性和量化标准，以便调整与竞赛规则、评判标准等方面的矛盾和关系，并争取各国人民的认同。

我所认知的太极拳走架与推手

　　2014 年 5 月 10 日和 9 月 13 日，笔者先后两次到北京紫竹院友贤山馆参加北京吴式太极拳协会举办的学习研讨太极拳推手活动。与会者约百十号人，会上门内精英王乃相、张全亮、金满良、王洪鄂、关振军、刘庆奎等人都做了精彩的表演，有的边实作边侧重从不同的角度进行讲解，令人兴味盎然。根据两次参加学习活动的体会，我深深感到"太极拳走架与推手"关系十分密切。北京吴式太极拳协会第一任会长刘晚苍老师在 20 世纪 70 年代末曾与刘石樵合作撰写了一本专著《太极拳走架与推手》，书中详细讲述了"太极拳法既不是单纯走架，也不是单纯推手而能求得的。太极拳术的造诣必须是在走架与推手紧密结合中才能获得"。他们甚至认为从"学以致用、体用兼备"的角度讲，"练时无人若有人，用时有人若无人"，概而言之："走架即是打手，打手即是走架。"

　　不但刘晚苍持上述观点，他的继任者——北京吴

吴式太极拳推手大会合影，摄于 2014 年 5 月 10 日

式太极拳协会第二任会长、我的老师王培生也同样认为，"太极拳的'走架与推手'是一个整体的两个方面。练拳架系锻炼身心以为体，学推手乃是通过对练磨炼感觉的灵敏以致用。太极拳的功夫是长期在架子里练出来的"。正因为如此，"拳架练到一定的程度，才有条件学推手，否则没有一定的基础，'推手'就根本不可能学好"。杨式太极拳前辈郑曼青说得好："论致用，必先于体上着力，体为本。"反之也一样，光练拳不学推手，等于学了"半拉拳"。因为"学拳架练的是'知己之功'，学推手练的是'知彼之功'"。俗云："知己知彼，百战不殆。"所以拳架子练到一定程度，就必须学推手才全面，才算是"体用兼备"。而且通过推手互练，不但可以检验练架子时的指导理念是否正确，同时也是"体用兼备"和"身心兼修"进一步的修持和深化。"身"，指的是体，姿势是否正确，运动时身体内、外、上、下各部位是否符合要求；"心"，指的是"心性修养"。比如太极拳强调"用意不用力""不丢不顶""舍己从人"等从思想上是否力求能做到。有没有争强好胜、怕输想赢、心浮气躁、自视甚高等心性修养差的表现。

　　1963 年，我随吴鉴泉先生的高足徐致一先生习拳，因我对太极推手

在武术家白玉玺先生收徒仪式上合影，2008 年摄于北京山西大厦。前排正中二位为白玉玺夫妇，右一为门惠丰教授，左一为笔者

有着浓厚的兴趣，他主要对我讲解太极拳推手为演习应敌之用，只是太极拳训练过程中学习听劲、懂劲的一个必要的途径和阶段，不是太极拳的打法。它专练感觉，主化不主攻，并严格按照不丢不顶、舍己从人的要领，手把手教我从基础入手，在单搭手画平圆、走立圆时，仔细体悟，出手与对方相搭，手头上不仅要表现出毫无侵犯之意（连眼神看哪儿都有讲究），而且在对方推来时，接触之处要以静制动，既不能有丝毫的抵抗之意，也不能躲闪逃脱，必须在整个人保持自身平衡稳定的状态下，不先不后，用腰胯的变化来顺应对方的进逼。那时，我怎么动都感觉欠妥，不像徐老师教白玉玺师哥那样顺当，教套路的同时就一式一式剖析其着法，教推手时就在你来我往中，细讲内里意气和劲道的阴阳变化之妙。白玉玺师哥他们一听就懂、一教就会，而我不但觉得"学得非常吃力"，而且也深感老师"教得十分费劲"，原因就是基础差，"体"的问题还没有解决好，条件尚不完全具备。

想起 20 世纪 70 年代中期，有幸结识王兆基师叔，他整趟架子是杨老一式一式"看"出来的，基础扎实，"体"的问题解决得好。所以，他行功走架时神舒体静、身上松透了，不能摸，不能按，一摸自己脚下发浮，一按就被反弹出去。

往深里讲就不得不再次提及三丰祖师的《学太极拳须敛神聚气论》这篇百余字的短文，内涵极丰：它涉及"拳以载道""拳与道合"的问题。"拳"与"道"两者之间，乃是一种"象于外而藏于内"的表里、本末的关系。不管太极拳是文练还是武练，其最终目的都是透过表象而深究其本，即"求道""悟道""证道"，乃是身心兼修，特别是心性的一种修为。如用太极先哲李道子在《授秘歌》中精辟的表述即是"尽性立命"。它不但锻炼人的体魄，而更主要的是不断修炼着人的灵魂。正如金庸先生所说："练太极拳，练的主要不是拳脚的功夫，而是头脑中、心灵中的功夫。"又说："最高境界的太极拳，乃是修养一种冲淡平和的人生境界。"总之，对习练者来说，道与拳，此两者既不能本末倒置，更不能舍本逐末。

向王兆基师叔请教"用意不用力""不丢不顶"。他认为，常人的习惯，遇到来力，手头上不是出力顶抗，就是把手缩回，要不就在下面做文章，把重心从前挪到后，或者索性就边抗边退，身体一点一点往自己后腿上坐。所有这些都不对！因为，后退时自己给自己的后腿不断层层加码，增加压力，把体重扎死在后腿上。一旦遇上大力，在超负荷的情况下，也还是必倒无疑。这种与对方拼气力耗体能的方式也不符合太极拳的要求。用郝少如的话说："两腿虚实必须分清，虚非全然无力，着地实点，要有腾挪之势。腾挪者，即虚脚与胸有相系相吸之意，实非全然占煞，精神贯于实股，支柱全身，要有上提之意。"他边说边比试，我感到：第一，他不是单纯地把重心从前挪到后，一味往后腿上坐；第二，后退时，他是在动，但不是一般的往后退，而是感到他从下往上有一股有前有后的涨力反弹过来，使进攻一方有站立不稳、不敢继续使力之感。

王兆基师叔认为，练拳时，举手投足，处处都应该松净自然，不能有任何使用拙力的地方，这样全身才能符合要求。怎样才能使"周身俱要轻灵"起来呢？前人在《十三势歌诀》中早有提示："尾闾正中神贯顶，满身轻利顶头悬。"他特别强调，因为"其根在脚……形于手指"，手是听命于脚的，它只能待命而行，不能自作主张，脚有什么感觉，手就有什么感觉。此外，太极拳强调"其根在脚"，是要求能够接上地力，底盘稳固，再就是符合"脚下松力气血行"的机制，做到"根起根落"。出手根（脚下）、中（腰间）、梢（手头），回来梢（手头）、中（腰间）、根（脚下）。所以有的前辈讲：化、打、拿、发，就在脚下起落之间。但尽管如此，统帅"脚下"变化的还是"心"，从根本上讲，一切又都是按照"先在心，后在身""意气君来骨肉臣"的规律磨炼自己，改变自己通常的行为习惯的。

理有未穷，知有不尽

——看「闫芳推手的视频」有感

网上看到"闫芳推手的视频"以后，最初的看法是：门儿里训练的情况，有必要这样大肆宣扬吗？未几，新闻媒体介入，竟引起轩然大波，症结究竟又在哪？发人深思！

我既不是武术工作者，更不是专家、学者、教授，只是一名上了年纪的业余太极拳爱好者，此生有幸接触过众多太极拳名家，也亲眼见过、包括亲身体验过众多前辈名家高超的技艺。我认为：门儿里太极推手训练的情况，多数带有"喂手"的性质，自身没有必要这样大肆宣扬。客观上，也更用不着如临大敌，口诛笔伐，群起而攻之。我与闫芳不认识，仅从《武魂》杂志 2012 年第 10 期转载央视网的一篇文章中了解到：

问：那是当时真实的反应，还是有表演的成分？

闫芳：第一，没有表演的成分；第二，但是

有一样呢，我们很放松地在和弟子们推手，就是在试这里面的劲。因为他们是"学者"（准确地说应该是：'学习的人'或'学生'——笔者注），并不是和我在这里较劲，看我有劲还是你有劲。太极拳不是比力气的，他们都在跟我学怎样很轻灵地把人摔出去。

当事人已经说得很清楚，太极拳不是比力气的，相互推挽中，他们是在按"拳经""拳论"的要求研究里面的劲，特别是跟她学习的人，都抱着一种学习的态度，实作时，不是死乞白赖地跟老师较劲，看谁力气大；也不是跟老师耍心眼，搞虚虚实实，任意变化，比谁输谁赢；而是在研究给老师使出一种劲或两种劲，体会老师是怎么通过沾连黏随的方法把它化掉，并使自己失去重心、发放出去的。我的老师王培生认为："学推手有特定的步骤……初学时，须跟随老师或较自己高明的人，经常在一起打轮划圈，至纯熟后再由老师口授……掤、捋、挤、按四手能一一分清，然后可学……在未练拿劲、发劲之前，须尽量让教师或较自己高明的人任意拿、发，视其如何引己？如何拿己？如何发己？拿发之地在何处？拿发之时是早迟？拿发之方向是正隅？均须以身实地试验，作为悟解之门径，万不可求之过急。"（《太极的练习方法》，见《中国当代太极拳精论》）至于出现那种"隔空打人"以及"一二百斤的壮汉蹦蹦跳跳，看似轻而易举地被摔出去很远"，其实确如有位网友所说，很大程度上是学生的配合，他们认为有意识地使自己的身体变整，尽量与老师的动作合为一气，这样被摔出去（拳谚云："被打欲跌须雀跃"）会感到很舒服，很有趣味！至于这样做对还是不对，有待专家评断。但是按理说，太极推手属于门内相互研究、彼此训练的一种方法，一种知觉运动，并非技击应敌的方法。说得更准确些，"太极拳推手"乃是太极拳从"明己"到"知人"、从"练体"到"散手应用"中间训练的过程和阶梯，而不是太极拳的打法。吴图南前辈在《太极拳打手论》一文中，开宗明义阐明："打手者，研究懂劲之法也。"（打手又称推手、揉手）接着吴老援引先师的话："着熟而渐悟懂劲，懂劲后而阶及神明"，并扼要地讲述了何谓着熟，怎样才能懂劲，"劲"与"力"的区别和高低，以及"懂劲"的各种层次和阶及神明后又是什么状态等。正因为太极推手是研究"懂劲"之法的，而"懂劲"既存在不同的层次又必须循序渐进，因此在相互对练中，必须通过沾连黏随磨炼感觉的灵敏和逐步掌握听劲、懂劲、化劲、拿劲、发劲等功夫，为的是在别人推逼之下，不但能很好地保持自己的平衡稳定，而且还能伺机问动对方的重心，并顺势借力将对方发放出去。

我是习练吴式拳的，徐致一、吴图南、杨禹廷等各位老前辈和刘晚苍、王培生老师都主张不要过早地"问劲"（指连用数劲，虚虚实实，包括方向、力度、速度的任意变化），而且还专门安排有"喂手"这样一种训练（即初始阶段施出的"招"和"劲"，路数、方向、力度、速度等必须适合对方能够接受的程度）。由此联想到，杨式太极拳汪脉传人石明老师有一次看到一个老学员不按对方水平和程度与一名新学员推手，当场予以严厉的训斥："你这是帮助他吗？他什么都不懂呢，听（指'听劲'——笔者注）都听不明白，你这么跟他推，把他捂死了，他永远出不来！小老虎没有能耐之前还被狗咬了呢！"言下之意，必须像呵护小鸟似的，一口一口把它喂大，等它翅膀硬了，才能放其单飞，自己去觅食和应对一切。

央视主持人白岩松说好：闫芳"隔空打人""是熟人间的游戏"。实际情况就是如此。学推手，初、中级阶段，因为技艺还不精纯，必然带有喂手的因素，倘若再加以夸大，看上去真是如同儿戏了！但不是一点不沾边儿，因为功夫练到"阶及神明"以后，纯以神行，以神相接，用吴图南吴老的话说就是"神打"，"神打"是不挨着的。杨式太极拳在四川的开拓者——杨澄浦的弟子李雅轩也说过："所谓沾者，非专指以手贴着跟随之谓，虽在尚未接触之际，以神气将对方笼罩，吸着跟随其伸缩而动，此谓之沾。"又说："所谓沾者有三：①当皮肤接触之后，听对方之伸缩而为之，此为感觉之沾也；②在未接触之前，以眼观察判断其距离伸缩而随之，此为视觉之沾也；③以耳听其声音，判断距离而随之伸缩，此为听觉之沾也。以上皆神气虚灵之作用，故太极拳首在养灵。"（陈龙骧、李敏弟、陈骊珠《杨氏太极拳法精解》）仅从这些就可以知道，太极推手是有"凌空劲"这一说的。如果从这个角度来看，闫芳和她的拳友们学习"纯以神行，不尚拙力"，探索"凌空劲"，即便存在什么缺点，可以指出来，进行探讨研究，总比"悖理争胜"强啊！因为路子是对的。

回想 21 年前，《武当》武术杂志曾发表我写的一篇文章《凌空劲辨析》，内里谈到什么是"凌空"。吴图南老师认为："太极拳在应用接手的时候，大体上分两种，一种是两只手和两只胳膊跟对方接触，就像一般的搭手。两个人还没有接触就能够由一方制胜了另一方，它是太极拳所谓的高级部分，就是凌空。……如果两个人的手或臂接触上了，是使的近距离的感觉。因为接触上了，用的是触觉。但我们讲的凌空是远距离感觉。远距离感觉大致可分为视觉、嗅觉和听觉……远距离感觉也可以叫遥控。我们用神就可以在较远处将他控制起来。这听起来似乎很玄妙，但它是太极拳经过刻苦训练到高级阶段，即'阶及神明'以后所产生的一种实实在在的本领。……一个人的精和气的结晶是神，它微妙得很。说它是阴，它不是阴，说它是阳，它不是阳，它非阴非阳，亦阴亦阳，故而'阴阳不侧谓之神'。以神相接，这就是凌空，也就是'神打'。当然要做到这一步，并不是一件容易的事。首先得能无形无象，全身透空，而后才能在彼此往来时应物自然。也就是真正做到了舍己从人。在对待时，毫无主动意思，一切都服从客观规律，始终以客观的态度来对待客观环境的规律。……功夫到此阶段，就可做到'离而未发，你即知其将发。他何处欲动，你即知其将动'………到这个时候，'敌欲变而不得其变，敌欲攻而不得逞，敌欲逃而不得脱'，斯为上乘。至于'用一个劲儿能变动对方的一个劲儿'，这是中乘的功夫。'用一势之得失，分一手之胜负'，则品斯下矣……至于蛮打蛮拼，都不是太极拳。虽然也可以叫太极拳，但实际不是太极拳，连个'品斯下矣'都不够。它是用有力打无力，手慢让手快，是皆先天自然之能，非关学力而所为也。"（参吴图南讲授、马有清编著《太极拳研究》）

「走二不走一，走一也是为了走二」
——纪念吴式太极拳名家徐致一先生逝世四十一周年

　　1963 年，由武淑清师姐引领，我随白玉玺师哥到清华大学，向时任北京市武协副主席的吴式太极拳名家徐致一先生学习吴式太极拳。

　　时光流逝，一晃五十多年过去了，当年许多细节都已日渐淡忘，但徐老师那和蔼可亲的笑容，超凡脱俗的奕奕神采，特别是他教推手时反反复复着重强调的一句话："走二不走一，走一也是为了走二"，至今仍深深地铭刻在我脑海中！

　　所谓"走二不走一"，按徐老师的意思讲就是：推手应敌，不应轻举妄动抢先出手（"走一"），而应守我之静待机而动，后发制人（"走二"）。兵书云："知己知彼，百战不殆。"拳虽小道，其理亦然。双方交手，"胜负之机在知与不知，取胜之道在得失之间，以己之短当人之长谓之失计，以己之长当人之短谓之得计"（吴鉴泉之子、吴式太极拳名家吴公藻语）。故敌我相交，一动之间，前前后后审己量敌，至关重

徐致一在中山公园留影

与武淑清（右一）、白玉玺（右二）陪
同徐致一（右二）游览中山公园

要，绝不能冒冒失失鲁莽从事，所谓"走一也是为了走二"，徐老师认
为，这更突出体现了太极拳不打无准备之仗。不打无把握之仗的过人之
处。在敌我双方都不愿贸然出手的情况下，即便我出手在先，也绝不主
观盲动、不分青红皂白地去与对方死打硬拼。我先出手的目的，是探彼
之虚实，伺机破坏对方的平衡而审机造势（为了"走二"），正如吴公藻
在其专著《太极拳讲义》中所说："以意探之，以劲问之……我有所问，
彼有所答，一问一答，则生动静……既有动静，虚实分明……彼实我则
避之，彼虚我则击之，随机应变。听其劲，观其动，得其机，攻其势。
如医者视病投药，必先诊其脉，观其色，察其声，问其症。故曰：虚实
宜分清楚，一处自有一处之虚实，处处总此一虚实。"人所共知，太极拳
之所以取名太极拳，是因为前人缘理造势，以易理为本，把道家"太极
者，无极而生，动静之机，阴阳之母也。动之则分，静之则合"这种阴
阳互生，此消彼长同生共灭的阴阳变化哲理，用来指导练拳的缘故。

徐老师认为"走二不走一，走一也是为了走二"，正是基于太极拳的特性派生出来的一条应敌的基本原则，它不但体现了太极拳的特点，而且也揭示了太极拳持巧不持力，避免正面冲突，不做无谓牺牲以及有胜无败和虽败无伤的取胜之道。徐老师还认为，太极拳在应敌时，不管是走一还是走二，它的每一动，看似千变万化，概言之，无非就是一阴一阳。阴和阳这两个字含义至广，足以概括一切，比如动静，刚柔，虚实，开合，顺背，进退……体现在用劲上，一曰走，一曰黏。拳论云："人刚我柔谓之走，我顺人背谓之黏。"所谓走，不是躲闪逃脱，而是毫无抵抗之意的"不顶"，既避免与对方硬碰硬，也不给对方一丝反作用力（打个通俗的比喻，即不给对方当拐杖，也不把对方当拐杖），它是保障自己，化险为夷的安全之法；所谓黏，就是"不丢"，敌力进击落空，陷入背势，我则乘势贴近以遏制对方的变动，对方如果企图挣扎，我便越黏越紧，促使其重心完全出于体外而毫无还手之力，此时正是我顺势发劲最佳的时机，不发则已，发则必中。

太极拳以柔化著称，就是上述走劲和黏劲的合用，走以化敌，黏以制敌，走劲主退属阴，黏劲主进属阳。拳论云："阴不离阳，阳不离阴，阴阳相济，方为懂劲。"太极高手练到神明阶段，走即是黏，黏即是走，一而二，二而一，其间的差别和变化，几乎难以觉察，加之太极拳"功夫全凭会借力"，力量主要来源于对方的反作用力，顺势借力，借力打力，故能举重若轻，撒手放人于寻丈之外，表现出小力胜大力、柔弱胜刚强、"四两拨千斤"等神奇的效果。

人说太极拳不是一种技术，是一种最省力省时并懂得在最恰当的时机击人取胜的艺术。徐致一老师曾就太极拳技击方面以静制动、以柔克刚、以小胜大、以顺避害等特点，详述其取胜的机制。仅以太极拳重柔轻刚、以柔克刚来说，他认为，柔之极为刚，这个"刚"不应专作坚硬解，应作柔而有弹性解。他说："一种劲若有抵抗性者，不问其劲大小，皆谓之刚劲，反之，若有一种能随敌劲以为伸缩而不含抵抗性者，应皆谓之柔劲，故柔劲以伸缩性为最要。"他还认为："刚劲以强为胜，遇强则折，虽与死劲不同，但致败之由，与死劲无异……以柔敌刚，犹之以活劲与死劲较……太极拳以'因敌变化示神奇'，盖本乎此理，非司斯术者，故神其说也。"（徐致一著《太极拳浅说》）

太极拳为何难以致用

——张全亮师哥一席谈

太极拳的健身作用可以说又快又好，这是社会公认的，但是太极拳有没有技击作用，一直是人们长期以来争论不休的问题。张全亮师哥复述了前辈们的观点："太极拳既然是武术，当然有技击作用，要不就不能称其为武术。"基于对太极拳这一特殊拳种及其特点深透的了解，他把太极拳为什么达到使用（技击）效果比较慢的原因剖析得淋漓尽致，一清二楚。因为习练者必须根据此拳种特点的需要，改变自己的认识，改变自己的心态，改变自己的习惯。否则纵然练到须发皆白，也仍然不得其门而入。

所谓改变自己的认识。太极拳乃是中华武术百花园地中一朵奇葩。融儒、释、道三家于一炉，涉及众多学科，它博大精深，道技并重，内外兼修，是一种人生心性的"修为"。历来众多名家前辈，从各自的角度，多有论述：武式太极拳传人郝月如认为"太极拳不在样式而在气势，不在外而在内"。武圣孙禄堂则说："太极拳乃研求一气伸缩之道……太极即一气，一气即太极……（练到高级阶段）纯以神行，不尚拙力。"杨式太极拳在四川的开拓者李雅轩认为："太极拳是一种轻妙柔软、缓慢而又有虚灵感应的运动。与其他拳术不但表面着术不同，其主要在于有稳静心神之功夫。其动是静中之动，虽动仍保持其静，无断续，无凸凹，无缺陷，如抽丝挂线一气完成"，所以"太极拳的功夫是内功，是气功，是柔功，是静功"。吴式拳传人吴公藻认为："太极拳异于它技者，持巧不持力，非务以力胜人也。"在其专著《太极拳讲义》"舍己从人"一节里则更进一步谈道："在吾道中，其寓意至深，学者当于'惟务养性'四字下功夫。"吴式太极拳著名武术家王培生老师也认为："太极拳是武艺，更是道艺"，"阳非道，阴非道，道在阴阳之间"。俗云："学拳先明理，明理得法。理备才能法精。"说明改变自己认识的重要，所以张全亮师哥把它（改变认识）放在首位。

所谓改变自己的心态。是指要能做到遇事不怒不争，甘愿吃亏，练就"舍己从人"的功夫。"'舍己从人'是太极拳应用的至宝，如无'舍己从人'听劲、化劲的功夫，就会等于不良于行的睁眼瞎子。"（郑曼青的弟子吴国忠语）

所谓改变自己的习惯，是指要学会"顺天性抑本性"，养成顺其自然求自然，"不把别人当拐杖，也不给别人当拐杖"以及"其根在脚，主宰于腰，形之于手"，"根起根落"的习惯。而所有上述这些，不仅仅是认识问题，更涉及心性修为。据讲，郑曼青有一个外国学生曾问老人家："老师，'青出于蓝胜于蓝'是中国人说的，那么，有关太极拳，为什么学生没有办法比老师好呢？"郑曼青听了笑答："这原因，在我写的《郑子十三篇》第一页里就说了，可没有人去做啊！"那位外国学生一时想不起来老师说的是什么，直发愣。郑曼青便又笑着说："学吃亏啦！"是啊，这个世界上，又有谁甘愿吃亏呢？郑曼青认为："人们大都不愿意吃亏，推手时总是怀着一种'怕输想赢'的心理。"郑曼青有两句名言：一句是"与天争气，与地争力，与人争柔"，另一句是"名不要，利不要，命不要，则太极拳成矣"！郑曼青说的"学吃亏""与人争柔"，太极拳就能超凡脱俗，练成了！这不是笑谈，其中的道理很值得我们琢磨和汲取。

有关太极拳难以致用的原因，除此之外，张全亮师哥还大胆地提出：必须改变教学方法——把练用紧密结合，而且讲用法时，还不能只讲推手不讲击打，必须在相互推挽的基础上，循序渐进学会点、打、拿、发、摔等各种技击方法。记得 20 世纪 30 年代，《江湖奇侠传》的作者平江不肖生（即向恺然）曾在一篇文章里详细讲述了"太极拳不是不能致用，而是难以致用"，两相比较，张全亮师哥的见解可以说毫不逊色，甚至可以说有过之无不及（当然，不能忽视时代在前进，认识在发展的因素）。2006 年秋，张全亮师哥曾为我赵芹师哥的太极拳专著《半瓶斋诠注：太极拳的健身和技击作用》写过一篇序《于无声处听惊雷》，内里有非常透彻的讲述，开卷有益，相信会有意想不到的收益。

另外，张全亮师哥的一份稿子《吴式太极推手的主要理论与技法》，对老师的传承有深切的体悟，绝非人云亦云、老生常谈。在主要理论部分，他谈了阴阳相助的理论、公转自转的理论、按窍运身的理论、行云流水的理论四个方面。完全突破了前人的模式，创新意识跃然纸上。这正是他的高明之处。

「太极拳推手理论」学习札记

什么是太极推手?

太极推手是一种训练。从传统意义上讲,太极推手属于门内相互研究、彼此训练的一种方法,并非技击应敌的方法。也就是说,它不是太极拳的打法。说得更准确些,太极拳推手乃是太极拳从"明己"到"知人"、从"练体"到"散手应用"中间训练的过程和阶梯。太极拳走架与推手两者的关系,密不可分。

《打手歌》讲:"掤捋挤按须认真,上下相随人难进,任他巨力来打我,牵动四两拨千斤,引进落空合即出,沾黏连随不丢顶。"学推手的人对上述歌诀与王宗岳的《太极拳论》包括其他有关推手的诀、谚,如《走架打手行工要言》《撒放密诀》《太极拳打手要诀》等不可不知。而且仅仅"心知"还不行,更重要的是"身知"。

因此学习太极推手,首先除了必须明白:什么是"沾黏连随",怎样才能做到"沾黏连随";什么是

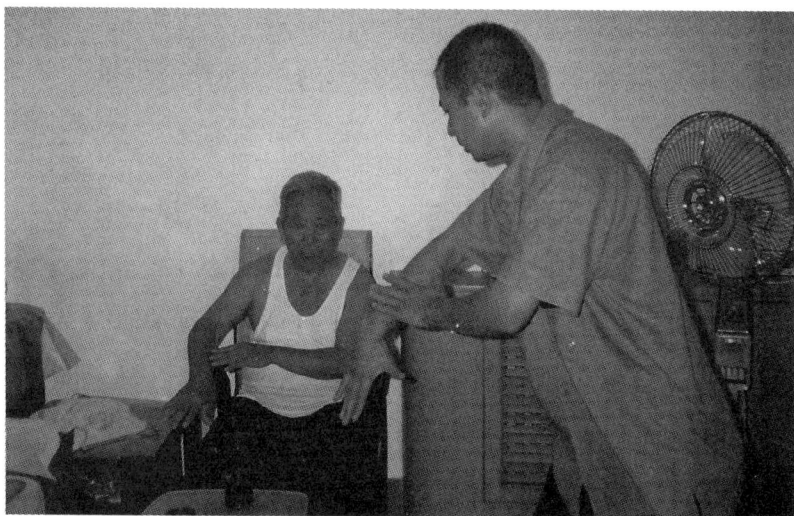

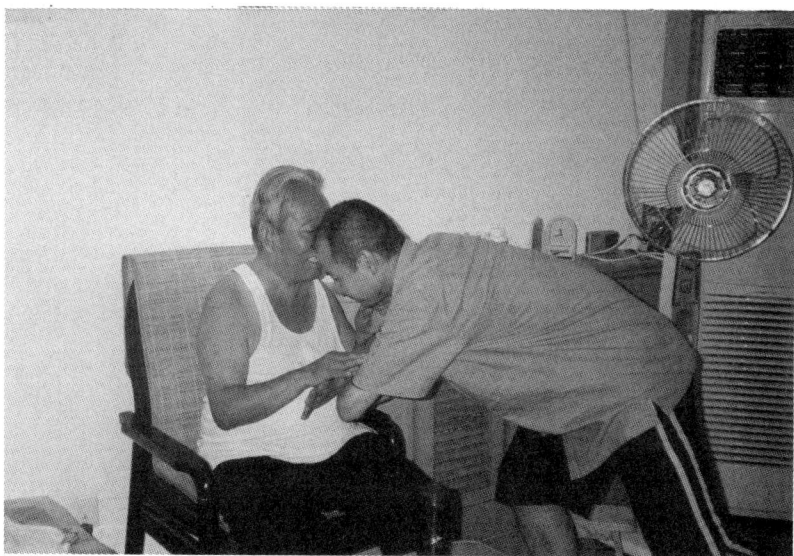

　　王培生老师根据易合当时的情况，因材施教，不但对其姿势动作严格要求，一丝不苟，还经常让他体会"引进落空"的妙趣

"双重"，如何才能"避免双重"；还有太极推手讲究听劲、喂劲、问劲、拿劲、借劲、发劲等，什么是"劲"，它与力有什么区别；什么是太极推手的"引进落空合即出"和"顺人之势借人之力"等。

先贤和王培生老师都认为：（传统）太极推手，是一种"知觉运动"。通过二人相互对练，磨炼感觉之灵敏，培养听劲和懂劲的功夫，从而达到"以静制动""后发先至"，"顺势借力""以弱胜强"的技击效应。正如吴公藻前辈所说："推手初步，专在磨炼感觉，感觉灵敏，则变化精微，所以无穷也。"

在吴家珍藏的一本全佑拜门后，由班侯所授的百年老谱《太极法说》中，就谈道："要知人之'知觉运动'，初学者非明沾、黏、连、随不可"；"所难者与对方接触，不许顶、匾、丢、抗，要求沾、黏、连、随"；"若以'沾、黏、连、随'等待于人，而不是以'顶、匾、丢、抗'相对于人，不但'对待无病'，知觉运动也自然得矣，可以进于懂劲之功矣"；而且，前人还认为："真懂劲以后，'自得屈伸动静之妙，有自得屈伸动静之妙，开合升降又有由矣。由屈伸动静，见入则开，遇出则合，看来则降，就去则升，夫而后才为随心所欲，阶及神明矣'"（指懂劲后，自己的"屈伸动静，开合升降"都已达到"虽是依人，实乃由己"随心所欲的情况，自此一步一步，循序渐进，必然由懂劲而阶及神明）。由此可见，不但懂劲很重要，懂劲之前，掌握"沾、黏、连、随"更重要。李琏 2010 年 7 月曾在《武魂》杂志著文谈道："太极拳的'知觉运动'是修习太极拳的基础。""'知觉运动'首见于清代《太极拳法说》（或称《太极拳秘谱》）中。在这里面大宗师露禅先生提纲挈领地告诉我们，练习太极拳一定要清楚什么是'知觉运动'，而且强调只有用'知觉运动'来体悟不同层次的十三势变化，才能不断地得到收获，有所进益。否则难于达到懂劲和神明的阶段。"实践证明："知觉运动"既是"修习太极拳的基础"，更是修习太极拳唯一能升堂入室的正确途径。这足以说明，太极拳推手不仅不是简单的"斗智较力"，而且推手的许多重要原则和技法的机制都有着丰富的文化内涵。

上了年纪的太极拳爱好者大都知道，传统太极推手的二人对练目的是研究、学习，不是比输赢，所以在你来我往、你进我退、相互的"对待"中，在初、中级阶段，还包含着"喂手"的成分（即：基础训练时，一般来讲，给什么样的劲，就是什么样的劲，中间绝不能变来变去，任意变化）。而这些，只有通过门儿里实作，老师掰开揉碎地讲解，参与者反复试验体认，才能明白、上身。

俗话说，没有规矩不能成方圆。太极拳的规矩是什么？规矩就是"经""论"的要求和练拳的要领。在吴氏门里，简而言之，就是"基础入门八个字"（中、正、安、舒、轻、灵、圆、活）和"体用八要"（意、气、劲、神为体之四要，化、引、拿、发为学推手时用之四要）。此外，无论是动态还是静态，体态都要保持"中正安舒"，一时一刻都不能失去自身的平衡和稳定。太极十三势以中定为主，其他十二势为辅。有中定就有一切，失去中定就失去一切，中定遍全身，法遍全身。用杨禹廷师爷的话来说："推手的原理，其实也并不十分复杂，盘架子主要是从练姿势中锻炼身体的平衡，推手是在对方推逼的情况下，则仍要不失掉自己的重心，相反还要设法引动对方失掉重心，这就比盘架子难了一步。所以过去说：'盘架子是以求懂自己之劲，推手是以求懂他人之劲。'"金庸先生在为吴公藻的《太极拳讲义》写的"跋"里说得更具体："（太极拳）以自然、柔韧、沉着、安舒为主旨，基本要点是保持自己的重心，设法破坏对手的平衡，但设法破坏对手的平衡，并不是主动的出击，而是利用对手出击时必然产生的不平衡，加上一点小小的推动力，加强他的不平衡。"又说："练习太极拳，推手的训练十分重要，那是用敏锐的感觉来捉摸对手力道中的错误缺失，如果他没有错误缺失，那就设法造成他的错误缺失。重要的是，自己的每一个行动不能有错误缺失，练太极拳，练的主要不是拳脚的功夫而是头脑中、心灵中的功夫。如果说'以智胜力'，恐怕还是说得浅了，最高境界的太极拳，甚至不求发展头脑中的'智'，而是修养一种冲淡平和的人生境界。"吴公藻在《太极拳讲义》里，有如下一段话很值得太极拳爱好者反复深思，即："基础最关重要，其姿势务求正确，而中正安舒，其动作必须缓和，而轻灵圆活，此系入门之径，学者循序渐进……而得其捷径也"；"太极拳所以异于它技者，非务以力胜人也"，也就是"持巧不持力"。用孙禄堂的话说，练到高级阶段就是"纯以神行，不尚拙力"。所以人说太极拳不是一种技术，而是一种省力、省时并懂得在最恰当的时机击人取胜的艺术。

首先王培生老师认为，要想练就"这种取胜的艺术"，"体"的问题解决以后（指基本上能做到一气贯通、上下相随、内外相合），也就是"意动形随"了，在学习推手时，首先要求能做到"不丢不顶""舍己从人"（也就是能"粘"、能"走"，"粘""走"相生）。王老师讲："所谓'不丢'，从字面上虽然是'不要丢掉'或'不要离开'的意思，但在实际上还有要用感觉去'黏贴'住对方的意思（也就是能'黏'）。我的手臂一面跟随对方，依势而动，同时还要一面微微送劲与之黏贴，在舍己从人的过程中，听其劲，观其动，知机造势，驱使对方陷入不利或不稳的形势中。这时如果感觉对方没有反抗，便可乘机而动，随即将其发出。如感到对方的接触点沉重发不动，应及时将接触点微微一松，使对方突然感到一空，脚下发浮（即把对方'拿'了起来，也有说，把对方'叫'了起来），随即发之，可将其发得更远。有人误认为只要手上毫不用劲，任凭对方摆布就成了，其实并非如此，因为任凭对方摆布是自己处在被动的地位，而'不丢不顶''舍己从人'，不仅要以主动的精神去适应对方的任何变化。同时还要在适应对方任何变化的过程中，要用感觉去侦察和了解对方动作的虚实变化，所谓'使敌不知吾之虚实，而吾处处求敌之虚实。彼实则避之，彼虚则击之，随机应变，听其劲，观其动，得其机，攻其势，如医者视病而投药'，这也就是所谓的'知虚实而善利用，虽虚为实，虽实犹虚，以实击虚，避实击虚，指上打下，声东击西'；'兵不厌诈，以计胜人也，计者虚实之谓也'。"

其次，必须从"磨炼感觉"入手，重中之重先学"运化"，"运化"首先在腰腿，其次在胸，又次在手。因此拳谚说："紧要全在胸中腰间变化""有不得机不得势之处，身便散乱，身必偏倚，其病必于腰腿求之"，也就是腰不舒服动动腿，腿别扭了动动腰，学会养成"腰腿求之"的习惯（实际上就是先学会初级阶段的"走化"）。

最后，太极爱好者必须牢记太极拳之道，为弘扬太极文化造福全人类而尽心尽力。

太极拳与健康

太极拳与静坐气功所不同的是把意识、呼吸、动作三者密切结合起来，既练意又练气也练身，从而成为内固精神、外增体力、道技并重、内外兼修的优秀健身拳术。

拳是有形的意，意是无形的拳①

——小议远离太极操

各位好：

很高兴又有幸来跟大家谈谈我们的共同爱好——太极拳锻炼方面的问题。这次张站长给我出的题目是——如何远离"太极操"（首先声明一点，这个"太极操"是泛指，不是你们曾经学过的那个太极操）。在我印象中，大家对身体健康的锻炼还是很重视的，每天按时到场，练时也相当认真，拳是一套接一套，剑也是一趟接一趟。中间除了等音乐播放的间隙，几乎从不休息。每天一练就是个把小时，应该说，长期坚持，还是有一定收益的。张站长提的远离"太极操"这个问题，乍一听，有些刺耳，其实很正常。我练了五十多年太极拳，因为走过很长一段弯路，也不敢说已经远离"太极操"了。

一般来讲，练太极拳的人，有不同的档次。粗分

————————

① 本文是应邀给莲花池军休所太极拳辅导站所做的太极拳知识讲座。

2009 年，应邀给莲花池军休所太极拳辅导站做太极拳知识讲座

有三个等级：着熟、懂劲、阶及神明，徐致一老师就这么分，这也是许多老前辈通常的分法。细分像汪永泉前辈，他认为可分七个台阶，第一步，上下相随；第二步，内外相合；第三步，内外相合的上下相随；第四步，（会）折架子；第五步，（会）拆手；第六步，（能）分劲；第七步，入化。分得更细点的是郑曼青，他把太极拳运动发展的程序分为三阶九级，因为每个台阶内又各有三级，三三见九，所以共九级。第一阶，是舒筋活血的运动，一阶一级是舒筋自肩至手指，二级自胯至涌泉，一阶三级自尾闾至泥丸；第二阶，为开关达节之运动，二阶一级为气沉丹田，二阶二级为气达涌泉，二阶三级为气达泥丸；第三阶是知觉作用之运动，三阶一级为听劲，三阶二级为懂劲，三阶三级，也就是最高阶段，为阶及神明。实际上，他的分法，包括三阶一级在内，此前都是属于粗分的第一个等级（着熟），他称为听劲。各位自觉已达到哪一阶哪一级，有兴趣的话可以对号入座，不过每个人的素质不同，而且有些东西也不是死的，某个部位畅达了，某个部位可能还存在问题，总之，这只是个大概。若认真算起来，我现在也只是达到粗分的第一个等级，着熟了，基本上

会听劲了，离懂劲、阶及神明还远着呢！跟在座的各位比，也就是六十步和一二十步、二三十步之间的差别吧。拳谚云："太极之道，道传有心人。"又说："道不远人，人自远之。"我认为，你只要是有心人，想不断地接近它（道），扎扎实实地拾级而上，相信练一天就会有一天的进步。

下面谈谈远离太极操的途径和方法。在我印象中，大家学过冯志强老师新编的"混元24式太极拳"，所以在上次太极拳讲座中，我专门向大家推荐了冯志强老师新编的《陈式太极拳入门》这本书。我曾经说过，冯志强老师虽是陈式拳的名家，但说的道理并不局限于陈式拳，而是带有普遍的指导意义（当然其他门派前辈专家也有类似的专著和言论）。他在前言中说："近年来，太极拳日益普及，许多人喜爱这项运动，却不明白练习的步骤和深造的途径，虽下了许多功夫，仍不得其门而入。"为帮助习练者尽快入门，冯老师在书中运用了通俗易懂的语言，如：编写"练拳需从无极始，阴阳开合认真求；不入无极圈，难成太极图……"这样的顺口溜把拳理和步骤告诉大家（见《入门指引》）。经云："太极者，无极而生"，据此，冯老师主张必须先从站好无极桩入手。而太极又是阴阳对立的统一，动之则分，静之则合。动分静合是太极拳的核心，所以冯老师又提示大家一定要在站好"无极桩"的基础上，把"阴阳开合的认真求索"落到实处。此外，太极图像是在一个圆圈的统一体当中含有阴阳对立的双方，所以冯老师又进一步强调站好无极桩的重要性——"不入无极圈，难成太极图"。在第3章《入门说要》中，冯老师同样把练功的要领和方法，一一编成通俗易懂的顺口溜，不但易懂好记，而且学起来方便。

说到这，应该就此打住了，因我不是练陈式拳的，恕我在此不能详细讲解此书的各个篇章，我只是根据你们的情况，借花献佛，把冯老师提供的《入门指引》和《入门说要》作为解决远离太极操的可行方法推荐给大家，盼大家结合实践仔细研读体悟。

下面，我想理论联系实际，剖析几个日常锻炼中的式子，跟大家研讨一下，怎么练才是太极拳，怎么练就是太极操；共同体悟一下"拳"

与"操"两者的区别。接受任务后，我用了一点时间到现场看了看。我发现大家盘拳时，有些式子虚实不分。比如，打左右搂膝拗步时，右掌或左掌前按，随着重心逐渐转换，后腿逐渐舒展，并且应该由实变虚，可是不少同志后腿没有舒展到位，也就是说没有松开、松净，还有一些力量在支撑着，结果两腿虚实不分，双重了。杨澄浦在《太极拳说十

陈易合演示搂膝拗步

要》中提到："太极拳术以分虚实为第一要义。"《武式太极拳》一书内，身法要点第 13 条，也谈道"何谓虚实分清"，内里不但谈到两腿虚实必须分清，而且还进一步谈道："虚非完全无力，着地实点要有腾挪之势。腾挪者，即虚脚与胸有相系相吸之意，否则便成偏沉。实非全然占煞，精神贯于实股，支柱全身，要有上提之意。"就是说要虚中要有实，实中要有虚。书中还说"如虚实不分，便成双重"。这可是个大事，因为双重之病实乃习练太极拳者之大忌，不论是平时个人练体，还是应用时双方对敌，都是必须解决的大问题。因为从练体而言，本身双重必然导致"滞"，不灵活；从应敌对待而言，彼此双重必然导致"顶"。只能是力大胜力小，也失去太极拳以小胜大、以弱胜强的意蕴了！因此拳经要求，"虚实宜分清楚，一处有一处虚实，处处总此一虚实"。虚实是什么呢？

虚实者阴阳也，可以说，打太极拳时，阴阳虚实无处不在，即所谓周身处处皆虚实，而且虚实反应在太极拳运动中的形式也极为复杂，如上下、前后、左右、内外、两手之间、两脚之间，手脚之间，两手两脚之间等。尽管复杂，但仍有一定的规律可循。如上虚则下实，前虚则后实；左虚则右实，右虚则左实。以两腿间的关系而论，若左腿为虚则右腿为实，右腿为虚则左腿为实。以两手两脚之间的关系而论，则三虚抱一实，等等。太极拳运动最主要的特点，就是阴阳对立的统一和相互转化。

　　还是以搂膝拗步第五动左掌下按和第六动右掌前按为例，王培生老师在传授时提示我们：左掌下按，不是左掌着意往前下使力，是在前动左掌前按的基础上，当对方用右脚向我踢来时，我以左掌食指为引导，因别处作功，左掌自然产生一种既松且沉的下按劲，对准其膝盖骨往前下按去（个人练时，按至自己的右膝为止），这个所谓的"别处做功"，即右腕松力，向上提至右耳旁，意想右虎口要贴上右耳门，接着松右肩坠右肘，两眼注视左食指指尖，重心在右腿，意在左肩。此动是左掌顺势去下按对方的膝盖，待机而发。第六动右掌前按，是在前动左掌下按的基础上，因对方一脚踢空，必向其前下落步，落在我下按手的侧旁，我则趁势进左步，用左阳陵泉紧贴其阴陵泉，并迅即抬头看着对方身后，发右掌进击其面或胸。王老师特别强调：眼往哪里看，掌往哪里发；掌往哪里发，不是想推对方的动作，而是想外三合，肩、肘、手与胯、膝、足一一相合。所发之手，既不要用力也不要软，以无名指引导，好似穿针引线，向前够针眼（俗称打闪纫针，形容用时之快速）。这时重心已由右腿逐渐移到左腿。当右掌沾上对方后，立掌，凸掌心，中指朝天，右手大拇指与食指朝右上的第一节横纹线成水平，右臂外旋，此时意在左掌心，接着意想左掌食指往前指，中指欲与左肘尖成水平，略含向后耙搂之意。实际上是松肩坠肘，手臂一屈，左肘向侧后虚空处一沉，身子也随之下沉，同时右腿从胯到膝到足，节节舒展蹬右脚，开后脚跟，到右脚将要离开而未离开地面时为度。这时前面的右手已完全由虚变实了。对上述右腿从胯到膝到足的变化，王培生老师曾做过一个形象化的类比，就好比用秤称物时，把秤砣不断往后挪，挪到与被秤之物均衡时打住。俗云"秤砣虽小能压千斤"，因其中包含着力学原理，作用力与反作用力必须均衡。基于此，秤砣要想压住秤，必须是虚悬着并搁在适当的地方，方能起作用，所以后足也必须松开虚悬。这就是后腿由实变虚，虚中有实的由来。

先贤说，以拳证道，即势明理。上述这些，无一不体现着太极拳"重意不重力""有前有后，有上有下，有左有右""实中有虚，虚中有实""此消彼长，同生共灭"和"视静犹动，动中求静""一动无有不动"等道理。你要想远离太极操，练好太极拳，悟得太极之道，就必须在这方面做有心人！下面再谈一谈同志们在锻炼中，"形"跟"意"有些脱节的问题。

太极拳强调"重意不重力"，要求"先在心，后在身""意气君来骨肉臣"。也就是盘拳时，先由意动，继而内动，接着气动，最后形动由内达外，内外协调一致。人无论做什么事，行动前必须先有意，打太极拳更是如此，一招一式无不是用意节节贯串循环往复，直到整趟架子结束。人说"拳"是"有形的意"，"意"是"无形的拳"。练拳时，意动形随，形随意动；走剑时，剑掩身形，身随剑走，身剑合一。当然，这说的是高级阶段，不是初学者一下子就能达到的境界。目前，不少人"形"与"意"脱节，乃正常现象。因为尽管太极拳强调"重意不重力"，要求"先在心，后在身""意气君来骨肉臣"，但初学时，还是"先形后意"，不是"先意后形"，只有这样，才便于大家学习，否则皮之不存，毛将焉附。何况初学时，大家想的只是努力要记住每个姿势的动作、顺序、要领等，这必须思想集中，排除杂念。实际上此时这种"动作思维"的过程，已经是"以意导体"，是用意的第一步了。现在大家已练了好些年，每天都在比比画画，能说其中没有意吗？如果一点意都没有，练拳、练剑时，早就乱套了，说明大家练时还是有点意，不足之处是拳意不够浓，还不够到位。比如弓步前刺、弓步上刺，目标在哪儿？刺上了没有？感觉刺透了吗？还有回身劈，劈上了没有？劈开了吗？有的人意还在自己胳膊或手腕子上呢！还有撩阴剑，撩哪儿？撩上了没有？怎样才能使内劲达到剑梢撩上目标？再如盘拳时，每一式比比画画动作都做了，其实，对业余爱好者来说，不在步子迈多大，蹲身有多低，关键在意，在精神贯注到位了没有。建议大家目前还是首先把姿势动作做对，掌握好每个式子的要领，努力体悟由内达外、内外协调一致，也就是，用内形来"支配"外形，借无形来"支配"（影响、感应）有形。关于"有形"和"无形"的关系，我在前面有论述，这里就不再赘述了。

心静用意「站、走、坐」，祛病延年有妙招

　　我今年八十多岁，习拳五十多年，有幸接触过众多武术名家。感觉坚持太极拳锻炼，身体就会很不错，根据个人切身体悟，想到年岁大的人，平时如能删繁就简，心静用意，按太极拳的理念坚持练习"站、走、坐"，实乃"得其一而万事毕"，对祛病延年，定会起到意想不到的良好效果，具体练法如下。

　　所谓"站"，可以是并步，也可以是自然步，还可以开步与肩同宽。基本姿势即太极拳的预备式，也有的老师称无极式，也有的老师称太极势。在这个姿势中，最关键的就是要注意摆正头颈和腿脚，如此才能蕴养五脏，端正脊椎。著名的武术前辈薛颠在他的专著《象形拳法》中强调："无论行止坐卧，务要使脊柱正直无曲……道经云：'尾闾中正神贯顶，气透三关入泥丸。'此姿势宜常保守，不但练时为然，无论何时何地，勿忘却此法，因为'脊柱中正才能练精化气'。"

所谓"站"，在前人提示的基础上，若用粗浅的体悟予以概述，即"站着好似坐着"。所谓"站着好似坐着"，人往那儿一站，立在那儿，心气必然是往上的，如意想屁股（尾闾）要往下落座，胯必往下落，腰就摘开了，必然形成对拉拔长、一气二夺之势；膝盖和胯窝也就出现自然弯曲的状态（整个人周身肌肉松弛，骨节舒展，犹如一盏悬挂着的、打开了的、折叠的灯笼）。

检查姿势正确与否，首先看是不是顶劲虚领着，没有丢顶；膝盖是不是自然弯曲了；胯窝是不是自然凹进去了；脚踝是不是放松了……总体上就是胸空腹实，气沉丹田，尾闾中正神贯顶。一个人会不会站，还有一个方法，就是想象站在一块豆腐上。脚下是一块很大的豆腐，看到豆腐都出水了，心里想着："哎哟！别把豆腐踩烂了！"必须运用内想、内视、内听的方法，不断切实地去想象，从而达到周身节节舒展，通体贯串，体气平和的那种内感。这种内在的感觉与太极拳经、拳论里提到的"如履薄冰，如临深渊"那种周身谨小慎微、不敢出一点差错的感觉是完全一样的。

所谓"走"，就是在上述立身中正安舒、支撑八面的状态下的前进、后退、左顾右盼。美国曾研究用打太极拳的方法来防止老人摔跤。因为练太极拳时，要求每一势都必须平衡稳定。我的体会就是心静用意，想象瞻前、顾后、左顾、右盼、通天、贯地。诀窍就在"意想"从前面能看到下面，从后面能看到前面；从左面能看到右面，从右面能看到左面；从上面能看到下面，从下面能看到上面。这六个方向是贯通的，是一个非常浑厚的立体的庞然大物（实际上通过"意想"，产生了一个立体的场效应）。往前走是整个立体的庞然大物往前走，不是孤零零的一根长杆往前走，往后退、往左转、往右转亦复如是。意拳宗师王芗斋有句名言："执着己身永无是处，离开己身无物可求。"说的就是在练习中，"意想"很重要，但必须与身体密切结合，否则就成为"臆想"了。太极拳心静用意，也是如此，"意想"与身体必须联系着而且浑然一体，所以，有人说太极拳是一种"身肢延长的弹性运动"。关键就看你认真不认真，专心不专心，有没有毅力和恒心！

所谓"坐"，就是正襟危坐。正襟危坐，这句话指的是一种仪表和心态。具体讲，就是要求竖腰、立顶，使脊柱正直无曲，端坐在椅子上（坐时尽量靠前一些）；两手自然地放在膝盖上。

立顶就是虚领顶劲（是顶贴天而不是顶捅天），竖腰不是挺腰。我有位老师教我们"坐"的时候，甚至让我们想象脊柱每一节就是一个鸡蛋，从颈椎到胸椎到腰椎包括尾骶骨，就是一个个鸡蛋叠摞起来的。正因为鸡蛋通常不容易放平，不容易叠摞，所以需要心静、意专、谨小慎微。那位老师就是通过这种形象的比喻，经常让我们从上到下观照检查，从而使脊柱每一个骨节松松地竖起，并使之达到正直无曲的目的。

《太极法说》里有一则要诀："身形腰顶岂可无，缺一何必费功夫，腰顶穷研生不已，身形顺我自伸舒，舍此真理终何极，十年数载也糊涂。"说的是"筑基练体"时，强调对身形、腰、顶（即间架结构）这些主要部位的要求。我体会，上了年纪的人，如能按太极拳运动的要领，心静用意练习站、走、坐，即便不练整趟拳，同样能起到"祛病延年"的功效，因为身体里面血脉和气机是通畅的。仅供上了年纪的老同志们参考。

浅谈太极拳的健身效应和体悟

　　当下，我已 87 岁了！近年来，在许多场合，经常有一些朋友，对我的实际年龄表现出惊诧的神情，认为从言谈举止、眼神步态和精神头等方面看，也就是六十开外，一点不像已进入耄耋之年的人！

　　有位朋友甚至直言不讳地向我坦言："以前不理解你怎么会喜欢上太极拳呢？慢吞吞地纯属老年人和病患者的活动方式，现在看来，你这健康投资还真是投对了……你们话剧团 50 年代参加工作的一批老同志，已故的不说，不少人身体状况都不太好，有拄拐的，有坐轮椅的，也有的三天两头往医院跑的……相比之下，你仍一如既往，腰不弯，背不驼，神采奕奕，似乎变化不太大，靠的是什么？依我看，主要得益于你的业余爱好——坚持太极拳锻炼。"确实，旁观者清，我是太极拳的爱好者，更是太极拳锻炼的受益者。我年复一年、日复一日坚持太极拳的锻炼，虽然谈不上有什么功夫，但强身健体的目的还是达到了。而且一人受益，带动全家，后来，不但我自己练，我爱人练，我女儿练，就连儿子陈易合（刚）也喜欢上了太极拳。

　　回顾自己半个多世纪以来习练太极拳的历程，有一阵，自己也感到十分憋屈，练了十多年拳不能说没有进步，但比起周围的拳友们和老师的那些要求，又觉得并不十分令人满意。怨老师不真教，不对；怪自己脑子笨没悟性，又不甘心承认。总觉得功夫下得不比别人少，对拳热爱的程度也不比别人差，为什么自己只是"沾点边，不摸门"（拳友语）呢？在此后的好多年中，幸有师友们真诚的帮助和自己虚心的学习，练了这么些年，现在总算明白过来了，我正在逐渐远离"太极操"这条道儿。

　　谈到具体的体悟，当前有这样几点粗浅的认识。

学拳需明理，明理得法，避免少走弯路

　　我师爷杨禹廷生前常说："练拳练的就是一个理。"很多太极名家谈起太极推手也是"只能循理求精，不能悖理争胜"，强调的还是一个"理"字。按近代武术实践家孙存周的观点，即便是"实战"，也不能仅以胜负代替一切。他认为："一场较技的结果，要从技击技能、身心素质、战术经验、临场机遇四个方面来分析和发现问题，这样，实战才具有检验理论的效用。"所以，不能只看谁输谁赢，更要研究"赢"，赢在哪里，"输"，输在哪里。用孙先生的话说，就是"打中求理""拳与道合"。所有这一切，不难看出太极拳名家和前辈们对"理"的重视和追求。

　　1992年，《武当》双月刊连续3期刊登了周宗桦撰写的《太极拳之道，道传有心人》一文，涉及"心知"与"身知"的问题，也就是理论与实践此两者相结合的问题。没有"心知"不行，光有"心知"不付诸实践，也不行。所以，既要有"心知"，更要能通过实践获得"身知"。没有理论指导的实践，是盲目的实践，必然要走弯路，这方面我的教训是相当深刻的！

"运而后动" 是太极拳锻炼的特点

1977 年，汪永泉老师问我："知道太极拳运动与一般运动有什么区别吗？"我没有立即回答。他说："运动，运动，运而后动，是太极拳锻炼的特点。一定要明白是以什么运的，身体四肢又是怎么动起来的。"接着他谆谆告诫我，日常要按太极拳的规矩来练拳，明规矩、守规矩，而后是脱规矩、化规矩。规矩是什么？规矩就是练功要领。当即他就引用《十三势行功心解》和《十三势歌谱》中的两句话"以心行气，以气运身"和"意气君来骨肉臣"，问我练拳时对这两句话有什么体悟吗？惭愧得很，练拳多年，拳经、拳论也看过不少遍，这些话也很熟悉，但结合实践，练时有什么体悟，一时还真难以作答。说明上述字句看起来浅显，意思也懂得，但在实践中并未按要求一丝不苟地认真去做。所以尽管练拳多年，只是"沾点边，不摸门"，仍在门外瞎逛荡！回想起郑曼青曾在其专著《郑子十三篇》中讲过的话："所谓以心行气，以气运身，皆运而后动也。即犹电车气船然，借气之力，运而后动，与肢体及局部之动大相径庭。"——我怎么就没有认真琢磨呢？

汪老看我有些尴尬，耐心地跟我讲："以心行气"不是故意努气，而是心意一动，也就是脑子一想，意气必然运行，心意到哪，内气到哪，也就催动形体发生变化和产生相应的动作，这就叫意到气到，气到力到。汪老在其专著《杨式太极拳述真》中谈到太极内功劲法时曾详细讲述了意、气、劲、形四者的动分静合、由内而外，内外协调一致的关系。内指的是意气，外指的是骨肉（形体），也就是身体姿势的变化和四肢动作的屈伸。所谓"意气君来骨肉臣"就是后者听命于前者，而且内里的心意与外在的身体各部既有主从先后之别，又是协调一致、密不可分的，显现的结果是一动无有不动，周身一家，完整一气。在谈到我以前练完拳大汗淋漓、觉得口干舌燥、似乎有些气上不来、不愿说话时，汪老指出这是没有按"运而后动"的法则锻炼的结果。他告诫我："切记要按要领练，内气催外形，得养；外形叫内气，身体必然受到伤害。你口干舌燥，似乎有些气上不来，这是伤了气。"他反复强调"运动，运动，运而后动"，这个特点千万不能忘。也就是说，太极拳必须注重内功修炼，培养内气，求得内气充盈通畅，并使内气与外形相配合，只有这样才能达到祛病延年、强身健体的效果。

目前，绝大多数人都是为养生而练的，即使有些人为掌握技击的功夫而练，也必须在此基础上（健康的体魄和充足的内气），加练揉手技法及其他，到能够"知己知彼"了，而后，才谈得上掌握太极拳的技击本领。所以培养内气，使内气与外形相配合，这是根本。

太极拳艺是在身法的基础上建立起来的，必须重视身法的锻炼

何谓身法？它包括哪些内容？对此，各派太极拳专著、论述不尽相同。锻炼时由于每一个姿势都是通过手法、步法、身法和眼神等动作变化协调配合而形成的，所以"身法一词，在太极拳中，有时是作为身、手、步法的统一体来说的"（郝少如语）。基于这种认识，郝式拳把身、手、步法概括为十三条。而且由于身法在太极拳运动中有着特殊重要的位置，他们甚至将身法的教学和习练作为一个至关重要的阶段来对待，可见其对身法锻炼是何等重视。"吴式拳"王培生老师则把身法概括为九种，并强调"基础训练要从身法着手，因为身法既是最基本的，也始终是最主要的一个法规"。杨澄浦太极拳抄本内有《身法十要》。台湾杨式太极拳传人张肇平在其专著《太极拳论》内，虽然将手法、步法、身法和眼神详详细细分而述之，但谈到太极拳身法的特点时，他认为："在于中正安舒、轻灵圆活和沉着稳重三者相结合。这是沉肩坠肘、涵胸拔背、松腰松胯、气沉丹田与尾闾中正等基础要求。非如此则不能学好太极拳，非如此则不足以言太极拳身法。"说明各式太极拳的专家前辈们，都是十分重视身法锻炼的。

这使我开始老老实实静下心来，对几条重中之重的"身法"逐一孜

孜以求。经过一段专心致志的实践，我总算真正体会到老师、名家、前辈们所说的"太极拳艺是在身法的基础上建立起来的""它是最基本的，也始终是最主要的一个法规"，因此"必须从基础训练着手""非如此则不能学好太极拳"。字字真切，无一句虚言！说到这，我不得不再次提及周宗桦先生在《太极拳之道，道传有心人》一文中所说的话："按吴图南能享高年，从外形上看，得力于他的太极拳和虚领顶劲。"他说："我们打太极拳的人，哪个不晓得虚领顶劲呢？……可有多少练拳的人真正能做到虚领顶劲呢？"

"道本自然一气游"与"道在阴阳之间"

这是 2008 年 6 月和 12 月，我在《武魂》杂志上，先后发表的两篇有关孙禄堂武学遗产探寻的短文。前者是说，一代武学宗师本着"武术非私有，惟有德者居之"的宗旨，为使从学者能透彻理解其传承，在《太极拳学》里，他开宗明义一语道破："太极拳乃研求一气伸缩之道。"他认为，"人乃是先后天合一之形体，人生天地之间，本有先天浑然之元气。先天元气赋予后天形质，后天形质包含了先天元气，斯气即为中和之气。平时洋溢于四体之中，浸润于百骸之内，无处不有，无时不然，内外一气，流行不息。于是拳之开合动静即根此气而生，放伸收缩之妙即由此气而出，太极即一气，一气即太极，以体言则为太极，以用言则为一气"。所谓"道本自然一气游，空空寂寂最难求，得来万法终无用，难比周身似水流"。后者"道在阴阳之间"一文是想说，正是这个按常人思维难以理解的"之间"，既非这又非那；既是这，又是那，恰恰体现着太极阴阳变化的哲理——对立双方共存于统一体中，此消彼长、同生共灭、相互转化的规律。书中凡能用文字表述清楚的地方，武圣孙禄堂尽量言简意赅、深入浅出地予以表述。举凡涉及拳经、拳论里诸如"阴中有阳，阳中有阴""虚中有实，实中有虚""有上即有下、有前即有后、有左即有右""意欲向上即寓下意""下就是上""上就是下""静中有动，虽动犹静""动静循环，相连不断""黏即是走，走即是黏""黏走相生"……奥妙难言处，他皆频频运用形象类比法如撕丝棉、拔钢丝、拉硬弓、按气球、如同藤子棍曲回……启迪人们发挥想象，得其窍要，以广其传。

　　半个多世纪以来，由于自己在太极拳锻炼中，对"道本自然一气游"与"道在阴阳之间"这两个问题逐渐有些粗浅的体悟并有良好的健身效应，因其重要，这里特予以复述，不当之处，敬请方家指正。

太极拳与健康长寿

太极拳广泛应用于医疗体育方面，由于疗效显著，所以引起了国内外广泛的重视和受到越来越多的人的喜爱。据专家和研究者们提供的资料，其医疗机制有如下一些说法：

——太极拳用意不用力，它的行功要领是"以心行气，以气运身"，这就是说它对人的大脑是一个很好的训练手段。因为一举手、一投足都必须先通过大脑思维然后才形成的，正因为如此，使大脑通过活动的形式而得到真正的休息。所以有人把太极拳锻炼称作意识的体操，是一项高质量的休息运动。

——太极拳锻炼要求气沉丹田、气宜鼓荡。腹式呼吸，横膈膜的张缩，使腹腔进行时紧时松的腹压运动，不但对输送血液和促进肝脏功能活动有很大的帮助，而且还有助于润滑内肠、增强腹壁肌的韧性。

——气功讲求打通大小周天，小周天指的是"前任后督，行气滚滚"（也就是内气沿身躯顺时针由前往后、由后往前、周而复始、环行不息）。通常督脉之后三关（即尾闾、夹脊、玉枕）不易贯通。太极拳锻炼要求：立身中正安舒，头顶百会穴与前后阴之间的会阴穴上下一线相对，这就为接通任、督二脉之气提供了便利的条件。而练拳时，时时保持立身中正安舒，脊柱节节松沉，随着动作的开合，会阴间裆劲有上翻之意，百会处顶劲虚领，气往下沉。用功日久，内气沿任脉和督脉自然流转，因此气功追求的"通督"（即打通"前三田"、后三关）在太极拳锻炼中，是不求通而自通的。

——太极拳锻炼要求"腰脊为第一主宰""力由脊发""牵动往来气贴背，敛入脊骨"等运动时，且不说变动脊柱脊背（即胸椎）的调节活动（由前弓形转为后弓形），能使脊髓神经获得良好的锻炼，肩背部分的肌肉也相应得到很好的舒展，脊椎骨更加有力、更富有弹性；而且按经络学说，腧穴是人身气血的总汇，脏腑经气都由腧穴相互贯通，而腧穴都在背部，太极拳行功时脊背部的锻炼可以起到调节阴阳、调和气血、开通闭塞的作用，从而达到人体的阴平阳秘（阴平指体质适宜，阳秘指功能相称。即：阴阳对立并存，相对平衡）。

类似的说明资料还有很多，比如：太极拳的基本要点是时时保持身体的平衡和重心的稳定，它在平衡、稳定中求运动，而在运动中又时时要求保持身体的平衡和重心的稳定。因此，美国曾有人把太极拳锻炼作为防止老年人跌跤致死的一种有效手段。又比如：有人认为演练太极拳中"揽雀尾"一式中，第五、第六两动，能促进胰脏功能，对糖尿病有治疗作用；演练"倒撵猴"能治关节炎；"提手上式"能调理脾胃；"白鹤亮翅"可去三焦火，对眼疾有帮助等，不一而足。

总之太极拳的整体机制是循理于阴阳哲理，运行于经脉医理，因而能养气通络，祛病延年。吴图南前辈曾说，"人与天地生生不息者，盖一气之流行尔，是气也，具于身中，名曰宗气""此宗气在人体内流行百脉，贯串脏腑，乃气之宗主，它能支配全身，上自头顶下至脚，四肢百体无微不至"。吴老认为，"后人只知营、卫，而不知此宗气当与营、卫并称，以见三焦上、中、下皆此气而为之统宗也。而太极拳气功的妙用，也正是端赖宗气之锻炼，因而方能收到不药而医、祛病延年之功效"。太极拳锻炼为什么能保健治病、使人健康长寿？吴老短短的几句话可谓言简意赅、一语中的，说到根本上了！

家道有传人

由于家庭熏陶，亦为继承道统，陈易合奉父命先后拜李琏、王洪鄂为师学习太极拳、器械和太极功等。赴法之后，他积极推广和弘扬太极拳及太极文化之道。

陈易合（陈刚），中国武术协会会员，吴图南武术思想研究社理事，中国武术六段。儿时跟随父亲陈惠良学练姚宗勋先生所传意拳桩功和吴图南先生所传太极拳定势；早年曾向牛宝贵先生学练形意拳；后拜在吴图南先生嫡传徒孙李琏先生门下学练太极拳、用架、太极功、太极刀等。曾跟随父母向吴式太极拳著名武术家王培生先生学习吴式太极拳、四正推手等，并遵父命复拜王培生先生的嫡传徒孙王洪鄂先生为师，学练吴式太极拳、太极粘杆等。

1999 年 10 月赴法学习，先后就读于巴黎第四大学和巴黎自由电影学院。

课余应巴黎市政府、法国武术联盟总会及民间武术协会之邀，参加武术表演和交流活动。2004 年 6 月，创办了"Rhe Yi Tao"法中文化交流协会，开始传授吴式太极拳传统套路和推手等。

2009 年 8 月受聘为《武魂》杂志海外观察员。

课余，陈易合在体育馆室外辅导参加健身太极拳推手的爱好者

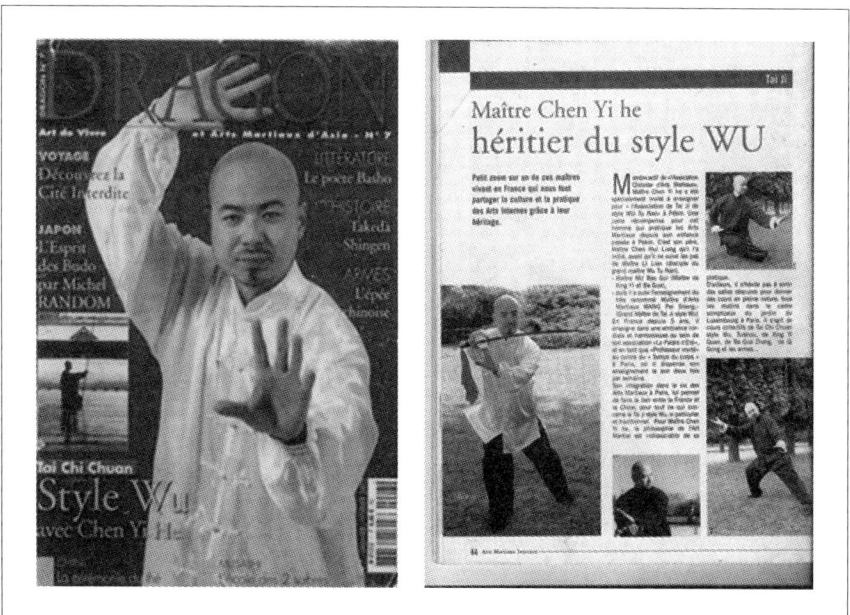

法国武术杂志《龙》报道了陈易合在巴黎的文化交流活动，图为相关的封面和内文

2010 年 1 月通过培训考核，获得法国国家青年体育部颁发的中国传统武术师资文凭，受聘于巴黎市政府青年体育部和巴黎政治科学院等单位任武术教练。

2009 年 8 月陈易合受聘为《武魂》杂志海外观察员，同年 11 月，成为该杂志封面人物

法国武术杂志《龙》刊登的陈易合拳照

　　2010 年 8 月陈惠良夫妇赴法看望陈易合，与热心帮助其成立法中文化交流协会的两位法国朋友欢聚时合影

　　陈易合应巴黎十九区青少年活动中心之邀传授中华武术

20 世纪 90 年代中期，陈惠良赴西班牙探亲并参加中西太极文化交流

西班牙当地媒体的介绍与宣传

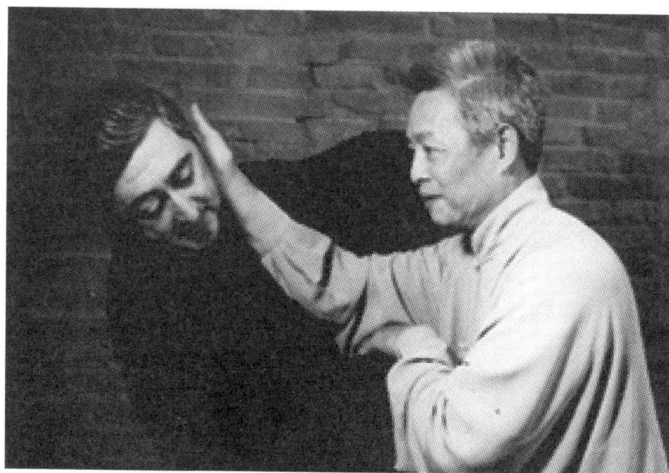

1999 年，陈惠良与外国太极拳爱好者推手

春风化雨

——法国的中国武术活动掠影

法国，位于欧洲大陆西部，三面临海。首都巴黎是政治、经济、文化和交通中心。这座美丽的城市，随时能让人感受到它浓郁的法国风情和悠久的历史文化积淀。在这里，文化、历史、建筑、绘画、香水、电影、葡萄酒、时尚、咖啡以及竞技体育，甚至中国功夫等，都是人们热衷的有趣话题。

在法国，日本柔道、合气道，韩国跆拳道，巴西柔术以及英、法式拳击都相当普及，这方面有着历史和政治的原因，据说日本政府曾经很早就派柔道教练到欧洲，免费为欧洲各国培训教练，并顺应欧洲人的习惯和思维方式，简化教学程序，因此吸引了大批练习者。然而，以介绍东方竞技体育为主的四五种专业刊物，如《武道》《空手道》《合气道》《龙》等，并没冷落同属东方而且历史悠久的中华搏击术，页面上也不乏刊登介绍各种中国功夫的文章及图片。每年5月，上述各杂志编辑部和有线电视台等多家媒体，都争相牵头，组织邀请来自世界各国的武林高手，参加在法国国家体育馆举办的一年一度的国际武术节。在每年的武术节上，中国功夫尤为引人注目，使中国武术在近年来也逐渐受到青睐①。但是，由于中国武术拳种繁多、门派林立、练法各异、缺乏统一的规范，因此推广起来很不容易。在法国，人们大都把中国武术当作一般业余体育活动来看，爱好者习惯每周一两次到室内的体育场馆去上课、练习，课后，他们认为已经活动过了，日常也就无须再练习了。而且法国人还会根据季节的变化、作息

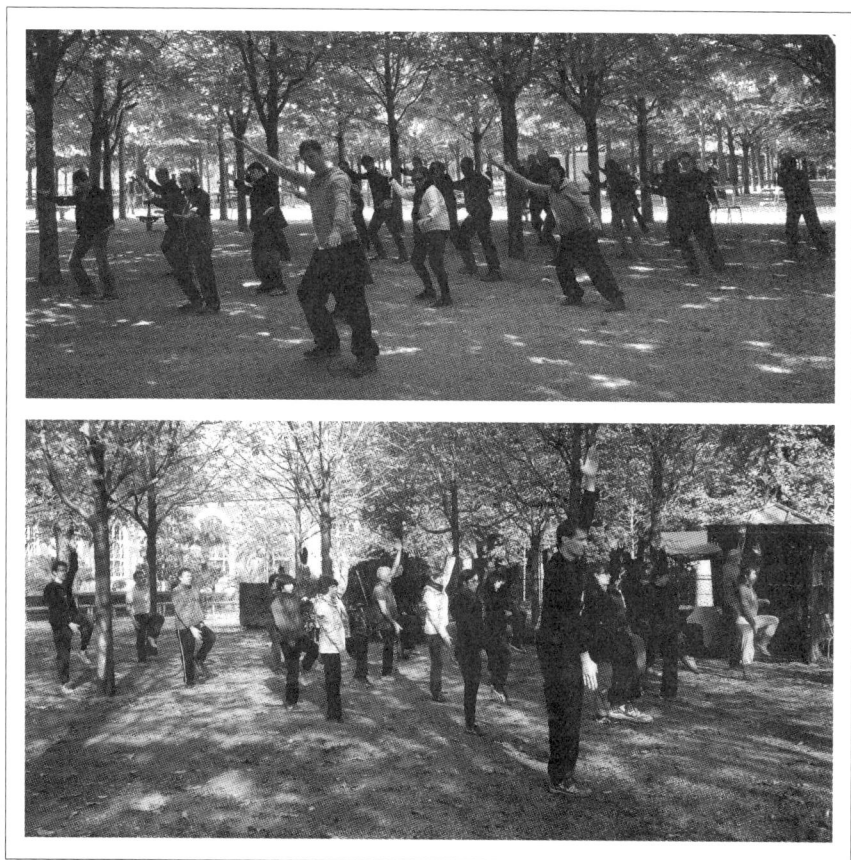

法国武术学员们演练吴式太极拳，上图为野马分鬃式，下图为金鸡独立式（陈易合 摄）

---

① 少林功夫和李小龙的截拳道在国际上影响很大，西方人习惯将它们视为中国传统武术的代表，笼而统之称"功夫"，而对于中国国家规定的竞赛套路，则称之为"武术"。

时间的变更、节假日的长短以及收入预算等情况，每年更换不同的体育活动方式。加之，由于东西方文化的差异，老年人一时难以理解中国武术的文化内涵，往往不大认可中国武术，而会选择一些简便易学的健康娱乐活动；中年人虽有经济条件，也有锻炼身体的需求，但业余学习的时间往往有限；至于年轻人，有时间也有兴趣，而且在他们心目中，中国功夫简直神奇透顶，但一般余钱不多。

以上情况，只是基于宏观地考察和泛泛地分析，而实际上，在上述各年龄段的人群中，还是有不少真正喜欢中国武术的人。笔者认识一位中文名字叫谢瑞的法国青年，曾专程到北京体育大学学了 3 年的中国武术。能讲一口顺畅普通话的谢瑞，在实践中体会到中国武术有着丰富的文化背景，蕴含着自然规律与哲学原理，且能强身健体，陶冶情操。他喜欢器械，希望能更好地增强自身的爆发力。在武术老师的建议下，最终他选择了枪术。像谢瑞这样，执着又能专门拿出几年的时间到中国学习武术的人，只是极少数。可喜的是，近年来在法国各地传授各类中国武术的协会越来越多。应该说，这种现象反映了人们的认识和社会需求在不断地发生着变化。在法国并没有类似中国武协的官方机构，唯一被国家承认的，经法国国家青年体育部法国授权的是武术联合总会（以下简称总会），总会主席戴赫雅茨·裕格先生热爱中国传统文化，他于 1985 年创立该会，下设外家拳、内家拳和气功三个部门，教练中也包括部分旅法华裔武术教练，总会会员近 4 万人，囊括全法境内大中小几千家中国武术协会俱乐部。

法国武术联合总会每年 1 月和 6 月组织各类武术比赛、表演，以及高、中、低三个等级的技术审评考试。2009 年 2 月 26~28 日三天，笔者曾有幸作为特邀太极拳套路评委，参加了总会在巴黎举办的两年一届的"2009 年欧洲太极大会"。来自欧洲 10 个国家的 47 个武术协会选拔出的 145 名选手，参加了 38 个项目的以太极拳套路、推手和器械为主的各类竞赛。其中套路竞赛包括：24 式、42 式太极拳，陈式 36 式和 56 式，杨式 108 式和 40 式，吴式 83 式，李式 84 式，武式 45 式，郝式 47 式，孙式 73 式和武当太极拳等，此外也包括当今海外较流行的郑曼青、董英杰后人和传人重新整理编纂的一些套路。欧洲武术联合会的秘书长帕德里克·冯·肯芬豪特先生也作为特邀嘉宾出席大会观赏。

笔者采访到了总会外家拳的负责人席勒·伯纳（习武数十年，精通南拳功夫蔡李佛），他向我介绍，随着近年来中国传统武术在法国的日益普及，各种武术协会林立。总会的职能和目的，就是把大家组织在一起，对武术的教学进行规范化、专业化、系统化，这对武术运动的发展具有非常重要的意义。谈到今天在中国有些年轻人对祖国的传统文化十分冷漠甚至把武林圣地当作旅游景点，他感到非常遗憾。他说，1986 年短短6 个星期的中国之行给他留下了深远的回味，虽然二十多年弹指一挥，但他始终憧憬着有机会再次踏上神州。最后席勒先生在和我握手道别时说道：“我真心希望，武术能够成为奥林匹克竞赛项目，这是每一个中国武人的梦想，同时也是我们法国武人的梦想！”

谈起中国武术教练在法兰西，值得一提的是毕业于上海体育学院武术专业的袁洪海老师和他 1998 年创立的巴黎精武会。该会由袁老师亲自教授武术、气功和太极拳课程。袁老师为了推动太极文化交流活动，从2007 年起，连续 3 年于 5 月 8 日（法国“二战”胜利节假日）邀请中国旅法的资深武术教练举办全法健身太极推手交流会，向广大太极推手爱好者介绍各门派推手方法及特点，参加人数之多、场面之大，蔚为壮观。2008 年他还邀请中国健身气功协会张征副秘书长率团第三次访问巴黎精武会，传经送宝，同时举办健身气功通段考评。此外，袁老师还多次邀请自己的恩师——我国著名的武术家、上海体育学院的蔡龙云、王培琨两位教授赴法讲学。在法国将近 20 年的他乡创业，袁老师克服了语言不通以及东西方文化背景差异和中国武术难以言表的文化内涵带来的困难和障碍，年复一年地为弘扬中国传统文化、传播中国武术事业做出艰辛的努力。1991 年，袁老师的中国文凭得到法国官方正式承认，并被聘为法国国家武术队的教练。他 5 次带队参加欧洲及世界武术锦标赛，成绩显著。然而法国国家武术队成员都是业余兼职的，每年只有几次集中赛

　　与巴黎精武会创始人、总教练袁洪海老师（左二）、巴黎精武会主席安娜·玛丽女士及其他各门派参加交流会的旅法资深武术家合影留念

　　应邀参加 2007 年全法健身太极推手交流会，并在交流会上畅谈己见

前训练。这使他认识到，整体水平的提高必须建立在普及的基础上。故而 1998 年，袁老师在学生和朋友们的帮助下，成立了巴黎精武会。现在，巴黎精武会已经覆盖全法，拥有 30 个分会、2000 余名学员。巴黎精武会的主席安娜·玛丽女士原是袁洪海教练太极班的学生，通过一年的太极拳锻炼，脊椎病不治而愈，她便毅然决定协助老师帮助更多的人学习中国武术、健康身心。巴黎精武会的成立，终于为袁洪海老师实现自己远大的理想提供了一个坚实的平台。

像袁老师这样旅居海外的华裔武术教练在世界范围内数不胜数，对于大多数人来说首先必须渡过这第一道难关——语言关，然后才能更加深刻地认识理解异国他乡的文化历史及特有的习惯思维方式……在此基础上更好地传播中国传统武学并达到其特有的精神层次，引导习武者在习武的同时秉持仁义礼智信、温良恭俭让、忠孝廉耻勇的优良品质，通过由外而内不断的努力，完善从壮士、勇士、义士到侠客、剑客、剑仙的修炼历程。

王培生师爷爷教我贴墙蹲身功

——纪念吴式太极拳著名武术家王培生先生逝世五周年

今天是吴式太极拳著名武术家王培生先生逝世 5 周年纪念日。从青少年时代起，我曾有幸跟随父母向他老人家学拳。王培生先生自幼习武，18 岁独立执教，中晚年边教拳边著书，终生未事二业，致力于武学研究凡 70 年，为中华武术事业的发展做出了杰出的贡献。他执着的敬业精神和精湛的武学技艺，特别是对追随者及小辈们的关爱和期盼，给我留下了终生难忘的印象。

看到我手边珍藏着的一张他督促我练功的照片，触景生情，思绪万千。回想当年，虽然我已经站过几年桩，练过几年拳，具备一定的基础，自认为比起上了年纪的父辈们来，腰腿已经很不错了，但没想到，他却说："桩还要继续站，身上还不够松。就好比一块刚搓揉成团的生面，既需要一定的时间饧发，更需要花时间不断搓揉。"他认为："有人条件差，没办法。有人条件不错，不严格要求，是误人子弟！"语气十

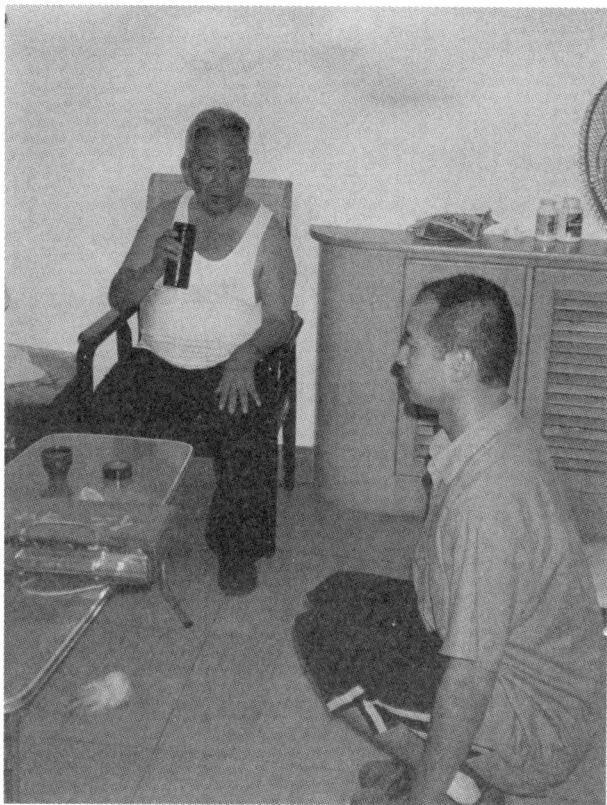

师爷爷教我练贴墙蹲身功

分严峻。他发现我练拳时头顶歪斜而不自知，教了我贴墙蹲身功，让我私下里多练。

具体练法是：心静体松，面墙而立，立身中正站好。鼻尖、脚尖离墙约一指距离，顶劲虚领，两肩头和两胯骨头略含微微抱墙之意，身躯徐徐下落（意想落座，不要想屈膝下蹲），落到大腿与膝盖平行时，特别要注意尾闾前指与鼻尖对正，要溜臀，不能撅臀。待继续降落到极限，仍须保持立身中正，贴着墙慢慢起身，起时勿忘顶劲虚领，松解溪，脚底板向四面松开，涌泉落地。整个人的起落，犹如一盏折叠的灯笼。熟练后，也可背墙而立练习。身背后好似有个"量天尺"。

王培生先生要求："坚持不懈，循序渐进，日积月累，从每次20下

父母与我都曾跟随师爷爷学拳

至 100 下，中间只要有一次练得不到位，被墙撞出来，都不算数，必须从头再来。"

太极拳十三势行功歌诀上来就是"命意源头在腰隙"，"刻刻留心在腰间，腹内松静气腾然。尾闾中正神贯顶，满身轻利顶头悬。"

贴墙蹲身功简称蹲墙功，是帮助松腰、立顶之秘法，乃身法中的重中之重。练到相当程度，有助于打通后三关，开启前三田。王培生先生讲过，上丹田在百会垂直向下一寸与两眉之间的祖窍平行向里一寸交会处；中丹田在肚脐与命门之间的连线上，人躺着从上往下的十分之三处；下丹田则在裆内前后阴之间的会阴处，它们都不是一个点，是一个区域。蹲墙功除了能够有助调整身形之外，还能有效地促使任督二脉行气滚滚，对蓄补内气大有裨益。

适逢王老逝世 5 周年之际，仅以此短文，献上心香一炷，以慰老人家在天之灵。

志存高远写「粘杆」

——王洪鄂师父小记

　　王洪鄂师父，为人低调谦和，待人、说拳总是笑眯眯的，平易近人。王培生先生晚年时洪鄂师父一直陪伴在他身边。我的父亲是王老多年的入室弟子，感到洪鄂师傅对王老教的东西领悟得深，是同门中的佼佼者，而且对拳理拳法，表述清楚，教学有方。因此，本着"道之所存，师之所存"的古训，复命我拜在洪鄂的门下，以延续吴式拳王培生支脉的传承。

　　记得师爷爷王培生先生在拜师会上语重心长讲的那番话："要想练好太极拳，首先，要加强品德修养，只有做到心正才能学到东西，技艺才能上身。千万不要好斗逞强，不要老想跟人比，过去我就好比手，谁不信就马上试试。这不对，虽然这是过去的事了，但现在想起来，就希望告诉后人：老想跟人家比手不对，应该相互学习，取长补短。其次，太极拳推手是一项非常奥妙的技艺，要想学好它，不仅要刻苦锻炼，还要学会动脑筋，更要认真学理论。要多看多练

与孟云彤（后排右一）的拜师会是在王培生先生家中举行的，时任中国太极网负责人。中华武术副主编周荔裳女士也参加了。前排中间是王洪鄂师父

在拜师会当天与王培生先生合影

在拜师会上与王培生先生（中坐者）、师爷王乃询（后排右二）、师父王洪鄂（左三）、师兄孟云彤（右一）合影

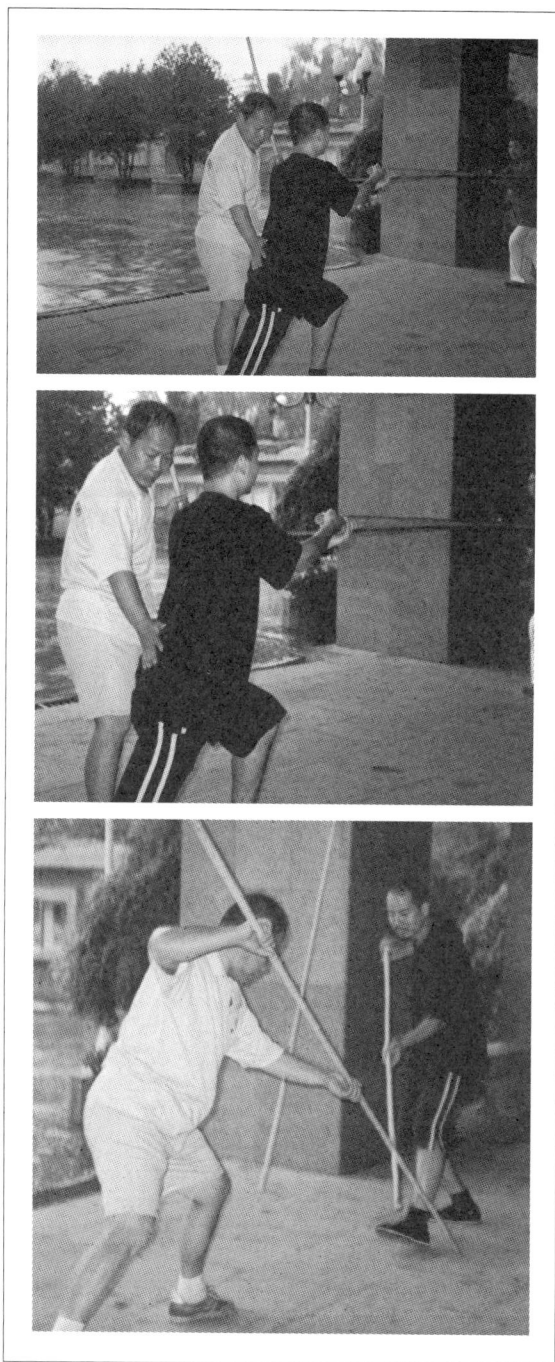

洪鄂师父传授太极粘杆组图

多想多琢磨，才能提高悟性，提高技艺。切记光靠傻练蛮练是不行的。我希望你们超过前人，我脸上才有光。你们的师父洪鄂，虽是我徒孙，但他为人、人品都很好，悟性也好，一点就通，还肯下功夫，你们要好好跟他学。"接着他老人家又特地对我说，"你父亲跟我学了二十多年拳，现在又把你送进门里来，为什么？不要辜负你父亲的一片苦心。你到法国学习，在那里要好好弘扬中国传统文化太极拳。"

时光过得真快，一晃好些年过去了！这期间我虽不能经常向洪鄂师父学习，但每次返京，接触中都感到他始终是那么耐心细致、诲人不倦。他给我印象最深的是，一直都在探求太极拳的生活化、通俗化并学习王老生前习惯用形象类比的方法，把自己所学所悟，深入浅出地告诉别人，所以教学中深受大家的欢迎。比如拳经拳论上讲："阴不离阳，阳不离阴""有前有后，有左有右""去就是回，回就是去"……他比喻说："小时候在农村，孩子们爱淘气，动不动就登高上墙掏鸟窝。窟窿小，又深，看不见里面，只能踩在梯子上，扭转头，侧着身子伸手往洞里去够。既要往里摸，同时又有些胆怯，老担心别摸着一堆软乎乎的东西——蛇，在那种心态和感觉下，手头上体现出来的劲，就是非阴非阳、亦阴亦阳的太极劲。又如在农村的小镇上，爷爷领着小孙子往家走，看到路边一堆小孩儿围着个卖糖人的挺招人，孙子拉着爷爷闹着要去买，爷爷不肯过去，小孙子不依不饶，死乞白赖要过去。这时爷爷既要拉住小孙子的手，不让他过去，同时又不能使太大劲，太使劲担心把小孙子的胳膊拽脱臼了，所以既要拉又不敢使劲拉，还要就和着他，随着他上下左右乱挣巴。这也能体会到什么是'阴不离阳，阳不离阴''来就是去，去就是来'的太极劲……"

我学太极扎杆时，正赶上王老迁居回龙观，家人们考虑到老爷子八十多了，应该以养为主，征得老爷子的同意，城里北京舞蹈学院的授课点就由洪鄂师父接替授课。

太极扎杆亦称太极粘（音 zhān）黏杆也叫太极粘杆，为太极拳中重要功夫之一，其粘（音 zhān）、黏、化、拿、引、发诸劲，与徒手拳式相同。功深者，杆即手之延长，"周身之劲，可直达杆头，犹如水银装在管中，发可至首，收可至尾""物之轻者，一粘（音 zhān）即起"；"其与人对杆时，无论拿人、发人、皆如用手，人遇其杆，即失自主，被击出一如手发，往往不知其所以然。"（陈炎林《太极拳刀剑杆散手汇编》）吴式拳、械源于杨家，听说王老年轻时就曾亲身领略过王茂斋师祖太极扎杆"二郎担山"的滋味。有一次两人对杆时，师祖的杆头刚搭到他肩上，他顿觉有千斤之力直贯脚下，简直不堪重负，他刚想挣扎，忽见对方一背身，自己就好像被钓的鱼一样，一下子被对方从身背后提溜到了身前，心都悬起来了。王培生师爷爷说，"那滋味真是终生难忘"！

粘黏杆练习，对身法、步法、手法和眼神都要求十分严格。靠的是腰腿劲不是手使力；两手握把不能攥死，而是要好像攥虎尾，又惊又怕还要将其制服；腕部松沉翻转灵活；前把如准星，变化着意在后手和步眼，脚下如临深渊、如履薄冰。单人练习要一丝不苟按要求来，前后左右和上下动作协调一致，先要人杆合一。双人练习时均左手在前，甲方进步为左右左左，乙方退步为右左右右。两杆相互粘黏，不能发出声响，要求两人两杆合一。大家可以在网上找到王培生老先生早年和崔公伟先生师徒二人练习双人粘（音 zhān）杆的精彩视频，一睹大家风范。

后继者的榜样
——李琏师父小记

　　我的太极拳师父李琏先生，是一位中医大夫，是北京四大名医施今墨学术流派传人。我父亲比他年长20岁，与他是忘年之交。早在20世纪60年代中期，他们先后跟吴老学拳，相识时他才16岁。

　　从1968年初春到1989年1月吴老离开人世，这20多年间，李师父除了一年多上山下乡之外，一直追随吴老左右学习太极拳术。吴老传授的太极拳分练架与用架。练架有定势与连势，秉承于吴鉴泉。用架亦称小架，秉承于杨少侯。其教学也保持传统方法，先从定势入手，继而连势、推手、刀、剑，及至入室弟子则授以用架和太极功等。循序渐进，按部就班。

　　开始练定势时，每个动作要停几个呼吸，有人不解其意，问及吴老，吴老回答说："老师怎么教我，我就怎么教你们。定势是吴家练习功力的拳法，是太极拳的基本功，一定要好好练才是。"当年，吴老怎么教，师父李琏先生就怎么练，来到拳场不言不语，

在李琏师父家中与来自日本的楠元克彦师兄夫妇及其徒弟合影

与李琏师父、师母及先明
师弟在师父家中合影

与李琏师父在吴图南师祖墓前

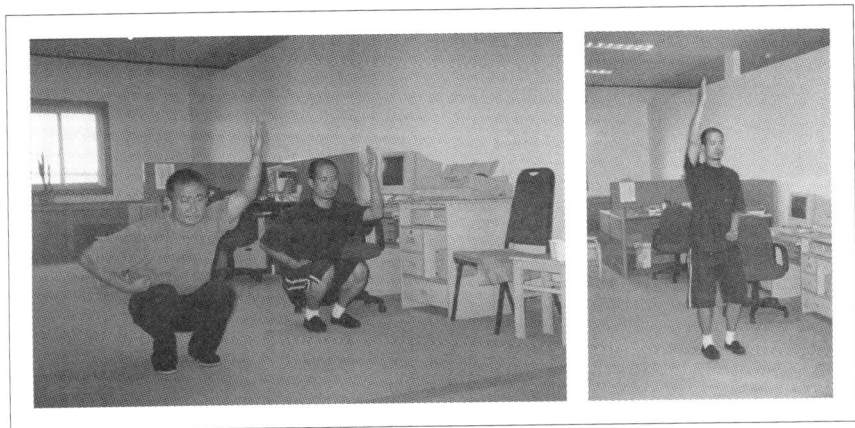

李琏师父传授太极劲功四功之一扬鞭提斗（组图）

就一个动作一个动作地练。他的拳艺和理论造诣，仅从他透彻的理论见解和一帧帧动静相间、形神兼备的拳照中就依稀可感。师父为人实诚、谦和，不爱张扬且极富同情心。吴老和老伴儿无儿无女，师父自参加工作起就照应二老的生活，及至成家后，更与梁师母对两位老人照顾备至。后来由他父母出面，把师父过继给吴老当义孙。老两口生活中许多日常琐事，都由我师父、师母帮助料理。吴老和老伴儿也一直把李琏先生看作是自家小辈与至亲的人。

　　1989 年 1 月 10 日吴老临终前留下遗言，家中三件事，其中之一即是"人死道不能灭"，让李琏拜自己的徒儿马有清为师，继续研习太极拳用架和太极功，把太极拳的道统传承下去。为了实现吴老生前"人死道不能灭"的遗愿，1989 年 1 月间师父李琏向师爷马有清执弟子礼，为发扬光大吴图南承传的太极拳和太极功法，他伴随自己的师父奔走于邹平、塘沽等地，也经常一起接待海内外各方来访者。1989 年，法国电视二台的一支摄制组来北京拍摄有关太极拳的纪录片，李琏师父应邀表演了吴老所传太极拳练架用架和太极玄玄刀。

　　20 世纪 90 年代至今，师父还多次应邀东渡日本讲学，他与日本弟子楠元克彦先生一道，先后成立了"中国太极功研究会日本分会""日本吴图南太极拳研究会"等组织，并被聘为上述两协会终身高级顾问。

用架搬拦捶第四动　　　　　　　　　　用架弯弓射虎

　　21 世纪初，一些武术专业杂志上频频出现对杨式太极拳用架"寻踪""呼唤""介绍"的文章，在众好友的不断鼓励和敦促下，经过一年多伏案工作，2002 年秋，师父李琏先生撰写的《杨少侯太极拳用架真诠》一书终于面世了。它不但改变了杨式太极拳用架（即小架子）后世稀传的景况，填补了杨式太极拳技击架的空白，并向广大太极拳爱好者提供了完整的学习内容和训练手段；更为重要的是，有助于人们更全面地认识太极拳，揭开了长期以来令人迷茫难解的"太极拳是否有技击效能"的谜团。人民体育出版社负责编审的周荔裳老师认为："该书有传承、有体悟、文笔很好、可读性很强。"在国内发行的同时，她还热情撰稿译成英文，分 4 期发往当时已有 25 年历史的美国《太极》杂志刊登，向世界推荐。

　　2004 年春，吴老逝世 15 周年，李琏师父又向世人奉献出他第二部太极拳专著《太极拳练架真诠》。此书不单是介绍吴图南传太极拳练架（定势、连势）动作，套路的练法、用法，更可贵的是本着吴图南先生多年

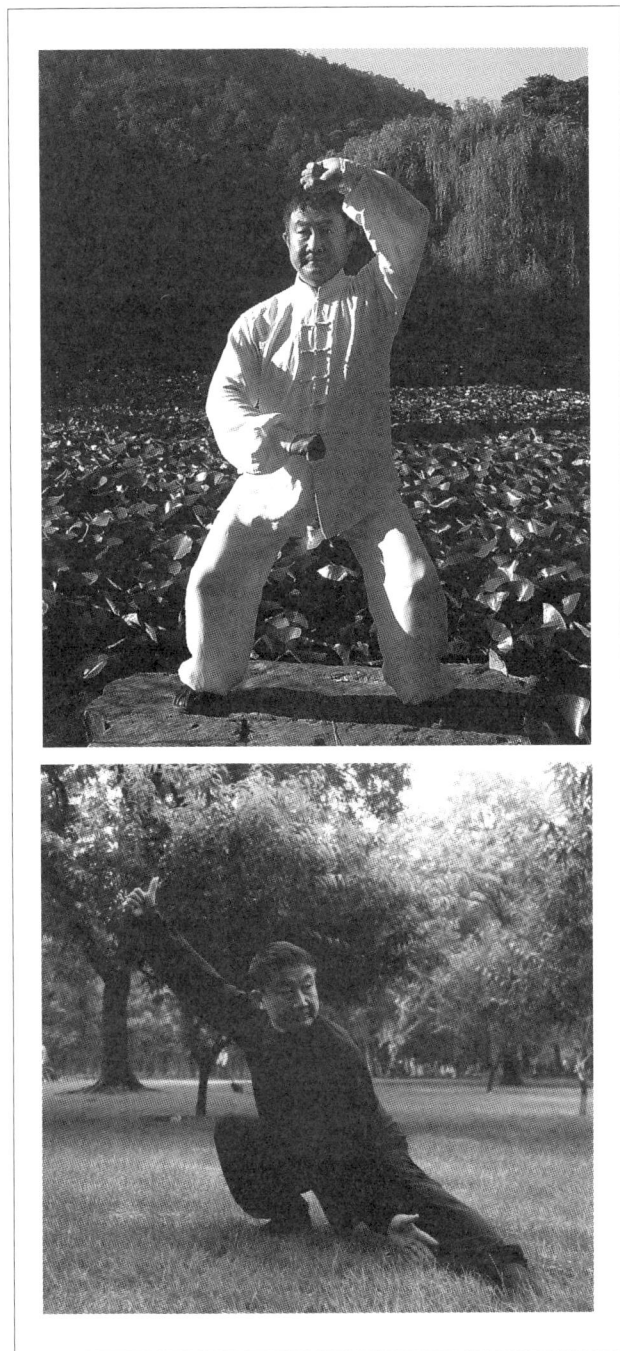

李琏师父拳照组图

的研究和教诲——太极拳是中国祖先们精雕细刻的杰作，是中国传统文化的结晶——这一指导思想，侧重从太极拳与中国传统文化的层面，深入浅出地论述了习练太极拳过程中涉及的方方面面的问题，见解独到，令人警醒，发人深思。

两年前一个非常偶然的机会，一个朋友给我拿来一张视频光盘，是早年法国电视二台播出的一部关于太极拳的纪录片的录像，看着看着突然眼前一亮，画面中赫然入目的竟然是师父李琏先生几十年前演示吴老传下来的太极拳练架的影像，第一段练架从起势开始至揽雀尾单鞭 3 个式子 25 秒，第二段玄玄刀从提刀探海式、卸步闪展式至合太极的最后二十来个动作 43 秒，第三段杨少侯快架从尾部六十一式扑面掌、十字摆莲、指裆捶至最后的合太极 14 个式子 17 秒完成。虽然都是简短的片段，师父举手投足，中规中矩，神形合一，静若处子又动如脱兔，连绵不断又果断干脆，短小紧凑又舒展大方，如果用文字来形容，师父李琏先生的这三段演练最恰当的表述莫过于吴图南先生对于太极拳高度精练概括的十字诀，即"准、是、稳、脆、真、恰、巧、变、改、整"。这十个字每个字都有大学问，准，指的是出手时指尖和眼神一定要有一致的方向性，有的放矢，不论胸口或是眉心都准确无误；是，指的是严谨纯粹，揽雀尾就是揽雀尾，搬拦捶就是搬拦捶。稳的意思是力道和心态都稳稳当当成竹在胸，十全十美，方方面面都顾及到了。脆的意思是在发人时一触即发，干脆通透。真，指的是实事求是，真实不虚地下功夫，没有半点含糊不清，更不能有半点弄虚作假。吴老讲话：练太极拳能把这十个字练出来，初步的太极功夫才算到家。这细腻质朴、实实在在的太极功夫不是配乐劈腿扇扇子，不是顶牛推车加下绊子，更不是似挨非挨就安了发条踩了弹簧鬼神附体似的胡蹦蹬……

世间各个国家民族都有先人留下的宝贵的文化遗产，太极拳是我们的国宝，需要我们一代代人悉心呵护齐心协力、薪火相传，以不负先祖。

我对「拳与道合」的一点认识

—— 写于师祖吴图南先生诞辰一百三十周年纪念

今天（2014 年 2 月 22 日）是吴图南师祖诞辰 130 周年纪念和师父李琏先生收徒仪式，意义很不一般！我体会这是师父现身说法，以实际行动激励大家勿忘祖训，实际上乃是有关"人死道不能灭"的一次再教育。

师父曾经说过："影响他一生的，除了父母就是吴图南先生了。"在他心目中，师祖吴图南先生是一位自幼刻苦锻炼，获得真传、知识渊博、造诣精深、享誉世界的武术大家，被人称为"百年太极拳发展的历史见证人"。多年来师父李琏先生为实现师祖吴图南先生"人死道不能灭"的遗愿，发扬光大吴图南传承的太极拳和太极功法，把太极拳的道统传承下来，默默无闻、排除万难所做的努力，令吾等后辈有目共睹、刻骨铭心。

不久前在巴黎，通过一个偶然的机会，我上了两节日本传统弓道的入门课，课前还专门复读了师父推荐的由余觉中翻译的德国人欧根·赫里格尔著的《学

学太极为载道之基

箭悟禅录》①，实践中有些感触和联想，就教于大家，敬请指正！

日本弓道将悟禅与箭术联系起来，也非常强调用意、放松、心平气和、有意无意。他们认为，射箭不单纯是一门技术，更是一种修为，"学习射箭的过程也是悟禅的过程"，因此十分讲究"步骤严谨"。从握弓、执箭、行步（有点像八卦掌的蹚泥步）、站位、视靶、搭箭、举弓、拉弓、定靶，直到最后放箭共分十个步骤，每一步骤对身体各部位姿势的要求都极为严格，不但要求放松，而且每一动都要与自然的呼吸配合。拉弓搭箭不是简单地用手指夹箭尾，而是通过右手手套拇指处的凹槽和中指、食指相搭，很轻灵地扣住箭尾。在此之前的一切，既可以反复单操，又都不过是为了最后撒手的一瞬间所做的准备，特别是既要认真到位，又不能太执着，否则越是执着，脱弦之箭偏离箭靶越远。在撒手的一瞬间，必须能尽性立命，真正做到自然、放下，视射无射。日本禅宗大师铃木大拙在《学箭悟禅录》序言中提示，"那一刻自己和弓箭及箭靶都要融为一体"。也就是列子所说：应该忘掉弓，忘掉箭，无我，无他，

---

① 禅宗向来是以不立文字著称的，为了弄清"禅"这类说不清、道不明的东方传统文化特产，德国哲学家欧根·赫里格尔不畏艰难，不是直奔禅宗的故土，而是来到与中国一衣带水的日本，经过 6 年的努力，在日本箭术大师的指点下，将悟禅与箭术联系起来，逐步跨越悟禅路上的一道道难关，终于使抽象玄妙、高深莫测的"禅"显得具体可感，可触可摸了！《学箭悟禅录》记叙了他"学箭的过程就是他悟禅的过程"。该书写于 20 世纪 50 年代，在西方成为一版再版的畅销书。作者所读的版本是译者余觉中根据 HULL 的英译本翻译的。

才能全神合一，神色不变，放纵自如。[①]

当时，我一边模仿教练的动作，同时体会着里边的味道。主教练吉曼是个又瘦又高的法国人，是法国国家日本弓道联盟的负责人之一，弓道五段。看我放了几箭后，走过来惊奇地对我说："我不知道你过去练过什么，你一来就能达到这个水平，很不错，要是大家都能这样就好了！"我说："我是中国人，在中国古代，射箭是必修课，今天，我是来补课的。"

通过阅读日本弓道的资料，我们可知，在观摩射手放箭前，大家都要正襟危（跪）坐，上身保持竖腰立顶，双腿并拢，脚面触地，脚跟垫在臀部下方。如果是武士，脚掌还要保持直立，并以脚趾抵住地面以备随时起身应敌。这实际上是我国上古至汉唐时期的坐法。在中国箭道的故土，《列子》里有两则与箭道密切相关的故事。

一则是"列子学射"，说的是列子向关尹子学射，偶尔有一次射中靶心，但并不知道射中靶心的方法。关尹子认为：心中无数，不清楚射中靶心的整个过程，即便偶尔一次中的，也没有多大价值。必须知道射中靶心的整个过程，并熟练到"得心应手"，才能算是掌握了射箭的诀窍。

另一则是"纪昌学射"。纪昌立志要做天下第一神箭手。他先后拜了能百步穿杨的飞卫和飞卫的老师甘蝇老人为师，经历了"不眨眼""视小如大""视远如近"等的基本功的训练，摒弃了洋洋得意和傲慢自负的心态，终入"不射而射"的箭道佳境。据说，纪昌得道后，他家的屋顶好像有人拉动一种无形的弓弦，劲气冲天，即使迁移的候鸟，都不敢从上面飞过……

这个故事更像是则寓言，其中介绍的经验和所含的哲理值得人们吸取，如：强调基本功的重要性，强调最好的射箭能手，应该忘掉弓、忘掉箭、无我、无他，才能全神合一，收放自如，神色不变；同样的道理，画家作画也应忘掉纸、忘掉笔的名相，才能使人与纸、与笔合一，将内

_____

① 见蔡志忠漫画《列子说·汤问第五》"不射的神箭"。

白鹤亮翅

下势

心深处的感受充分传达到画上。[①]再往大处引申，中华武术特别是内家拳种如太极拳，它的最高境界，又何尝不是如此呢？

香港著名武侠小说家金庸先生，在 1980 年 1 月为吴公藻的专著《太极拳讲义》再版时所写的"跋"里谈道："太极拳的基本构想，在世界任何拳术、武功、搏击方法中是独一无二的……练太极拳，练的主要不是拳脚的功夫，而是头脑中、心灵中的功夫。如果说'以智胜力'，恐怕还是说得浅了，最高境界的太极拳，甚至不求发展头脑中的'智'，而是修养一种'冲淡平和'的人生境界。不是'以柔克刚'，而是根本不求'克'，头脑中时时有着一个'克制对手'的念头，恐怕练不到太极拳的上乘境界，甚至带着想'练到上乘境界'的念头去练拳，也都不可能达到上乘境界罢。"

联想到恩师李琏先生教我们的——师祖吴图南先生传授的——太极拳和太极功，实在来之不易！必须提高认识，加深领悟。据我父亲讲：他习练太极拳五十多年，初始阶段跟吴老学习练架的"定势"时，当年就是因为对太极拳缺乏正确的认识和理解，加之急于求成、好高骛远，总觉得这样练进展太慢、太费劲了，不如一上来就划道道、学习怎么"用"解渴。忘却了先贤们的名言："学太极拳为入道之基""没有载道之体，难为载道之基"。因此把吴老的真言"定势乃太极拳传统的练法之一，是吴家练习太极拳基本功的功架"，更是"从开展中求松柔的一种行之有效的方法"当成了耳边风，所以盲人瞎马走了很长一段弯路。

当下，我幸运地通过"学射"这件事，触类旁通，进一步加深了对"学太极拳为入道之基"以及"拳与道合"的印象和认识。三丰祖师在"聚气敛神论"中说："入道以养心定性、聚气敛神为主。故习此拳，亦须如此。若心不能安，性即扰之，气不能聚，神必乱之。心性不相接，神气不相交，则全身之四体百脉莫不尽死。虽依势作用，法无效也。"我在自己以往练拳的过程中和现在传拳的教学实践中，确确实实对此深有所感。

---

① 同上书。

另外，太极功单操与太极拳用架两者结合的重要性，以往李琏师父也强调过，通过学习射箭，体悟弓道，由此及彼，无形中也帮助我在认识上有所加深。局部与整体、基础与运用，实乃密不可分。太极功即着功、劲功、松功、气功。就此四种功本身来讲，也并非互不关联，它们之间存在着相互渗透、相互补充、相互促进的关系。特别是，由于"松"是练太极拳的必要条件，它不是一种招法，而是习练者通过刻苦锻炼后形成的一种状态，一种能让太极拳着、劲、气发挥得淋漓尽致的状态。所以，师父和师祖强调"以松功作为练功的入手之阶，然后再及其他"。其练习的具体步骤是上肢、躯干、下肢、全体，由里往外分层松，松骨、松筋、松肌肉、松腠理，直至毛孔、汗毛。既分层次，又有阶段。师祖吴图南曾用三种不同的树的临风状态做比喻：起初，如风吹柳树，枝条摇摆而根不拔；进而，如风吹桦树，枝叶作响而本不动；发展到高级阶段，如风吹松柏，寂然不动，感而遂通，体气平和，应物自然。所谓"根不拔""本不动""寂然不动，应物自然"都是指"中定"而言。众所周知，太极十三势以中定为主，其他十二势为辅。有中定就有一切，失去中定则失去一切。故师祖认为，脱离中定去谈松和脱离松去谈中定都是毫无意义的。实践证明，一步一步，一层一层，如能练到松的高层次，周身将无一处不轻灵，无一处不坚韧，无一处不沉着，无一处不顺遂，通体贯串，丝毫无间。在应用对待之时，犹如条件反射，无形无象，应物自然，不思而得，从容中道。在传授太极拳用架时，师父按师祖吴老的要求，特别强调要把太极功融于拳法的套路中，只有随着太极功不断操练、不断升华，用架也才能名副其实得以完善。1984年4月，师祖所做《关于太极拳四种功》的学术报告，获得中国武术协会颁发的武术教育奖。这说明国家权威部门对吴老的武术思想、观点、方法是认同和赞赏的。

总之，师祖吴图南所传的太极拳技艺是一个十分完备的大体系。若论理备法精和造福人群之广，比起日本弓道，可以说有过之无不及。正如恩师李琏先生所说："它不但进阶有级，而且先后有序。分阶段，分层次，有侧重，有条理。先练什么，后练什么，一个层次，一个层次，循序渐进，以至练到蜕变之时，练着舍着，练劲舍劲，舍劲求意，舍意求气、求神，最后达到浑身透空，应物自然的神明之境。"①

---

① 参李琏著《杨少侯太极拳用架真诠》。

人文武术精品书系
北京科学技术出版社

武学名家典籍丛书

扫码购书
一键完成

杨澄甫武学辑注　　定价：178 元
杨澄甫 著　邵奇青　校注
《太极拳使用法》
《太极拳体用全书》

孙禄堂武学集注　　定价：288 元
孙禄堂 著　孙婉容　校注
《形意拳学》　　《八卦拳学》
《太极拳学》　　《八卦剑学》
《拳意述真》

陈微明武学辑注　　定价：218 元
陈微明 著　二水居士　校注
《太极拳术》　　《太极剑》
《太极答问》

薛颠武学辑注　　定价：358 元
薛 颠 著　王银辉　校注
《形意拳术讲义上编》
《形意拳术讲义下编》
《象形拳法真诠》
《灵空禅师点穴秘诀》

陈鑫陈氏太极拳图说（配光盘）
　　　　　　　定价：358 元
陈 鑫 著
陈东山　陈晓龙　陈向武　校注

李存义武学辑注　　定价：268 元
李存义 著
阎伯群　李洪钟　校注
《岳氏意拳五行精义》
《岳氏意拳十二形精义》
《三十六剑谱》

董英杰太极拳释义　定价：98 元
董英杰 著　杨志英　校注

刘殿琛形意拳术抉微
　　　　　　　定价：80 元
刘殿琛 著　王银辉　校注

李剑秋形意拳术　　定价：89 元
李剑秋 著　王银辉　校注

许禹生武学辑注　　定价：194 元
许禹生 著　唐才良　校注
《太极拳势图解》《陈氏太极拳第五
路并少林十二式》

张占魁形意武术教科书
定价：98 元
张占魁　著
王银辉　吴占良　校注

靳云亭武学辑注
靳云亭　著　王银辉　校注
《形意拳图说》《形意拳谱五纲七言论》

武学古籍新注丛书

扫码购书
一键完成

王宗岳太极拳论　定价：50 元
李亦畬　著　二水居士　校注

太极功源流支派论　定价：68 元
宋书铭　著　二水居士　校注

太极法说　　　定价：65 元
二水居士　校注

手战之道　　　定价：65 元
赵　晔　沈一贯　唐顺之
何良臣　戚继光　黄百家
黄宗羲　著
王小兵　校注

百家功夫丛书

扫码购书
一键完成

张策传杨班侯太极拳108 式
（配光盘）　定价：48 元
张　喆　著　韩宝顺　整理

河南心意六合拳
（配光盘）　　　定价：79 元
李洳波　李建鹏　著

形意八卦拳　　　定价：52 元
贾保寿　著　武大伟　整理

王映海传戴氏心意拳精要
（配光盘）　定价：198 元
王映海　口述　王喜成　主编

张鸿庆传形意拳练用法释秘
定价：69 元
邵义会　著

华岳心意六合八法拳
定价：65 元
张长信　著

戴氏心意拳功理秘技
定价：68 元
王　毅　编著

传统吴氏太极拳入门诀要
（配光盘）　　定价：68 元
张全亮　著

拳疗百病——39 式杨氏养生太极拳
（配光盘）　　定价：96 元
戈金钢　戈美葳　著

尚济形意拳练法打法实践
定价：89 元
马保国　马晓阳　著

非视觉太极——太极拳劲意图解
定价：158 元
万周迎　著

轻敲太极门——太极拳理法与势法
定价：108 元
万周迎　著

冯志强混元太极拳 48 式
定价：75 元
冯志强　编著
冯秀芳　冯秀茜　助编

刘晚苍传内家功夫与手抄老谱
定价：98 元
刘晚苍　刘光鼎　刘培俊　著

赵堡太极拳拳理拳法秘笈
定价：126 元
王海洲　著

民间武学藏本丛书

扫码购书
一键完成

守洞尘技　　　定价：108 元
崔虎刚　校注

通背拳　　　定价：66 元
崔虎刚　校注

心一拳术　　　定价：158 元
李泰慧　著　崔虎刚　校注

少林论郭氏八翻拳　定价：69 元
崔虎刚　校注

拳谱志三　　　定价：68 元
崔虎刚　点校

拳道薪传丛书

扫码购书
一键完成

三爷刘晚苍
　　　　——刘晚苍武功传习录
　　　　　　定价：54 元
刘源正　季培刚　编著

乐传太极与行功
　　　　　　定价：68 元
乐　匋　原著
钟海明　马若愚　编著

慰苍先生金仁霖太极传心录
　　　　　　定价：82 元
金仁霖　著

中道皇皇
　　　——梅墨生太极拳理念与心法
　　　　　　定价：118 元
梅墨生　著

IV